实验宏观经济学的
理论框架与政策应用研究

A Study on the Theoretical Framework and Policy
Application of Experimental Macroeconomics

付婷婷　著

经济管理出版社
ECONOMY & MANAGEMENT PUBLISHING HOUSE

图书在版编目（CIP）数据

实验宏观经济学的理论框架与政策应用研究/付婷婷著. —北京：经济管理出版社，2021.2
ISBN 978-7-5096-7821-3

Ⅰ.①实… Ⅱ.①付… Ⅲ.①宏观经济学—研究 Ⅳ.①F015

中国版本图书馆 CIP 数据核字（2021）第 038462 号

组稿编辑：宋　娜
责任编辑：张　昕　詹　静
责任印制：赵亚荣
责任校对：陈晓霞

出版发行：经济管理出版社
　　　　　（北京市海淀区北蜂窝 8 号中雅大厦 A 座 11 层　100038）
网　　址：www. E-mp. com. cn
电　　话：（010）51915602
印　　刷：唐山昊达印刷有限公司
经　　销：新华书店
开　　本：720mm×1000mm/16
印　　张：19
字　　数：282 千字
版　　次：2021 年 4 月第 1 版　2021 年 4 月第 1 次印刷
书　　号：ISBN 978-7-5096-7821-3
定　　价：98.00 元

本书获得国家自然科学基金青年基金项目"社会合作中惩罚机制的负面效应与信息干预：基于公共品实验的研究"（项目批准号：71903012）的资助

序　言

　　博士后制度在我国落地生根已逾 30 年，已经成为国家人才体系建设中的重要一环。30 多年来，博士后制度对推动我国人事人才体制机制改革、促进科技创新和经济社会发展发挥了重要的作用，也培养了一批国家急需的高层次创新型人才。

　　自 1986 年 1 月开始招收第一名博士后研究人员起，截至目前，国家已累计招收 14 万余名博士后研究人员，已经出站的博士后大多成为各领域的科研骨干和学术带头人。其中，已有 50 余位博士后当选两院院士；众多博士后入选各类人才计划，其中，国家百千万人才工程年入选率达 34.36%，国家杰出青年科学基金入选率平均达 21.04%，教育部"长江学者"入选率平均达 10% 左右。

　　2015 年底，国务院办公厅出台《关于改革完善博士后制度的意见》，要求各地各部门各设站单位按照党中央、国务院决策部署，牢固树立并切实贯彻创新、协调、绿色、开放、共享的发展理念，深入实施创新驱动发展战略和人才优先发展战略，完善体制机制，健全服务体系，推动博士后事业科学发展。这为我国博士后事业的进一步发展指明了方向，也为哲学社会科学领域博士后工作提出了新的研究方向。

　　习近平总书记在 2016 年 5 月 17 日全国哲学社会科学工作座谈会上发表重要讲话指出：一个国家的发展水平，既取决于自然科学发展水平，也取决于哲学社会科学发展水平。一个没有发达的自然科学的国家不可能走在世界前列，一个没有繁荣的哲学社会科学的国家也不可能走在世界前列。坚持和发展中国特色社会主义，需要不断在实践中和理论上进行探索、用发展着的理论指导发展着的实践。在这个过程中，哲学社会科学具有不可替代的重要地位，哲学社会科学工作者具有不可替代的重要作用。这是党和国家领导人对包括哲学社会科学博士后在内的所有哲学社会科学领域的研究者、工作者提出的殷切希望！

中国社会科学院是中央直属的国家哲学社会科学研究机构，在哲学社会科学博士后工作领域处于领军地位。为充分调动哲学社会科学博士后研究人员科研创新的积极性，展示哲学社会科学领域博士后的优秀成果，提高我国哲学社会科学发展的整体水平，中国社会科学院和全国博士后管理委员会于 2012 年联合推出了《中国社会科学博士后文库》（以下简称《文库》），每年在全国范围内择优出版博士后成果。经过多年的发展，《文库》已经成为集中、系统、全面反映我国哲学社会科学博士后优秀成果的高端学术平台，学术影响力和社会影响力逐年提高。

下一步，做好哲学社会科学博士后工作，做好《文库》工作，要认真学习领会习近平总书记系列重要讲话精神，自觉肩负起新的时代使命，锐意创新、发奋进取。为此，需做到：

第一，始终坚持马克思主义的指导地位。哲学社会科学研究离不开正确的世界观、方法论的指导。习近平总书记深刻指出：坚持以马克思主义为指导，是当代中国哲学社会科学区别于其他哲学社会科学的根本标志，必须旗帜鲜明加以坚持。马克思主义揭示了事物的本质、内在联系及发展规律，是"伟大的认识工具"，是人们观察世界、分析问题的有力思想武器。马克思主义尽管诞生在一个半多世纪之前，但在当今时代，马克思主义与新的时代实践结合起来，越来越显示出更加强大的生命力。哲学社会科学博士后研究人员应该更加自觉地坚持马克思主义在科研工作中的指导地位，继续推进马克思主义中国化、时代化、大众化，继续发展 21 世纪马克思主义、当代中国马克思主义。要继续把《文库》建设成为马克思主义中国化最新理论成果宣传、展示、交流的平台，为中国特色社会主义建设提供强有力的理论支撑。

第二，逐步树立智库意识和品牌意识。哲学社会科学肩负着回答时代命题、规划未来道路的使命。当前中央对哲学社会科学愈加重视，尤其是提出要发挥哲学社会科学在治国理政、提高改革决策水平、推进国家治理体系和治理能力现代化中的作用。从 2015 年开始，中央已启动了国家高端智库的建设，这对哲学社会科学博士后工作提出了更高的针对性要求，也为哲学社会科学博士后研究提供了更为广阔的应用空间。《文库》依托中国社会科学院，面向全国哲学社会科学领域博士后科研流动站、工作站的博士后征集优秀成果，入选出版的著作也代表了哲学社会科学博士后最高的学术研究水平。因比，要善于把中国社会科学院服务党和国家决策的大智库功能与《文库》的小智库功能结合起来，进而以智库意识推动品牌意识建设，最终树立《文库》的智库意识和品牌意识。

第三，积极推动中国特色哲学社会科学学术体系和话语体系建设。改革开放 30 多年来，我国在经济建设、政治建设、文化建设、社会建设、生态文明建设和党的建设各个领域都取得了举世瞩目的成就，比历史上任何时期都更接近中华民族伟大复兴的目标。但正如习近平总书记所指出的那样：在解读中国实践、构建中国理论上，我们应该最有发言权，但实际上我国哲学社会科学在国际上的声音还比较小，还处于"有理说不出、说了传不开"的境地。这里问题的实质，就是中国特色、中国特质的哲学社会科学学术体系和话语体系的缺失和建设问题。具有中国特色、中国特质的学术体系和话语体系必然是由具有中国特色、中国特质的概念、范畴和学科等组成。这一切不是凭空想象得来的，而是在中国化的马克思主义指导下，在参考我们民族特质、历史智慧的基础上再创造出来的。在这一过程中，积极吸纳儒、释、道、墨、名、法、农、杂、兵等各家学说的精髓，无疑是保持中国特色、中国特质的重要保证。换言之，不能站在历史、文化虚无主义立场搞研究。要通过《文库》积极引导哲学社会科学博士后研究人员：一方面，要积极吸收古今中外各种学术资源，坚持古为今用、洋为中用。另一方面，要以中国自己的实践为研究定位，围绕中国自己的问题，坚持问题导向，努力探索具备中国特色、中国特质的概念、范畴与理论体系，在体现继承性和民族性、体现原创性和时代性、体现系统性和专业性方面，不断加强和深化中国特色学术体系和话语体系建设。

新形势下，我国哲学社会科学地位更加重要、任务更加繁重。衷心希望广大哲学社会科学博士后工作者和博士后们，以《文库》系列著作的出版为契机，以习近平总书记在全国哲学社会科学座谈会上的讲话为根本遵循，将自身的研究工作与时代的需求结合起来，将自身的研究工作与国家和人民的召唤结合起来，以深厚的学识修养赢得尊重，以高尚的人格魅力引领风气，在为祖国、为人民立德立功立言中，在实现中华民族伟大复兴中国梦的征程中，成就自我、实现价值。

是为序。

王京法

中国社会科学院副院长

中国社会科学院博士后管理委员会主任

2016 年 12 月 1 日

摘　要

实验宏观经济学是一门用实验方法研究宏观经济学问题的新兴交叉学科，为检验宏观经济理论模型、预评估宏观经济政策提供了一条新的途径。目前，该学科在我国还处于早期探索阶段。要推动实验宏观经济学理论基础建设、更好发挥实验宏观经济学在创新和完善宏观调控中的政策应用价值，需要解决以下几个关键问题：实验宏观经济学是如何兴起与发展的？理论基础和具体方法是什么？具体内涵、适用条件和应用领域有哪些？怎样应用于现实宏观经济政策？对这些问题的回答构成了本书的主要内容。本书分为绪论、理论框架篇和政策应用篇。

绪论部分介绍了本书的研究背景，梳理了国内和国外的研究现状，从理论和现实层面分析了研究意义，并对本书的研究思路和方法进行了概括。

在理论框架篇，本书系统论证了宏观经济学实验方法的合理性，拓展了实验宏观经济学学科的内涵，归纳出完整的理论基础与研究框架，进一步夯实了实验宏观经济学的理论基础。本书突破传统研究中对实验宏观经济学研究内容的零散总结和简单综述，在宏观经济学研究范式不断转变和实验经济学学科快速发展的总体背景下，对实验宏观经济学发展的阶段、进程、动力进行深入剖析。研究发现，总量研究范式占据主导地位时，宏观实验研究的早期发展受到一定制约。当总量研究范式受到挑战，且契合实验研究的有微观基础的宏观模型得以发展时，实验宏观经济学兴起的契机就此到来。本书梳理了实验宏观经济学的最新发展动态与研究方法，实验方法包括实验室实验、实地实验和自然实验。根据研究侧重点与实验设置的不同，宏观经济的实验研究可以分为三类：宏观经济模型的微观基础研究、宏观经济理论检验以及宏观经济政策研究。本书还总结了实验方法的优势与局限性，对实验方法在宏观经济学研究中的适用条件和应用边界进行了厘清和判别。由于宏观经济模型微观基础的建立是宏观经济学实验得以可行的根本，所以宏观经济学实验室实验的研究基础是协调博弈模型、动态跨期最优模型等具有微观基础的宏观经济模型。

在政策应用篇，本书梳理了最新的宏观经济政策实验研究进展，并探索实验宏观经济学的政策应用之路，将前沿实验方法应用于财政政策和货币政策的现实问题分析。因为很多宏观经济政策的研究涉及跨期决策、预期等难以观测到的变量，无法观测和度量这些变量就难以准确判断特定政策的效果，实验方法的引入为解决这些棘手的问题提供了新的思路，宏观经济政策的实验研究主要关注货币政策与财政政策对个体预期、决策以及总体市场的影响。基于含预期的跨期决策模型搭建实验框架，结合我国亟须解决的宏观经济问题，开展了两个宏观政策实验。财政政策实验关注税收结构的优化调整，货币政策实验着眼于前瞻指引工具，为在宏观政策与微观主体之间构建合理的政策机制提供了实验依据与科学基础，进一步充实了宏观政策的微观基础和传导渠道研究。

在财政政策的实验案例中，本书把研究重点放在税制结构调整与内需上，从居民消费的角度研究税制结构的优化问题。基于跨期消费模型构建实验，在总税负不变的前提下改变直接税与间接税占总税收的相对比例，分析不同的税收结构会怎样影响微观主体的跨期消费路径和福利水平。实验结果发现：直接税比重与居民福利间存在一种倒 U 形的关系，即过低的或过高的直接税占比都会损害居民的长期福利，直接税与间接税比例接近的税收结构可带来较高的福利水平。在货币政策的实验案例中，本书以前瞻指引这一非传统货币政策工具为研究对象，用实验方法解决个体预期难以识别的问题。在跨期消费和储蓄的框架中实施货币政策冲击，通过在实验中提前告知被试者未来利率的变动来模拟前瞻指引。实验结果发现：当被试者预期到未来利率变动后，会提前调整消费路径，且调整方向基本符合理论预测，证实存在前瞻效应。但是调整的幅度较小，未能如标准理论模型预测的那样充分反应，前瞻指引工具的政策效果并不显著，未有效减弱市场波动，应谨慎使用前瞻指引工具。

关键词：实验宏观经济学；实验经济学；财政政策；货币政策；税收结构；前瞻指引

Abstract

Experimental macroeconomics is a new interdisciplinary subject that studies macroeconomics with experimental methods. It provides a new way for testing the theoretical models of macroeconomics and evaluating the macroeconomic policies. At present, this subject is still in the early stage of exploration in China. In order to promote the theoretical foundation of experimental macroeconomics and develop its policy application value in innovation and improvement of macroeconomic regulatory, the following key issues need to be solved: How did experimental macroeconomics rise and develop? What is the theoretical basis and specific method? What are the specific connotation, applicable conditions and application fields? How does it apply to real macroeconomic policy? The answers to these questions form the main content of this book. This book includes three parts: An introduction, a theoretical framework and a policy application.

The part of introduction describes the research background of this book, combs the research status of domestic and abroad, analyzes the research significance from the theoretical and practical levels, and summarizes the research ideas and methods of this book.

In the part of theoretical framework, this book systematically demonstrates the rationality of experimental methods of macroeconomics, expands the rich connotation of experimental macroeconomics, summarizes the complete theoretical basis and research framework, and further strengthens the theoretical basis of experimental macroeconomics. This book breaks through the traditional research of the scattered summaries and simple summaries of experimental macroeconomics research. Under the overall background of the transformation of the macroeconomics research paradigm and the rapid development of experimental economics, this book makes an in-depth analysis of the stages, processes and motivations of the development of experimental macroeconomics. It is found that the early development of macroscopic experimental research is restricted to some extent when the aggregate research paradigm is dominant. When the paradigm of aggregate research is challenged and the macro model with micro basis that fits experimental research is developed, the opportunity for the rise of experimental macroeconomics comes. This book reviews the latest developments and research methods of experimental macroeconomics, including laboratory experiments, field experiments and natural experiments. According to the different research emphases and experimental settings, experimental research on macroeconomics can be divided into three categories: research on micro basis of the macroeconomic models, macroeconomic theory testing and macroeconomic policy research. This book also summarizes the advantages and limitations of the experimental methods, and clarifies and discriminates the applicable conditions and application boundaries of the experimental methods in the study of macroeconomics. Since the establishment of micro basis of macroeconomic model is the foundation for the feasibility of macroeconomic experiment, the research foundation of laboratory macroeconomics experiments is the macroeconomic model with micro basis such as coordinated game model and dynamic intertemporal optimal model.

In the part of policy application, this book summarizes the latest experimental research progress of macroeconomic policy, explores the way of policy application of experimental macroeconomics, and applies frontier experimental methods to the analysis in practical problems of China's fiscal policy and monetary policy. Because many macroeconomic policy research involving unobservable variables, such as inter-temporal decision-making and forecast, it is difficult to accurately estimate the effect of specific policies if we cannot observe and measure these variables. The introduction of the experimental method offers a new way to solve these problems. The experimental study of macroeconomic policy focuses on the influence of monetary policy and fiscal policy on individual forecast, decision-making, and the overall market. Based on the intertemporal decision-making model with expectations, this book includes two macro policy experiments aimed at the macro economic problems that need to be solved in China. The fiscal policy experiment focuses on the optimization and adjustment of tax structure, and the monetary policy experiment focuses on the forward-looking guidance tool, which provides the experimental basis and scientific basis for the construction of a reasonable policy mechanism between macro policies and micro subjects, and further enriches the research on the micro basis and transmission channel of macro policies.

In the case of fiscal policy experiment, the experiment focuses on the adjustment of tax structure and domestic demand, and studies the optimization of tax structure from the perspective of residents' consumption. The experiment is based on the intertemporal consumption model, changing the relative proportion of direct tax and indirect tax in the total tax under the premise of the constant total tax burden, to analyze how different tax structures will affect the intertemporal consumption path and welfare level of micro subjects. The experimental results show that there is an inverted U-shaped relationship between the proportion of direct tax and residents' welfare, that is, too low or too high proportion of direct tax will damage the long-term welfare of residents, and the tax structure with the proportion of direct tax and indirect tax close to each other can bring a higher level of welfare. In the case of monetary policy experiment, the experiment takes forward guidance, a non-traditional monetary policy tool, as the research object, and uses experimental methods to solve the problem that individual expectations are difficult to identify. The monetary policy shock was implemented in the framework of intertemporal consumption and savings, and forward guidance was simulated by informing the subjects in advance of the future interest rate changes. The experimental results show that when the subjects anticipate the future interest rate changes, they will adjust the consumption path in advance, and the adjustment direction is basically in line with the theoretical prediction, confirming the existence of forward-looking effect. However, the range of subjects' adjustment is smaller than theoretical prediction. It fails to fully respond as predicted by the standard theoretical model. The policy effect of forward guidance tool is not statistically significant, and the market volatility is not effectively weakened. Therefore, forward guidance tool should be used cautiously.

Key Words: Experimental Macroeconomics; Experimental Economics; Fiscal Policy; Monetary Policy; Tax Structure; Forward Guidance

目　录

理论框架篇

政策应用篇

Contents

Theoretical Framework

Policy Applications

第一章　绪　论

本章首先从理论和现实两个层面介绍了本书的研究背景，实验宏观经济学为研究者提供了一个全新的视角，有助于研究者从微观主体的角度厘清宏观经济政策的传导机制、检验具有微观基础的宏观经济学模型。其次，梳理了国内和国外的研究现状，从理论和现实层面分析了研究意义。实验宏观经济学不仅可以补充宏观政策的微观基础研究，帮助政策设计者分析传统宏观调控政策的微观传导机制，而且可以在大规模实施政策干预之前，预先对政策效果进行模拟。最后，对本书的研究思路和方法进行了概括，并总结了本书的创新之处，不仅系统性证明宏观经济学实验方法的合理性、拓展了实验宏观经济学的内涵和应用边界，还创新性地应用实验室实验分析宏观经济问题。

第一节　研究背景

一、理论背景

纵观主流宏观经济学的发展历程，为了解决宏观经济理论在各个时期遇到的不同"异象"（Aromalies），经济学家不断修正宏观模型的微观基础来解决新出现的社会经济问题并增强理论的适用性。新兴古典主义实现了对宏观模型微观基础的建模，此后新凯恩斯主义修正了完全竞争市场的假设，近年来兴起的行为宏观经济学又尝试对理性预期和最优决策假设进行修正。但由于现实数据的限制，在用这些数据进行实证检验的过程中遇到了诸多困难，经济学家开始寻找新的研究方法。在此背景下，实验方法为宏观经济学研究带来了新的思路。

20 世纪 60 年代末，凯恩斯主义的总量模型因为无法合理解释当时西方国家普遍出现的"滞胀"（Stagflation）现象而受到质疑。经济学家逐渐认识到没有微观基础的总量模型对现实的解释力有限，而又难以在原来的理论框架中直接加入微观基础假设进行修正，从而引发了一股为宏观经济学寻找微观基础的潮流。新兴古典主义将静态的瓦尔拉斯一般均衡理论动态化，作为统一宏微观经济学的分析框架，把个人最优决策和理性预期作为逻辑起点，初步建立了宏观模型的微观基础，实现了微观与宏观经济学的一致相容（Greenwald and Stiglitz，1987）。随后兴起的新凯恩斯理论从市场结构方面修正微观基础，把新兴古典主义的完全竞争市场拓展为不完全竞争市场。当新兴古典主义的货币政策无效性无法解释"沃尔克通货紧缩"（Volcker Deflation）[①] 带来的经济衰退时，新凯恩斯主义经济学家提出要恢复凯恩斯的部分思想，但他们保留了有微观基础的动态随机一般均衡分析框架以维持统一的逻辑框架，关于个体决策行为的微观基础[②] 也被沿用了下来。所以新凯恩斯主义的宏观经济模型同样是建立在代表性个体的最优化决策和理性预期的微观基础之上，所有微观主体决策之和构成了宏观经济总量，只是加入了市场摩擦等因素使价格和工资存在黏性，短期内市场不再出清。在一定程度上，新凯恩斯主义可以被看作是新兴古典主义向现实贴近的理论拓展，而新兴古典主义又可被视为新凯恩斯主义的一个

---

① 前任美联储主席保罗·沃尔克（Paula Volcker）为控制过高的通货膨胀率而实施了强有力的紧缩性货币政策，虽然有效降低了通胀率，但随之而来的却是两次经济衰退，就业率和实际产出大幅下降（Blanchard，1984）。

② 关于个体决策行为的微观基础包括：代表性个体的最优化决策（厂商决策以利润最大化为目标，消费者决策以效用最大化为目标）、理性预期（决策主体会对未来的政策形成理性预期，并影响当前的最优化决策）。

理想化特例，它们共同构成了现代宏观经济学体系，也是现在宏观经济研究和政策评估的主流框架（那艺、贺京同，2017）。

近年来为了应对新的问题，行为宏观经济学（Behavioral Macroeconomics）从个体的决策行为方面重构宏观经济学的微观基础（Akerlof，2002）。乔治·阿克尔洛夫（George A. Akerlof）在 2001 年诺贝尔经济学奖的获奖演讲中[1] 以 *Behavioral Macroeconomics and Macroeconomic Behavior*（《行为宏观经济学和宏观经济行为》）[2] 为题，阐述了行为宏观经济学的重要意义，并详述了行为经济学在宏观领域中的发展与应用[3]。由于在现代宏观经济学体系下，理论无法解释的现实经济问题不断涌现，经济波动的持续性特征以及大幅市场震荡后难以自我调整的现象都提示宏观经济学必须考虑个体决策对理性行为的背离。在理性预期假说下，经济发生外生冲击后，理性预期的个体能立即对冲击做出最优的调整，也就是市场具有内在纠错力，外生冲击会被"消化"掉，因而几乎不会出现剧烈的震荡。但历史上多次出现严重且持久的经济危机，宏观数据的波动也远远超出了正态分布，无论是新兴古典主义，还是新凯恩斯主义，对这些极端现象的解释力都不足，更难以实现合理预测。20 世纪下半叶兴起的行为经济学（Behavioral Economics）对理性经济人假设提出了挑战，诸多行为理论也为正在思考如何修正宏观模型微观基础的宏观经济学家提供了新的思路，比如前景理论（Prospect Theory）、损失厌恶（Loss Aversion）、参考点依赖（Reference-Dependent）等（Green and Kagel，1996）。

随着行为经济学的进一步发展，除了对个体决策的研究外，经济学家也更加了解个体间的互动机制，认识到宏观总体结果并不是单纯地对个体

---

[1] 乔治·阿克尔洛夫（George A. Akerlof），美国加州大学伯克利分校（University of California, Berkeley）经济学教授，专业领域包括宏观经济学、贫困问题、货币政策等，因在不对称信息市场研究领域做出突出贡献，提出"劣势选择"和"柠檬市场"，于 2001 年获得诺贝尔经济学奖。

[2] Akerlof George A., "*Behavioral Macroeconomics and Macroeconomic Behavior*", in Nobel Prize Committee, 2001.

[3] 阿克尔洛夫将这份讲稿整理成文，于 2022 年发表在《美国经济评论》（*The American Economic Review*）上。

结果进行线性加总。一方面，微观主体之间存在相互学习的现象，他们的行为会相互影响；另一方面，在不同的经济制度下，被试者的反应不一样，比如被试者对正向的货币政策冲击和负向的货币政策冲击反应不同。行为宏观经济学在此契机下兴起，认为仅用外生冲击无法解释市场的持续震荡，要从微观基础入手，重构微观主体的预期形成与行为决策模式，从两个角度修正理性行为假设。第一，微观个体的行为不符合理性假定，即偏离了理性预期与最优化行为；第二，宏观经济结果不是代表性个体决策的总和，个体之间的互动、个体与经济制度间的互动都会影响最终的总体结果（Akerlof，2002）。

然而，在对这些理论进行实证检验的过程中，现实数据的局限性日益凸显，传统的实证方法受到了很大的限制，且难以提供直接的证据支持，尤其是在关于预期（Plott and Sunder，1988）、信息（Bloomfield and Libby，1996；Karlan and Zinman，2009）、基本价值（Weber et al.，2018）等问题的研究上。

在此背景下，宏观经济学家引入实验方法来解决这些难题。经济学家不仅在实验室环境中为新兴的行为宏观经济学寻找直接的证据支持，帮助其从个体决策的角度重构宏观模型的微观基础，还将其应用于现代宏观学研究中，构造并检验新兴古典（New Classical）、新凯恩斯主义（New Keynesian）的模型。反过来，真实行为人在实验中的行为表现又能给行为宏观经济学家以新的理论启示，并相互促进发展。

二、现实背景

为了应对宏观经济的跌宕起伏，近年来我国的宏观政策调控方向有了明显转变。全面笼统的宏观政策调控正逐渐减少，精准适时的预调微调逐步增多，且更显专业化和定向化。宏观层面的总量研究已经无法满足学术界和政策制定者的需求，急需新的方法对宏观政策的微观基础和传导机制进行深入研究，有助于提高政策效果。因为宏观调控政策效果的实现不仅取决于政府对总体经济形势的宏观把控，更取决于微观主体对政策做出的反应。

在财政政策方面，虽然面对经济波动，人们认为相机抉择的财政政策能够有针对性地灵活应对，但是政策效果有时会偏离政策制定者的初衷，政策有效性有所下降（栗亮、刘元春，2014）。不时出现的产能过剩、物价波动等问题也提示研究者要及时分析前期的刺激政策效果、探讨财政工具的宏观效应和传导路径（卞志村、杨源源，2016）。

在货币政策方面，在货币政策由数量型向价格型转变的过程中，数量型货币政策有效性逐步下降的同时，价格型货币政策的机制还没有完善，未能及时进行弥补，所以会导致货币政策有效性暂时下降（郭豫媚等，2016）。央行在 2015 年 10 月取消了存贷款利率上限后，更加依赖市场化的货币政策工具与传导机制来间接调控利率，通过提前预告等方法进行预调微调①。在此背景下，理顺货币政策的传导机制并提高货币政策的传导效率就显得尤为重要。宏观政策如何向微观主体传导并作用于实体经济，具体在何时、通过何种途径、在多大程度上影响宏观经济变量，能否准确回答这些问题直接影响到政策操作目标的实现程度。

很多传统的宏观政策研究从宏观总量出发，分析宏观政策调控对宏观经济变量的影响，虽然能突出重点并简化分析，但常常忽略了政策的传导机制。宏观政策的调控效果是政府、央行、厂商和消费者等多方主体互动决策后的综合结果，他们在进行决策时不仅相互依赖而且互相影响，其行为特征对宏观政策效果有重大影响，所以评估政策效果时不可忽略微观个体对政策的反应以及相互之间如何互动影响（刘海明、曹廷求，2016）。在宏观政策的制定与实施过程中，政府应充分考虑微观主体的可能反应，分析其背后的传导渠道，以防止政策效果出现偏误而未能达到预期效果。

现在，研究宏观政策作用的微观基础和传导机制已经成为现代宏观经

---

① 中国人民银行货币政策司：《央行有关负责人就降息降准以及放开存款利率上限答记者问》，http://www.pbc.gov.cn/zhengcehuobisi/125207/125213/125440/125832/2968751/index.html，2018 年 8 月 5 日。

济研究中的一大趋势。研究者也倾向于使用具有明确微观基础的模型对我国宏观政策进行评估，或事前分析政策调控对主要宏观经济变量的可能影响及其传导机制。目前，最常用的是基于个体最优决策的动态随机一般均衡模型，它在一般均衡分析框架下得出代表性家庭和厂商的动态最优解，通过线性加总得到宏观经济总量。

然而，虽然基于个体最优决策的动态随机一般均衡模型提供了一个科学系统的使宏微观相一致的分析框架，但仍存在一定的局限性，比如忽略了个体的异质性、有限理性和个体间的互动关系。这个建立在代表性个体理性预期和最优决策的微观行为假设之上的分析框架，既没有考虑到个体的异质性特征（比如收入阶层、年龄结构等）会对宏观经济总量的影响，还忽略了制度因素和社会关系对决策个体的影响，在这种理想框架下得出的研究结果能否指导政策实践还有待商榷（Romer，2016）。

在此背景下，寻找新的方法从微观主体的角度厘清宏观政策的传导机制尤为重要，实验方法为其提供了一个全新的视角。

第二节　研究现状

一、国外研究现状

实验宏观经济学兴起于 20 世纪八九十年代，宏观经济学的微观建模和实验经济学的发展为其奠定了基础。研究者自此开始尝试使用实验方法研究宏观经济学范畴的问题，检验宏观经济模型的假设或预测。最早的研究包括，1988 年约翰·埃（John Hey）和瓦伦蒂诺·达尔达诺尼（Valentino Dardanoni）用实验对宏观模型的微观基础进行检验，观察不确定条件下被试者能否做出最优的跨期消费决策①，查尔斯·卡茨比（Charles Cadsby）和默里·法兰克（Murray Frank）于1991年②在实验室内模拟代际交叠模型以检验李嘉图等价定理是否成立。

20世纪末，来自理论和实践两方面的需求共同推动了实验宏观经济学的发展。经济学家认识到实验方法不仅能帮助行为宏观经济学从个体决策行为的角度重构宏观模型的微观基础，也有助于政策制定者对宏观调控的政策效果和微观传导机制进行预先评估。越来越多的研究者开始使用实验方法研究宏观经济问题，通过让被试者扮演消费者、企业或央行等角色，在实验室内检验了很多宏观经济理论，包括动态随机一般均衡模型、消费和储蓄决策的生命周期理论、消费和投资决策的增长模型（Lian and Plott，1998；Carbone and Hey，2004；Lei and Noussair，2002）等。1995年查尔斯·诺萨（Charles Noussair）等最先在实验室内模拟了跨国市场模型，发表于国际顶级期刊《美国经济评论》（American Economic Review）③，证明宏观经济理论与政策的实验研究开始获得主流经济学界的认可，同时也引起了政府和相关机构的关注，比如荷兰社会保障机构与学者 Riedl 和 Van Winden（2001）合作研究财政政策对宏观经济的影响，在实验经济体中对比不同税制的效果。

目前，实验宏观经济学处于由发展到走向成熟的重要阶段，这一领域的相关研究迅速增长。自21世纪初开始，宏观经济学领域的跟进实验研究不断增多，对这一学科的方法论探讨更为深入，研究者在宏观理论和政策实践方面都有很大的突破。同时，研究机构也开始组织相关的学术研讨会，让本领域内的学者进行更深入的探讨，如庞培法布拉大学（Universi-

---

① Hey, John D. and Valentino Dardanoni, "Optimal Consumption under Uncertainty: An Experimental Investigation", *The Economic Journal*, Vol. 98, No. 390, 1988, pp. 105–116.

② Cadsby, Charles Bram and Murray Frank, "Experimental Tests of Ricardian Equivalence", *Economic Inquiry*, Vol. 29, No. 4, 1991, pp. 545–664.

③ Noussair, Charles N., Charles R. Plott and Raymond G. Riezman, "An Experimental Investigation of the Patterns of International Trade", *The American Economic Review*, Vol.85, No.3, 1995, pp. 462–491.

tat Pompeu Fabra）自 2007 年开始每年组织宏观领域的实验经济学暑期学校（BESLab Experimental Economics Summer School in Macroeconomics）、2010 年开始每年举办理论与实验宏观经济学国际会议（LeeX International Conference on Theoretical and Experimental Macroeconomics）。此后，以 Duffy（2010）、Amano 等（2014）为代表的一系列论文纷纷对实验宏观经济学的最新进展进行了述评。2014 年，第一本关于宏观经济学实验研究的书《宏观经济学中的实验研究》（*Experiments in Macroeconomics*）出版（Duffy，2014），此书不仅探讨了如何使用实验方法研究宏观经济问题，而且梳理了这一领域中核心的研究主题，分别由各领域的权威经济学家执笔。近年来，不断积累的宏观经济学实验无论在实验经济学领域还是宏观经济学领域都倍受重视。2015 年出版的第二卷 *The Handbook of Experimental Economics*（《实验经济学手册》）涵盖了最近 20 年来[①]实验经济学领域最重要的研究进展，其第一章就对宏观经济学领域的实验室研究进行了综述（Duffy，2015）。2016 年第二卷 *Handbook of Macroeconomics*（《宏观经济学手册》）总结了近 17 年来[②]宏观经济学研究取得的重大进展与最前沿的发展方向，其中有专门一章对宏观经济学中的自然实验进行系统论述（Fuchs-Schündeln and Hassan，2016）。

现在，实验方法已经应用于诸多宏观经济学研究，涉及多类宏观经济问题，包括通货膨胀、名义幻觉、预算赤字、消费与投资等。实验宏观经济学不仅在理论研究上取得了重大的突破，而且已经被成功地应用到了许多现实问题的研究中。其在宏观政策分析和评估上的实用价值越来越被学界和实务界所认可，政府和相关机构也开始与研究者合作使用实验方法为宏观经济政策给予建议。比如美洲开发银行的研究者与当地政府机构合作开展实地实验研究税收问题（Castro and Scartascini，2015），加拿大银行与研究者也合作开展了多项关于货币政策的实验研究，Amano 等（2011）分

---

① 在第一本《实验经济学手册》（Kagel and Roth，1995）出版后的 20 年。
② 自 1999 年第一本《宏观经济学手册》出版后。

析了在不同目标货币政策下公众如何形成预期，Kryvtsov 和 Petersen（2013）用实验对比以控制通胀为目标的和以稳定物价为目标的货币政策，评估了两种政策效果与政策发挥作用的前提，并进一步探讨如何提高政策效率。

二、国内研究现状

我国学术界对实验宏观经济学的引入和应用尚处于起步阶段，相关研究较少。

回顾国内的研究现状，在实验经济学进入我国后，实验研究的论文和著作不断涌现，其研究主要集中于个体决策实验、公共品实验等微观领域，而涉及宏观问题的研究较少，主要包括何浩然（2011）对跨期决策行为的实验研究，杨晓兰和周业安（2017）对政府效率、社会决策机制和社会税率选择的实验研究，代志新等（2020）用自然随机实地实验方法研究税收遵从政策问题。

这可能是因为学界对实验宏观经济学这一学科了解较少，或者是对实验方法的合理性与实验结果的有效性仍存争议（杜宁华，2017），同时关于宏观经济学无法进行实验研究的思维定式在短期内难以改变。罗俊等（2015）、范良聪和张新超（2015）、洪永淼等（2016）在综述实验经济学的最新进展时都已经意识到了"实验方法开始应用于宏观经济学领域"，那艺和贺京同（2017）也对实验方法在宏观经济学中的应用做了初步论述，这一方向在未来具有很重要的研究意义与现实价值。

第三节　研究意义

实验宏观经济学是一门正在发展的具有强大生命力的新兴学科，实验的高度可控性保证了实验结果的内部有效性，为研究者检验理论宏观模型和解决现实问题提供了一条新的途径（Roe and Just，2009）。

一、理论意义

在理论层面，宏观经济学实验为宏观经济学理论研究提供了新的方法与数据来源。实验宏观经济学可以很好地再现抽象的宏观理论模型，通过控制单一变量来更清晰地识别变量间的因果关系，检验有微观基础的宏观经济学理论假设和预测。宏观经济学实验能构造出宏观理论模型中的市场环境，并根据研究目的设置特定的制度，观察整体经济的反应或分离决策者行为背后的不同动机，补充了现实数据的实证分析，在跨期最优决策、理性预期、货币政策等方面取得了突破性进展。此外，对于一些宏观经济学模型，研究者无法获得真实数据用以检验时（比如个人对未来的预期），也可以在实验室中通过构造满足理论假设的环境来创造数据，检验宏观经济学模型预测的有效性。

与此同时，在经济学中识别因果关系（Causal Relationship）是一项重大的挑战，特别在宏观经济学中，大部分宏观变量都随着经济周期同方向变动，所以许多重要因果关系的方向备受争论。宏观经济学模型的很多实证研究都在努力解决条件相关性，提高模型和数据的拟合。新凯恩斯模型和实际经济周期模型对财政政策和货币政策有不同的因果效应预测，无法清晰识别因果关系就难以给予政策建议（Fuchs-Schündeln and Hassan，2016）。实验宏观经济学可以较为清晰地剥离宏观经济中的因果关联，识别对宏观经济有重要影响而在传统模型中忽略了的机制。研究者在设置不同实验局时通过每次仅改变一项干预措施来保持其他条件不变，这样就可以消除无关因素的干扰，分离并控制单一变量的影响，更好地验证因果关系。

二、现实意义

在现实意义方面，实验宏观经济学不仅可以补充宏观政策的微观基础研究，帮助政策设计者分析传统宏观调控政策的微观传导机制，而且可以在大规模实施政策干预之前，预先对政策效果进行模拟，这已经成为一种重要的预估政策效果的方法。

研究者可以在实验中比较不同宏观经济制度和政策干预对微观个体行为和总体市场表现的影响，根据实验结果给出有针对性的政策建议。宏观政策的调控效果是由众多微观个体共同决定的，政策有效与否在很大程度上取决于微观个体的反应与互动。传统的货币政策效果研究总是以"代表性个体"的理性行为假设为模型基础，再经过严密、无懈可击的数学推导出总体经济结果，其不仅抽象掉了微观决策主体异质性和非理性的行为，而且忽略了其对政策效果的影响。近年来的研究已经发现，使用现代宏观经济学理论分析宏观政策存在一定的局限性，无论是新兴古典主义还是新凯恩斯理论都建立在个人最大化行为和理性预期的基础上，我国研究者已经从异质性预期、学习行为等方面对此进行了修正（卞志村、高洁超，2014；许志伟等，2015）。从宏观政策的微观基础着手研究已经成为评估宏观经济政策有效性的一个重要方面，但是现实数据中缺乏可靠的微观基础数据进行实证检验。与现实世界的自然数据相比，实验数据有很大的优势，极简的环境设置与高度可控性都便于研究者进行清晰明确的因果推论，实验方法非常适合研究不同政策的影响。实验宏观经济学用真实的行为人代替理性经济人，检验不同制度设计和政策冲击对其的影响，为政策评估提供了微观基础，让研究者能够更科学地定量评估和对比不同政策效果，降低制度创新或政策变革的改革风险与社会成本。

实验宏观经济学对我国的理论研究和政策实践都具有重要的意义，对我国的研究者来说，它带来的不仅是一个新的研究方法或对话平台，更是一个非常重要的发展新理论的机遇，有助于构建并检验具有中国特色的中国经济学理论及相应的政策。

近年来实验宏观经济学在国际上迅速发展，其方法体系已逐渐成熟。鉴于其对宏观理论与现实政策的重要意义，本书系统阐述了实验宏观经济学的发展历程与研究框架，梳理了它的研究方法和理论基础，有助于破除关于宏观经济学无法进行实验研究的思维定式，引起学者对实验宏观经济学的关注，此外还针对我国的实际经济问题开展了宏观经济政策实验。

第四节　研究思路与方法

一、研究思路

在总体上，本书可分为理论框架篇和政策应用篇两部分。

在理论框架篇，首先从可行性和必要性两个角度梳理了实验宏观经济学的起源，发掘其早期（相对于微观经济学实验研究）发展缓慢的原因、后期兴起与发展的动力，剖析了为什么、如何以及在何种条件下，实验方法可以被用于研究宏观经济问题。

本书发现自实验经济学兴起后，对宏观经济学领域的实验研究远远落后于对微观经济学领域的实验研究，究其原因，这与当时的宏观经济学理论研究状况有关。当不可实验的总量研究框架占据宏观经济学的主导地位时，实验研究是不可行的。当这个主导研究范式受到挑战而契合实验研究的范式得以发展时，实验宏观经济学兴起的契机就来了。

20世纪70年代后，宏观经济学研究范式的转变和实验经济学的发展为实验宏观经济学的兴起奠定了基础，而来自理论和实践两方面的需求共同推动了该学科的进一步发展。在理论层面上，行为宏观经济学需要重构宏观模型的微观基础，实验方法能够为其提供有效的证据支持与检验。在现实层面上，政策制定者需要对宏观调控政策的效果进行预先评估并分析其中的微观传导机制，宏观经济学实验为此提供了很好的试验平台。

在此基础上，本书对实验宏观经济学的内涵进行了明确界定。不仅解释了关于实验宏观经济学的常见问题，而且厘清了实验宏观经济学与相关学科间的关系与区别，而后对实验宏观经济学的基本研究框架、实验方法和内容体系进行了总结。来自理论和现实层面的发展动力决定了实验宏观经济学的内容体系，本书梳理了最新的研究进展，根据研究侧重点与实验设置的不同，宏观经济实验研究可分为三类：宏观经济模型的微观基础研究、宏观经济理论检验以及宏观经济政策研究。其中，宏观政策的实验研究对我国的经济发展和政策实践有着重要的意义。

实验宏观经济学在发展过程中形成了独特的研究范式，由于宏观经济模型微观基础的建立是宏观经济学实验得以可行的根本，所以这也成为了宏观经济学实验室实验的研究基础，主要为协调博弈模型和动态跨期最优模型。随着研究者对实验结果外部有效性与内部性的认识愈加深刻，也得益于实验方法与技术的进步，目前宏观经济学实验方法包括实验室宏观实验、实地宏观实验和自然宏观实验这三类。

本书的总体研究思路如图 1-1 所示。

在政策应用篇，首先评述了宏观政策实验研究现状，其次结合我国亟须解决的宏观政策实践问题进行实验。因为很多宏观经济政策的研究涉及跨期决策、预期等难以观测到的变量，无法观测和度量这些变量就难以准确判断特定政策的效果，实验方法的引入解决了这一难题。宏观经济政策的实验研究主要关注货币政策与财政政策对个体预期、决策以及总体市场的影响。本书还针对货币政策和财政政策分别进行宏观经济学实验来对比不同宏观政策的效果，以期为我国税收结构的优化调整和前瞻指引政策的实施提出建议。

第一个政策应用的实验研究是针对居民消费和税收结构的财政政策实验。党的十八届三中全会已明确提出我国要"逐步提高直接税比重"，税制结构的调整和优化是构建现代税收制度的关键所在。同时，根据 2018 年 7 月中共中央政治局会议的要求，财政政策"要在扩大内需和结构调整上发挥更大作用"。受此启发，本书把研究重点放在税制结构调整与内需上，从居民消费的角度研究税制结构的优化调整问题。在研究方法上，本书使用实验宏观经济学的方法，基于跨期消费模型构建实验，在总税负不

研究背景

绪论

实验宏观经济学的兴起与发展动力

兴起背景
（宏观经济学实验如何成为可能）

发展动力

实验宏观
经济学的
发展

宏观经济学微
观基础的建立

经济学成为可
实验的学科

实验技术
的进步

理论层面
的需求

现实层面
的需求

基本研究范式

宏观
模型
微观
基础
研究

宏观
理论
检验

宏观
政策
研究

实验宏观
经济学的
理论框架

基本框架

实验方法

动态
跨期
决策
模型

协调
博弈
框架

实验
室实
验

实地
实验

自然
实验

内容体系

实验宏观
经济学的
政策应用

财政政策实验研究：税收结构
优化为例

货币政策实验研究：前瞻指引
政策为例

研究背景

文献综述

理论模型与预测

实验设计与过程

实验结果分析

研究背景

研究现状与难点

理论模型与预测

实验设计与过程

实验结果分析

结论

结论与展望

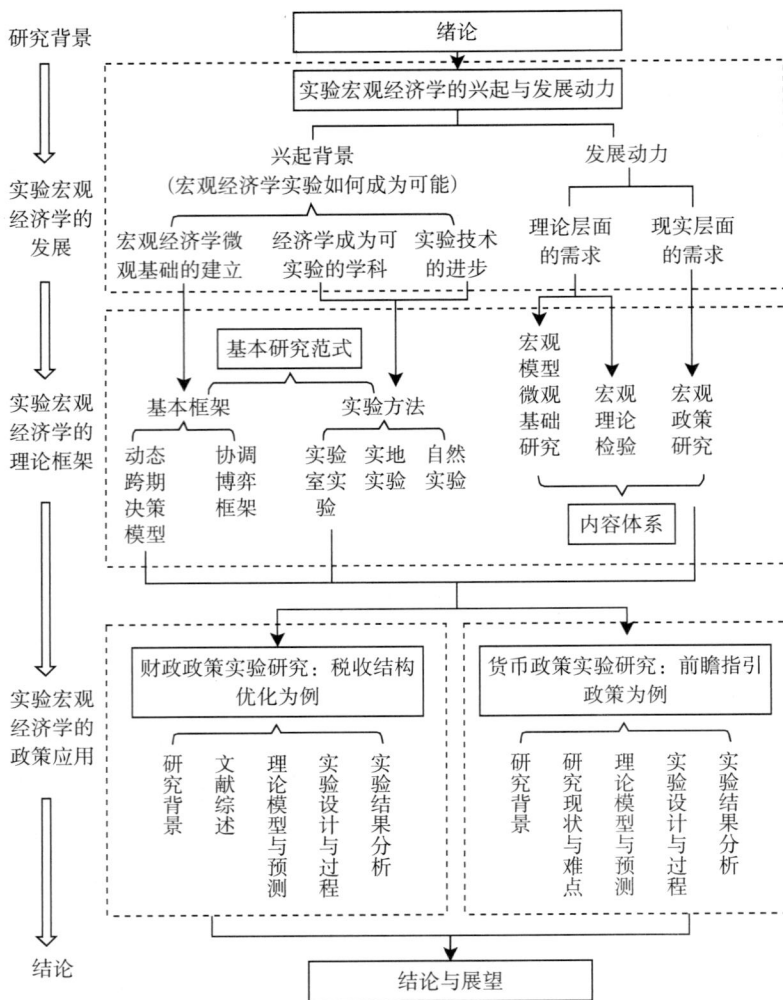

图 1-1 本书研究思路

变的前提下改变直接税与间接税占总税收的相对比例，分析不同的税收结
构会怎样影响微观主体的跨期消费路径和福利水平。试图找到可带来更高
社会福利的税制结构，希望能对我国的税收结构优化提出建议。

第二个政策应用的实验研究是针对跨期决策和前瞻指引的货币政策实
验。本书把货币政策设计的研究重点放在前瞻指引对预期和跨期决策的影
响。在货币政策有效性明显下降时，加强预期管理的需求尤为迫切（郭豫

媚等，2016）。在实际研究中，如何识别个体对货币政策的预期是一大难点。本书用实验方法来清晰地识别预期到的利率冲击，通过在实验中提前告知被试者未来利率的变动来模拟前瞻指引，检验被试者能否如政策制定者预期的那样对预期到的政策调整充分反应，并与传统货币政策的实验研究进行对比，分析前瞻指引能否提高调控政策的效率。

最后对本书进行总结与展望。总结本书的基本实验发现，在此基础上展望了实验宏观经济学在我国的应用前景，并对实验宏观经济学在我国应用中面临的问题进行思考。

本书余下的各章节内容安排如下：

首先是理论框架篇。

第二章系统阐述了实验宏观经济学的兴起与发展，有助于破除关于宏观经济学无法进行实验研究的思维定式，引起对实验宏观经济学的关注。第一节分析了实验宏观经济学的兴起背景和早期发展相对缓慢（相对于微观经济学实验研究）的原因。第二节解释了宏观经济学实验如何成为可能，这主要是由于经济学研究在以下三个方面取得的进展：一是现代宏观经济学微观基础的建立；二是得益于实验经济学的快速发展，实验方法逐渐规范化和科学化；三是实验技术的进步。第三节从理论和现实两个层面发掘了实验宏观经济学发展的动力。

第三章分析实验宏观经济学的内涵。首先，对实验宏观经济学进行明确界定；其次，厘清实验宏观经济学与相关学科的关系与异同，这有助于读者更好地理解实验宏观经济学的科学原则；最后，介绍实验宏观经济学的主要研究领域，及来自理论和现实层面的发展动力决定了实验宏观经济学的内容体系。根据研究侧重点与实验设置的不同，可以将其归纳为检验宏观模型微观基础、宏观经济理论和宏观经济政策的实验研究。

第四章总结了实验宏观经济学的研究框架。首先，介绍实验宏观经济学研究的理论基础，主要为动态跨期决策模型和协调博弈模型。其次，对具体的宏观经济学实验类型和方法进行阐述，分析各类实验的特点、方法和注意事项，包括实验室宏观实验、实地实验和自然实验。最后，对比了各类实验方法的特点与适用情境。

第五章归纳实验宏观经济学的优势与局限，首先分析了实验方法的优势，包括关键变量更加可控、因果分析更加稳健、变量观测更加全面、环境设定更加科学、均衡求解更加合理。其次归纳了实验宏观经济学的局限性与争议所在，包括人造性与外部有效性方面、实验方法的适用范围方面、被试者的代表性和规模方面。这些优势与争议中有一些是所有经济学实验都要面对的，也有一些是宏观经济学实验所独有的。最后总结了实验宏观经济学当前面临的挑战。

其次是政策应用篇。

第六章梳理了最新的宏观经济政策的实验研究基础，并进行了评述。首先，介绍了财政政策实验研究情况，包括税收结构与跨期消费决策研究、税负变动与代际决策研究、税制与预算赤字研究等。其次，归纳了财政政策实验研究情况，包括货币政策调整与货币幻觉研究、前瞻指引政策与跨期决策研究、货币政策的决策机制研究等。最后，对上述宏观政策实验研究进行总结。

第七章以税收结构优化研究为例，用实验方法从居民消费的角度研究税制结构的优化调整问题。基于跨期消费模型构建实验环境，在各个实验局中引入不同的税收结构来构造特定的经济环境，在总税负不变的前提下改变直接税与间接税占总税收的相对比例，观察不同实验局中居民的消费路径和福利水平会如何变动，分析不同的税收结构会怎样影响微观主体的跨期消费路径和福利水平。第一节介绍研究背景；第二节阐述理论模型与政策效果预测；第三节和第四节介绍实验设计和过程；第五节对实验结果进行具体分析，先从总体上分析税收结构对消费路径的影响，再分析居民福利的变动，以及实验局效应和学习效应的影响。

第八章以前瞻指引政策研究为例，使用实验经济学的方法研究前瞻指引这一非传统货币政策工具对经济主体的影响，并与传统货币政策进行对比。首先在基准实验局中分析决策者如何做出跨期的消费和储蓄决策。其次在此基础上改变名义利率水平以模拟货币政策冲击，通过提前告知被试者未来利率的变动以模拟前瞻指引，分析人们在预期到利率变动后如何调整跨期消费和储蓄决策，检验被试者能否如理论预期的那样对预期到的政策调整充分反应，这样有助于更好地预估政策效果。第一节介绍了研究背景；第二节构建理论模型，并给出政策效果预测；第三节和第四节阐述实验设计和过程；第五节分析基准实验局中的实验结果；第六节分析前瞻指引实验局中的实验结果；第七节分析传统货币政策实验局结果，并与前瞻指引实验局进行对比。

第九章对本书的研究结论和政策建议进行了总结。首先，报告了本书得到的主要研究结论，包括对实验宏观经济学理论发展的总结，以及相关宏观经济政策的实验研究结论。其次，分别从税收结构调整方面和前瞻指引政策方面给出了政策建议。

第十章展望了实验宏观经济学在我国的未来发展前景。首先，结合我国现实情况，分析实验宏观经济学在我国的重要机遇。其次，根据实验宏观经济学的发展以及近些年实验经济学在我国的应用，对实验宏观经济学在我国研究应用中可能面临的问题进行思考，避免实验研究方法的滥用或误用。最后，以此为基础给出相应的建议与展望，辩证看待实验宏观经济学的科学性与局限性。

二、研究方法

1. 使用文献分析法归纳实验宏观经济学的理论基础

本书通过收集整理国内外关于实验宏观经济学的相关文献，追踪国内外的最新研究进展和前沿动态。对实验宏观经济学的发展进程与研究领域进行梳理、综述和归类分析，从可行性和必要性两个角度梳理了实验宏观经济学的起源，发掘其早期（相对于微观经济学实验研究）发展缓慢的原因、后期兴起与发展的动力，在此基础上总结实验宏观经济学的方法论原理与研究范式。

2. 使用实验方法研究宏观经济政策

本书采用实验宏观经济学的方法研究财政政策和货币政策。自 20 世纪中后期以来，实验方法开始应用于经济学研究中，对实验的高度可控性保证了实验结论的内部有效性，也为研究者检验理论模型和解决现实问题提供了新的途径。本书以此为基础进行机制设计，每次仅改变一个实验变量，保持其他条件不变，以区分各种因素的影响。使用苏黎世大学研发的 Z-Tree 软件完成实验室实验的设计和运行，招募我国大学生为被试者进行实验，根据实验结果研究宏观政策对跨期决策行为的影响。具体实验手段如下：

（1）Z-Tree 实验平台。Z-Tree 是苏黎世大学的俄斯·费雪贝奇（Urs Fischbacher）研发的用于运行经济学实验的平台软件。借助该软件，可以更高效地开展宏观经济学实验，准确收集实验数据，且为本实验提供了技术上的便利和保障。

（2）术语中性化处理。为了避免实验者需求效应，在实验中将采用中性术语向参与者介绍实验规则，避免用有情感色彩的术语诱导参与者行为。

（3）货币激励。为了确保实验数据有效，激励参与者以个人利益最大化为目的进行决策，本实验将给予参与者真实的实验报酬激励，报酬包括固定的出场费和与决策相关的实验收益两部分。

（4）预实验。在正式实验开始前，小规模招募参与者进行预实验，评估实验难度、时间投入以及实验说明是否清晰易懂等，根据实验中遇到的问题进行及时调整。

（5）后期问卷调查。在实验结束后，要求参与者在 Z-Tree 实验平台上填写问卷。问卷中包括：①基本个人特征问题，如性别、年龄、专业等；②若干开放性问题，询问参与者在实验过程中的决策及其动机。

3. 以适用于实验数据的统计和计量方法分析实验结果

根据实验数据分布的特点，本书拟使用非参数检验对比各实验局间的贡献与惩罚行为是否存在显著差异。使用 Mann-Whitney U 检验对各实验局的平均消费水平进行两两比较，检验政策干预是否显著改变了跨期决策行为，使用 Tobit 回归、个体层面的随机效应 Ordered Logit 回归、Heckman 两阶段模型、随机效应的线性概率模型对被试者的个体决策数据进行回归分析。

第五节 创新之处

与现有的相关研究相比，本书可能的创新主要体现在以下几个方面：

第一，系统性证明宏观经济学实验方法的合理性。本书突破传统研究中对实验宏观经济学研究内容的简单综述，系统论述实验宏观经济学发展与应用，剖析了为什么、如何以及在何种条件下，实验方法可以被用于研究宏观经济问题，破除关于宏观经济学无法进行实验研究的思维定式。在梳理了实验宏观经济学的发展历程后，本书发掘出其早期发展缓慢[①] 的原因、后期兴起与发展的动力。自实验经济学兴起后，对宏观经济学领域的实验研究远远落后于对微观经济学领域的实验研究，当时宏观经济学中占据主导地位的总量研究框架限制了宏观经济学实验的可能性，而宏观经济学研究范式的转变和实验经济学的发展为实验宏观经济学的兴起奠定了基础，来自行为宏观经济学理论和政策实践两方面的需求共同推动了该学科的进一步发展。

第二，拓展了实验宏观经济学的内涵和应用边界。实验宏观经济学仍在不断发展中，本书通过总结实验宏观经济学的基本研究框架与最新发展动态对其进行适当的拓展，厘清其与相关学科的关系。Duffy（2008）最早对该学科进行了界定，但是由于受到当时的发展阶段限制，该定义仅包括实验室实验。近十几年来实验方法有了新的突破，实验宏观经济学研究也不再局限于受控的实验室环境，研究方式和范围都有所拓展。结合实验宏观经济学的这些最新发展，本书在 Duffy（2008）的基础上对实验宏观

---

① 相对于微观经济学实验研究。

经济学的定义进行适当拓展。实验宏观经济学或是使用宏观经济学的语言和框架在受控环境中构建特定的经济环境，或是利用历史事件的外生冲击与具有可比性的随机对照样本，分析总体经济结果，检验宏观经济模型的假设、预测或宏观政策的效果。

第三，创新性的应用实验室实验分析宏观经济问题，是国内较早的宏观政策实验研究。本书结合我国亟须解决的宏观经济问题，对货币政策和财政政策分别进行实验：关于税收结构优化的财政政策实验和关于前瞻指引工具的货币政策实验。本书在跨期消费和储蓄的框架下对比税收结构、前瞻指引工具对微观个体跨期消费和福利的影响，为在财政、货币与微观主体之间构建合理的政策机制提供实验依据与科学基础，丰富了宏观政策的微观基础和传导渠道研究，对于政策实践有一定的现实意义。同时对于中国宏观经济学研究，本书使用的实验与分析方法也为定量研究有微观基础的宏观经济模型提供了一个全新的视角，对进一步发展有微观主体行为基础的行为宏观经济模型具有启发意义。实验结果发现：①直接税比重与居民福利间存在一种倒 U 形的关系，在税收结构优化过程中要注意直接税比重的上调幅度，将其维持在与间接税比重大体相当的比例范围内；②虽然证实存在前瞻效应，但是消费调整的幅度小于标准理论模型的预测，前瞻指引实验局的政策效果并不显著，应谨慎使用前瞻指引工具。

理论框架篇

在理论框架篇中，本书系统论证了宏观经济学实验方法的合理性，拓展实验宏观经济学学科的丰富内涵，归纳出完整的理论基础和研究框架。在宏观经济学研究范式不断转变和实验经济学学科快速发展的总体背景下，对实验宏观经济学发展的阶段、进程、动力进行深入剖析，对实验宏观经济学的研究方法和领域进行分类总结。

第二章 实验宏观经济学的兴起与发展

　　为什么实验宏观经济学这么晚才兴起呢？一门学科的可实验性并不是天生的，它会随着理论和研究范式的发展而改变，比如在牛顿等提出了适合实验控制的理论概念（如力、质量等）和研究框架后，物理实验才得以普及（Friedman et al.，1994）。只有当该学科中的一些关键变量可服从实验控制时，真正意义上的实验才能成为可能。20 世纪 70 年代，经济学逐渐发展为可实验的学科，实验方法开始进入微观经济学等领域的研究，但宏观领域的实验研究发展迟缓。为什么在实验方法被经济学界接受的十几年中，经济学家几乎都没有使用实验方法研究宏观经济问题呢？要回答这个问题，不能仅仅着眼于实验宏观经济学近年的发展，必须结合宏观经济学研究范式的转变和实验经济学学科的发展。为此，本章系统梳理了实验宏观经济学的发展历程，发掘其兴起与发展的动力，有助于破除关于宏观经济学无法进行实验研究的思维定式，引起对实验宏观经济学的关注。本章首先分析了实验宏观经济学的兴起背景和早期发展相对缓慢（相对于微观经济学实验研究）的原因。其次，解释宏观经济学实验如何成为可能，这主要是由于经济学研究在以下三个方面取得的进展：一是现代宏观经济学微观基础的建立；二是得益于实验经济学的快速发展，实验方法逐渐规范化和科学化；三是实验技术的进步。最后，从理论和现实两个层面发掘了实验宏观经济学发展的动力。

第一节　早期萌芽阶段

本节主要研究为什么实验方法可以应用于宏观经济学研究，追溯到实验宏观经济学的发展起源，分析宏观经济学实验方法的合理性。

一、经济学研究中实验方法的引入

不可实验性是人们对经济学的初始认知，相比于物理、生物等自然科学，经济学发展为可实验的科学经历了更为漫长的时间。直到 20 世纪中期，经济学家仍认为经济学乃至社会科学和天文学一样是不可实验的科学，因为他们研究的社会经济现象无法在实验室中获得（Friedman and Friedman，1953）。

但是在过去的几十年间，伴随经济学研究范式的转变，其研究方法也发生了革命性的变化。自研究者将波普尔的可证伪性原则作为科学分界的标准后，经济学家也开始对经济理论进行检验。但因为生成现实数据的真实环境与抽象的理论模型相去甚远，所以基于现实数据的实证检验难以令人信服。经济学家逐渐将目光转向自然科学研究中最普遍的证伪方法——实验（Smith，1982a）。

自 20 世纪中期起，经济学家打破了经济理论难以实验的思维定式，将实验方法引入经济学研究，但在当时并未引起经济学家的重视，甚至没有被视为经济学正统研究的一部分。德国研究者莱茵哈德·泽尔滕（Reinhard Selten）等从博弈决策方面开展实验来解释行为和有限理性（Bounded Rationality）[①] 的思想（Sauermann and Selten，1959，1960）；美国学者的研

---

① 有限理性是指介于完全理性与非理性间的、存在一定限制下的理性。

究更关注结果而非行为过程，属于经济理论的结果导向型研究。最早的经济学实验可追溯到 1948 年爱德华·张伯伦（Edward Chamberlin）在教室里构造市场实验以检验市场均衡理论，让学生作为被试者在其中进行决策互动，用实验中得到的市场结果检验理论预测，发现成交价格偏离了完全竞争市场中的均衡价格，认为现实市场难以达到理论预测的均衡结果①。此后十几年几乎没有跟进的实验研究，直到 20 世纪 60 年代初期，弗农·史密斯（Vernon Smith）在此实验的基础上设计了"口头双向拍卖"（Oral Double Auction）机制②，让被试者公开进行出价和要价，实验市场最终达到了有效的竞争市场结果③。1965 年弗农·史密斯进一步在"双向拍卖"机制下的竞争市场中对瓦尔拉斯假说进行更严格的检验，发现即使在极度不平衡的条件下拍卖市场机制的实验市场也能达到竞争均衡（Smith，1965）。这为研究者打开了新的思路，实验研究方法开始受到关注，后续研究者开始尝试在此基础上改进研究方法。尽管这一阶段出现了一些标志性的重要研究，但实验经济学研究仍然没有市场，论文与著作的出版一再受阻。

直到 20 世纪七八十年代，经济学家才普遍认可实验方法在经济学中的应用（Plott，1983；Heiner，1985）。20 世纪六七十年代，弗农·史密斯（Vernon Smith）、理查德·希而特（Richard Cyert）和莱斯特·莱夫（Lester Lave）于卡内基工学院成立了实验经济学研究组，不仅研究市场实验、个体与集体决策、效用与矩阵博弈实验等，还对实验方法论和结果有效性进行深入思考，系统总结了保证有意义的经济学实验所需的条件。但这段时期，实验经济学研究依然没有市场，论文与著作的出版依然不顺。1976

---

① Chamberlin, Edward H., "An Experimental Imperfect Market", *Journal of Political Economy*, Vol. 56, No. 2, 1948, pp. 95-108.

② 双向拍卖机制是指，卖方和买方可以自由地公开给出各自的报价和要价，只要一方中有人接受另一方的叫价，卖方和买方就可以按这个价格达成交易（每次交易一个商品）。然后进入下一轮实验（交易期），开始新一轮的叫价。

③ Smith, Vernon L., "An Experimental Study of Competitive Market Behavior", *Journal of Political Economy*, Vol. 70, 1962, pp. 111-137.

年，弗农·史密斯提出了"引致价值法"（Induced – Value Method），让研究者能够透过被试者的实验决策分析出他的价值评价，而后弗农·史密斯对实验方法论的核心思想进行了系统总结，证明了实验方法的合理性（Smith，1982a）。权威期刊《美国经济评论》（*American Economic Review*）对这两篇文章的认可更是引起了学界对实验研究的广泛关注，颠覆了经济学不可实验的历史，也意味着主流经济学开始接受实验方法。实验研究自此开始呈现"爆炸式"增长，许多检验经济理论的实验研究颠覆了传统经济学的理论假设，实验结果频繁发表于经济学领域的国际顶尖期刊，包括《美国经济评论》《经济学季刊》《经济学杂志》《科学》等①。1986 年实验经济学的国际研究学会——经济科学学会（Economics Science Association）正式成立，创始主席是弗农·史密斯②。经济科学学会每年都会举办实验经济学世界大会、实验经济学北美区域会议、实验经济学亚太区域会议、实验经济学欧洲区域会议，加强本领域学者的学术交流，分享实验经济学的最新研究方向。1998 年，经济科学学会创办了实验经济学方向的第一本专业期刊《实验经济学》（*Experimental Economics*），现在这本期刊已成为实验经济学领域排名第一的国际期刊。

随着学界对实验经济学的关注度越来越高，对实验研究进行全面综述的时机已逐渐成熟（Duffy，1998）。自 20 世纪 90 年代伊始，关于实验经济学的多部著作相继问世。作为第一本实验经济学的教科书，1993 年道格拉斯·戴维斯（Douglas Davis）和查理斯·霍尔特（Charles A. Holt）编写了 *Experimental Economics*（《实验经济学》），系统介绍了这一新兴领域，其从发展过程、理论框架到经典实验都展开了详细论述，还详细介绍了具体的实验方法和实验程序，给出了许多指导性的附录③。1994 年，第一本

---

① Smith（1976）发表于《美国经济评论》；Schneider 和 Pommerehne（1981）发表于《经济学季刊》；Binswanger（1981）发表于《经济学杂志》；Roth（1983）发表于《科学》。

② 2002 年弗农·史密斯由于在实验经济学领域做出的突出贡献而获得诺贝尔经济学奖。

③ Davis, Douglas D. and Charles A. Holt, *Experimental Economics*, Princeton：Princeton University Press, 1993.

专门介绍实验方法和技术的专业著作 *Experimental Methods*：*A Primer for Economists*（《实验方法：经济学家入门基础》）问世，丹尼尔·弗里德曼（Daniel Friedman）和山姆·桑德（Shyam Sunder）[1]描述了经济学实验的基本原理和整个流程，他们对从研究选题、构造实验环境、选择和招募实验参与者、设计与开展实验到分析数据和撰写报告都一一进行了介绍，像是实验指导说明，旨在指导初学者如何设计和组织实验，这两本书至今仍是实验经济学专业的经典入门读物[2]。同一时期，多位著名的经济学家总结本领域的实验研究，共同撰写了第一本《实验经济学手册》（*The Handbook of Experimental Economics*），对实验室实验研究的结果与方法进行了全面的批判性综述，每一章都对某个已经大量运用实验方法的经济学领域进行系统的综述，包括公共物品实验、协调博弈、讨价还价实验、产业组织实验、拍卖实验、资产市场实验等，于 1995 年由普林斯顿大学出版社出版（Kagel and Roth，1995）。

从此实验经济学作为一门独立的学科正式进入大众视野，这也意味着学界终于认可经济学逐步演变为可实验的科学。实验研究的范围也逐渐扩大，涉及经济学的各个领域，包括金融、公共选择、产业组织等，其不仅被用于经济理论的检验，还为解决现实问题提供了新的路径。比如 1998 年约翰·伯纳德（John Bernard）等和威廉·舒尔茨（William Schulze）就用实验研究电力市场的资源配置问题，对比不同的交易机制对电网运行效率的影响；[3] 2000 年詹姆斯·墨菲（James Murphy）和弗农·史密斯等在实验室内简化并重现美国加利福尼亚州水资源的供给和需求情况，运用"智能市

---

[1] Friedman, Daniel and Shyam Sunder, *Experimental Methods*：*A Primer for Economists*, Cambridge：Cambridge University Press, 1994.

[2] 这两本书的中文译本相继出版：《实验方法：经济学家入门基础》（曾小楚译，2011，中国人民大学出版社），《实验经济学（行为和实验经济学经典译丛）》（连洪泉、左聪颖译，2013，中国人民大学出版社）。

[3] Bernard, John C., Mount T. D. and William D. Schulze, "Alternative Auction Institutions for Electric Power Markets", *Agricultural & Resource Economics Review*, Vol. 27, No.2, 1998, pp. 125–131.

场"平衡供求[1]，分析生产者对供水管道的垄断会如何影响水资源的配置效率，帮助解决加州的供水问题[2]。到 2002 年，诺贝尔经济学奖授予了丹尼尔·卡尼曼（Daniel Kahneman）和弗农·史密斯，以表彰他们在行为经济学和实验经济学方面的突出贡献[3]，这充分肯定了实验经济学的重要意义和贡献。

二、早期宏观经济学实验面临的制约因素

早期的实验研究主要集中在微观经济体系，20 世纪 60~80 年代，实验经济学家在微观领域就已积累了丰硕的实验成果。当时宏观经济学和微观经济学间的界限很严格，实验方法被应用于个体行为偏好、风险态度等方面，其研究成果也备受瞩目。实验经济学的奠基者弗农·史密斯在 *Microeconomic Systems as an Experimental Science*（《作为实验科学的微观经济体系》）一文中对这些研究进行了总结，并在此基础上系统地梳理了微观经济体系论、微观经济学实验的机制、方法和分类，这篇论文于 1982 年发表于国际权威期刊《美国经济评论》[4]。西奥多·伯格斯特龙（Theodore Bergstrom）和约翰·米勒（John Miller）于 2000 年出版的著作 *Experiments with Economic Principles*：*Microeconomics*（《经济学原理的实验研究：微观

---

① 实验用 17 个连接的节点模拟加州水的供求网络，这些节点分别代表水的供应商、传送商、消费者，招募学生为实验参与者，分别扮演供应商、传送商、消费者在这个供求网络中交易商品"水"，根据自己的成本或保留价值依次进行报价和应价活动。

② Murphy, James J., Ariel Dinar and Richard E. Howitt, et al., "The Design of 'Smart' Water Market Institutions Using Laboratory Experiments", *Environmental and Resource Economics*, Vol. 17, No. 4, 2000, pp. 375–394.

③ 这里需要区分一下，丹尼尔·卡尼曼的主要贡献在于行为经济学，他将心理学研究的思路与经济学结合起来，最重要的成果是关于不确定情形下决策行为的研究，发现在不确定状态下的许多风险决策行为都系统性地偏离了标准经济理论的预测。弗农·史密斯的主要贡献在于实验经济学，他设计了一系列实验方法和规则，为实验经济学奠定了基础，也为经济学进行可靠的实验研究确立了标准。

④ Smith, Vernon L., "Microeconomic Systems as an Experimental Science", *The American Economic Review*, Vol. 72, No. 5, 1982a, pp. 923–955.

经济学》)[1] 重点针对微观经济学领域的实验研究进行了系统阐述，包含微观经济学领域的多类实验。在这一时期，并没有学者对宏观经济学领域的实验研究进行系统总结。

相比之下，宏观领域的实验研究发展相对缓慢，20 世纪 80 年代才刚起步。为什么在实验方法被经济学界接受的十几年中，经济学家都迟迟未使用实验方法研究宏观经济问题呢？

究其原因，这与当时的主流宏观经济学研究范式有关，当不可实验的总量研究框架占据宏观经济学的主导地位时，实验研究是不可行的。

20 世纪 30 年代的经济大萧条，不仅对经济体的冲击严重，也让经济学界发生了一场重要革命——"凯恩斯革命"（Keynesian Revolution）。凯恩斯（Keynes）于 1936 年出版的 *The General Theory of Employment, Interest and Money*（《就业、利息和货币的通论》)[2] 改变了经济学的研究范式，否定了萨伊定律（Say's Law）[3] 和自由市场"看不见的手"（Invisible Hand）[4]，建立起一个全新的宏观经济体系，开创了现代宏观总量的研究方法。围绕有效需求的国民收入决定理论以社会总体的经济变量（如总就业量和总生产量）为研究对象，基于这些总量的生产函数来分析总体国民收入及其变动。这有别于从单个商品、厂商和家庭着手的微观经济学研究，可以说与新古典微观经济学完全割裂。

在实验经济学刚刚兴起的 20 世纪 60 年代，西方经济学领域占据主流地位的正是立足于总量模型的凯恩斯主义。凯恩斯主义（Keynesian）主张

---

① Bergstrom, Theodore and John Miller, *Experiments with Economic Principles*: *Microeconomics*, New York: McGraw-Hill, 2000.

② Keynes, John Maynard, *The General Theory of Employment, Interest and Money*, New York: Macmillan, 1936.

③ 萨伊定律主张"供给创造自己的需求"，通常情况下经济体不会出现生产过剩的危机，也更不可能发生就业不足的情况。

④ "看不见的手"是指，根据理性经济人假设（消费者以效用最大化为目的进行消费决策，生产者以利润最大化为目的进行生产决策），在自由市场中，市场供给和需求能根据价格变化自动调整到均衡状态。此时市场就像一只"看不见的手"，在供求机制、价格机制和竞争机制的相互作用下实现资源的有效配置。

宏观经济学研究的是整体经济的运行方式与规律，关注经济增长、失业、货币政策和财政政策等宏观问题，应该从总量上分析经济问题并建立宏观经济学模型，对总体经济运行进行有效预测。然而，对经济体进行直接的实验检验是成本昂贵且有悖道德的。

另外，此时经济学家对实验方法仍持争议，针对实验室环境难以再现复杂的社会经济系统、实验室内得到的结果缺乏外部有效性、有限被试者组成的实验无法代表整体市场运行等问题的争论持续不断。所以，与研究微观问题的实验研究相比，关于宏观经济问题的实验研究受到了更多的阻碍，再加上实验技术的不成熟也在一定程度上制约了复杂的多部门实验设计与大规模的宏观经济实验（Ricciuti，2008）。

第二节　条件成熟阶段

当这个不可实验的主导研究范式受到挑战而契合实验研究的范式得以发展时，实验宏观经济学兴起的契机就来了。各个时代处于主流地位的经济理论在研究方法和研究对象上都有所差异，宏观经济学研究范式的转变和实验经济学的发展，为开展宏观经济学的实验研究奠定了基础。具体而言，经济学研究在以下三个方面的发展，让经济学家认识到实验方法不仅可以应用于微观经济学研究，还能够用于宏观经济学问题研究。

一、宏观经济学微观基础的形成

宏观经济学实验之所以成为可能，首先是因为经济学的理论架构和研究范式发生了重大变化。经济学家实现了对微观基础的建模，才使得宏观问题的实验研究成为可能（Heinemann and Noussair，2015）。

在 20 世纪五六十年代，以总量模型为主的凯恩斯主义经济学占据了西方宏观经济学的正统地位（Plosser，1989）。

直到 20 世纪 60 年代末，资本主义出现了"滞胀"问题，凯恩斯主义的总量模型无法给出合理的解释，其主流地位开始动摇。研究者逐渐认识到宏观经济学模型需要稳健的微观基础，开始寻找"宏观经济学的微观基础"（*Microfoundations of Macroeconomics*）（Weintraub，1977）。经济学家发现微观个体对未来政策的预期会影响其当前的最优决策（Lucas，1976），在构建宏观模型时要考虑到制度变化或宏观政策对家庭和企业的影响，试图用微观行为去解释宏观经济现象，进而在逻辑一致的理论体系下实现由微观基础向宏观经济的逐层推理。

20 世纪 80 年代，新兴古典主义（New Classical）和新凯恩斯主义（New Keynesian）受到推崇，它们都用约束下的个人最优化行为（家庭效用最大化和企业利润最大化）和理性预期（Rational Expectations）构建宏观经济模型的微观基础，以动态随机一般均衡模型（Dynamic Stochastic General Equilibrium Models）作为主要模型框架（那艺、贺京同，2017）。其中，最核心的假设包括以下四点：①宏观总量结果即为众多代表性微观个体选择结果的加总。②微观决策主体在各自的约束条件下进行最优化决策，即消费者以效用最大化为目标、厂商以利润最大化为目标进行理性决策。③加入了理性预期，决策者对未来宏观经济或政策的预期会影响他当前的最优决策，这些微观决策的加总又将引起未来宏观总量的变动，这样预期形成机制便搭起了微观与宏观经济之间的桥梁。④新兴古典主义假设市场是完全竞争的，理性预期的个体能准确预测市场供需变动，价格和工资能够及时且充分地进行调整，达到充分就业和市场出清状态。然而新凯恩斯主义假设市场不完全竞争，短期内工资和价格刚性导致价格黏性，市场无法迅速出清（Rotemberg，1987）。上述第一点是微观基础的逻辑起点，第二、第三点是微观主体的行为基础。新兴古典主义和新凯恩斯主义在这三点假设上保持一致，但在关于市场结构和运行机制的第四点假设上存在分歧，这也导致它们的理论结果和政策建议不同。

二、实验方法在经济学中的广泛应用

实验宏观经济学的发展还得益于实验经济学逐渐被主流经济学体系所认可，实验方法在一代代实验经济学家的努力下走向规范化和科学化，实验经济学已经成为经济学中不可或缺的研究工具和数据来源，应用于经济学的多个分支学科（Heiner，1985；包特等，2020）。

过去对宏观经济学实验研究的最大质疑在于实验环境缺乏真实性，抽象的实验环境无法再现复杂的现实经济体，实验结果不能被推广到现实世界，即实验结果缺乏外部有效性，这一争议对于宏观经济学实验尤为突出。

在过去几十年中，实验经济学家对实验结果内部有效性（Internal Validity）和外部有效性（External Validity）[①] 的探讨和认识更加深入，消除了上述疑虑。亚瑟·施拉姆（Arthur Schram）更是提出实验室结果本就不应该被解读为一种结论性证据，而应该被视为过渡的阶段性结论[②]。经济学家应该根据研究目的在内部有效性和外部有效性之间进行适当的权衡取舍，毕竟大部分实验室实验的目的不是对特定情境中的具体行为模式做出准确预测，而是隔离和识别潜在的因果机制，增进我们对经济行为的理解（Guala，2005；Jiménez-Buedo and Miller，2010）。

此外，实验经济学家还证明了宏观实验无须大样本的被试者参与，少数个体在市场实验中的互动就足以捕捉到大样本下的总体经济运行特征，恩斯特·费尔（Ernst Fehr）和让·罗伯特·泰兰（Jean-Robert Tyran）用四个被试者组成的市场实验成功地分析了货币政策的影响，于 2001 年发表在

[①] 根据 Cook 等（1979）的定义，外部有效性是指研究中发现的因果关系能在多大程度上被一般化地推广到其他个体、情境和时代中；内部有效性则是指研究者能在多大程度上认定两个变量间存在因果关系。

[②] Schram, Arthur, "Artificiality: The Tension Between Internal and External Validity in Economic Experiments", *Journal of Economic Methodology*, Vol. 12, No. 2, 2005, pp. 225-237.

国际顶级的经济学期刊《美国经济评论》[①] 上。这意味着，主流经济学家终于接受了受控环境中的宏观经济学实验研究，对实验室实验研究的质疑声逐渐减少，实验研究范围也从微观经济学领域扩大到了宏观经济学。

自 20 世纪 70 年代后，世界各高校和研究机构陆续开始成立专业的实验经济学实验室（姚宇，2014）。比如弗农·史密斯主持的亚利桑那大学经济学实验室（Economic Science Laboratory，ESL）和决策行为实验室（Decision Behavior Laboratory，DBL）、查尔斯·普洛特（Charles Plott）主持的美国加州理工大学的实验经济学与政治经济学实验室（Laboratory for Experimental Economics and Political Science，LEEPS）、诺贝尔奖得主莱茵哈德·泽尔腾[②]（Reinhard Selten）创建的波恩大学实验经济学实验室（Bonn EconLab）、乔治·梅森大学经济科学多学科研究中心（The Interdisciplinary Center for Economic Science，ICES）、法国莫内圣埃蒂安大学的法文经济理论与分析研究所（Groupe d'Analyse et de Théorie Economique，GATE）、哈佛大学的决策科学实验室（Harvard Laboratory of Decision Sciences，HLDS）、美国普渡大学的弗农·史密斯实验经济学实验室（Vernon Smith Experimental Economics Laboratory，VSEEL）等。这些实验室在全世界范围内开展了很多国际交流活动，如波恩大学实验经济学实验室与我国东北财经大学、中国人民大学维持着良好的合作关系，乔治·梅森大学经济科学多学科研究中心与上海交通大学、清华大学长期保持合作。近些年，我国很多高校也成立了经济学实验室并开展经济学实验研究（周业安，2019），包括北京大学经济科学实验室、清华大学行为与沟通实验室、厦门大学实验经济金融实验室、南京审计大学泽尔腾经济学实验室、上海财经大学实验经济学实验室、南开大学泽尔腾经济管理实验室、南开大学史密斯实验室、上海交通大学 Smith 实验经济学研究中心、中南大学行为科学实验中心、中

[①] Fehr，Ernst and Jean-Robert Tyran，"Does Money Illusion Matter?"，*The American Economic Review*，Vol. 91，No. 5，2001，pp. 1239–1262.

[②] 莱茵哈德·泽尔腾因在非合作博弈理论中开创性的均衡分析研究，于 1994 年获得诺贝尔经济学奖。

国地质大学（北京）经济学模拟实验室等。

三、新兴实验技术在复杂宏观实验中的深度应用

在这个过程中，实验技术的进步也起到了一定的助推作用。随着计算机实验的普及，实验方式从纸笔层面发展到了计算机层面，为复杂的多部门宏观经济实验创造了条件。

早期研究者只能在实验室内使用纸笔实验设计简单的交易活动。比如Chamberlin（1948）的市场实验，学生在教室里自由走动，两两之间进行单独磋商，各自进行分散的双边交易，把决策写在纸上然后交给老师，老师计算出每一轮的市场结果后告知大家；Plott 和 Smith（1978）让被试者在表格中填写交易信息，再由实验者进行一一汇总并计算被试者的收益，再通知大家每一轮的结果；Isaac 和 Plott（1981）在实验室内构建了口头拍卖市场，让被试者以公开喊价的方式做出要价和出价，一旦有人接受喊价，交易立即成交。纸笔实验的执行速度较慢，效率很低，而且出现计算错误或其他失误的可能性较大。

到 20 世纪 90 年代，经济学家已经可以依托计算机开展实验，计算机实验的实验开展速度较快，准确性较高。1991 年美国经济学家查尔斯·普洛特（Charles Plott）研发出了最早的模拟真实市场的实验程序 MUDA（Multiple Unit Double Auction）[1]，使实验者能够在计算机上同时运行 20 个双向拍卖市场，不仅简化了实验过程，而且扩大了实验研究范围。查尔斯·普洛特和查尔斯·诺萨（Charles Noussair）等基于 MUDA 程序，首次在实验室内再现了跨国市场模型，证明在实验室内构造和运行复杂的经济体在技术上是可行的。这项研究于 1995 年发表在经济学的顶级期刊《美国经

---

[1] Plott, Charles R., "A Computerized Laboratory Market System for Research Support Systems for the Multiple Unit Double Auction", https: //authors. library. caltech. edu/ 44434/1/ sswp783. pdf, 1991.

济评论》上[1]，宏观经济学实验开始受到学界关注。

近年来，多款设计和开展实验的专业软件、在线招募系统陆续面世。苏黎世大学的俄斯·费雪贝奇（Urs Fischbacher）在 2007 年研发的 Z-Tree（Zurich Toolbox for Ready-made Economic Experiments）[2] 软件，是目前实验经济学家使用频率较高的一款软件。后来研究者陆续研发出了进行连续博弈实验的 ConG、在线实验软件 oTree[3]、跨平台的互动实验软件 Psynteract、在线招募系统 ORSEE[4]，以及我国开发团队推出的基于微信平台的"课研助手"[5] 等，都为研究者开展实验研究提供了很大的便利，模拟复杂经济体的多部门大型实验也成为可能，推动了实验方法在经济学中的广泛使用。研究者不仅可以构造跨国的贸易模型，比如查尔斯·诺萨（Charles Noussair）等的实验经济体中包含三个国家、三种货币、三种商品和两种要素投入，被试者能够在 21 个市场中同时进行交易[6]；还可以在实验室中构造出多部门的宏观经济体模拟动态随机一般均衡模型，让被试者扮演厂商、工人和中央银行等角色，在多个市场同时进行生产和交易决策（Noussair et al.，2015），极大地推动了宏观经济学的实验研究。

---

① Noussair, Charles N., Charles R. Plott and Raymond G. Riezman, "An Experimental Investigation of the Patterns of International Trade", *The American Economic Review*, Vol.85, No.3, 1995, pp. 462–491.

② Z-Tree 软件主要用于在经济学实验室内开展实验室实验（需招募实验参与者到实验室内进行实验）。研究者注册并申请使用许可证后，可以免费下载使用 Z-Tree 实验软件。更多内容可参考该软件的官方网址：https://www.uzh.ch/cmsssl/ztree/en。

③ oTree 软件主要用于开展在线实验或实地实验，研究者可以基于网络，在手机、平板电脑、笔记本电脑等设备上运行实验（也就是实验参与者无须到实验室内进行实验）。oTree 免费开放给研究者使用，更多详情参见 http://www.otree.org。

④ ORSEE 是一个在线招募系统，实验者可以在该系统中发布招募信息，学生登录后可以选择合适的实验场次。研究者注册并申请使用许可证后，可以免费下载使用 ORSEE 在线招募被试者，更多内容可参考官方网址：http://www.orsee.org/web/。

⑤ 由武汉中武科技有限公司开发，更多详情参见 http://www.ancademy.org。

⑥ Lei, Vivian and Charles N. Noussair, "Equilibrium Selection in an Experimental Macroeconomy", *Southern Economic Journal*, Vol. 74. No. 2, 2007, pp. 448–482.

第三节　快速发展阶段

来自理论和实践两方面的需求共同推动了实验宏观经济学的进一步发展。在理论层面，行为宏观经济学需要从个体决策行为的角度重构宏观模型的微观基础，实验方法能够为其提供有效的证据支持与检验。在现实层面，政策制定者需要对宏观调控政策的效果进行预先评估并分析其中的微观传导机制，宏观经济学实验为此提供了很好的试验平台。

一、论证行为宏观经济学的理论驱动

现代宏观经济学体系无法解释的"异象"不断引发学者对宏观经济学的反思，这意味着宏观模型的微观基础还需要进一步完善和修正。那艺和贺京同（2017）将这些"异象"总结为两类：第一，在经济社会发展中有许多宏观数据都具有较强的自相关特征，这说明宏观经济学的诸多微观假设还需要进一步完善和修正。例如，从总需求方面看，当产出自相关时，消费也往往表现出自相关性。在短期条件下，产出在很大程度上由消费需求决定，而消费的自相关性又表明决策主体在进行消费决策时其实并没有对提前已经预期到的收入做出调整，这意味着消费者跨期最优的微观基础面临修正；在总供给方面，通货膨胀率的自相关性表明企业的定价行为并非完全满足理性预期下的总利润最大化。第二，历史上一再出现经济危机和市场极端现象，也就是市场大幅波动且难以自发修复。例如，1929年的大萧条、1997年的亚洲金融危机和2008年的全球金融危机等，都是在一段相对缓和的宏观经济形势后突然爆发，在这些危机期间我们可以观察到宏观经济数据的急剧涨落，还常伴随着金融系统的崩溃和资本市场的泡沫，以经济危机为特征的极端宏观经济事件也常相伴发生。但在现代宏观经济学体系下，理性预期的个体能立即对外生冲击做出最优的调整，市场具有自我修复能力，因而几乎不会出现极端的经济事件，而这并不符合现实经济情况，说明理论的现实解释力和预测能力不足。

究其原因，新兴古典经济学家在修正凯恩斯理论没有微观基础的问题时过于依赖理性假定，过度抽象掉了约翰·凯恩斯（John Keynes）在《就业、利息和货币通论》（*The General Theory of Employment*，*Interest and Money*）中强调的决策者的心理学因素，忽视了作为现实个体的消费者或厂商本身所具有的背离理性假定的实际行为特征，比如人的公平互惠偏好（The Preference for Fairness and Altruism）、认知局限（Cognitive Limitation）、羊群效应（Herd Effect）[1] 等，这导致新兴古典主义对现实的解释力有限（Akerlof，2002）。虽然新凯恩斯主义努力构建更加完善的微观基础来探寻微观市场失灵的原因，但保留了代表性个体的理性假定，在新兴古典主义的一般均衡分析框架中加入市场摩擦，包括不对称信息（Asymmetric Information）、菜单成本（Menu Cost）[2] 等市场结构的特征，将新兴古典主义的完全竞争市场假设拓展为不完全竞争市场，但对现实的解释力依然不足。诺贝尔经济学奖得主乔治·阿克尔洛夫（George A. Akerlof）指出，为了提高新凯恩斯理论的解释力，应该将《就业、利息和货币通论》中的心理学因素加入宏观模型的微观基础，即引入行为动机[3]。

行为宏观经济学尝试基于行为经济学的最新理论，从异质性预期和个体学习行为的视角发掘市场失灵的原因（Kirchler and Maciejovsky，2002；Deaves et al.，2008；McCannon et al.，2016），重构宏观经济学的微观基

---

[1] 羊群效应是指个体的从众跟风心理，市场投资主体倾向于根据其他投资者的行为来进行投资决策，比如在股票市场上，投资者在他人卖出时跟着卖出，在他人买入时跟着买入，属于一种非理性行为。

[2] 菜单成本是指由厂商调整价格带来的一系列成本，包括厂商印制新价目表（餐馆印刷新菜单）的成本、决定新价格的成本、发放新价目表的成本、为新价目表做广告的成本以及处理消费者对价格调整怨言的成本。

[3] Akerlof, George A., "The Missing Motivation in Macroeconomics", *The American Economic Review*, Vol. 97, No. 1, 2007, pp 3-36.

础，改变理性人假定过于偏狭并缺失某些重要行为动机的状况，更好地指导宏观调控政策的设计。在此过程中，宏观经济学的实验研究为行为宏观经济学的微观建模提供了直接的证据支持和新的理论启示（那艺、贺京同，2017）。

自 20 世纪末，宏观经济学家就开始以行为经济学的研究成果为根据，分析微观主体心理因素对个体决策和总体经济的影响（Chapman，1998）。比如引入消费习惯解释新凯恩斯总需求方程中的强自相关性，在函数中加入绝对消费水平和相对消费水平的差异，也就是居民的效用函数由本期的消费水平和过去某一参考点时期的消费水平共同决定（Abel，1990；Chapman，1998）。经济学研究逐渐回归到作为决策主体的居民本身，从投资者的行为及其深层心理动机出发，对经典模型的核心假设进行修正，使理论假设更接近现实，把理性人还原为存在认知偏差的真实行为人，完善经济学的理论基础，并逐渐形成了行为宏观经济学。

在对微观基础进行修正时，不同于新凯恩斯主义从市场结构一般化的角度进行修正，改变新兴古典主义的完全市场假定，其修正的依据来自实证研究和现实市场的诸多特征，比如菜单成本、信息不对称等。行为宏观经济学从微观主体行为特征的角度重构微观基础，改变现代宏观经济学体系中的标准理性假定（Chapman，1998），从两个角度进行修正：第一，主张微观主体的行为不符合理性预期与最优化行为；第二，个体之间的互动、个体与经济制度间的互动都会影响最终的总体结果，其修正的依据主要来自经济学实验。

经济学家在基于真实行为人的受控实验中观察真实决策是否偏离理论假设和预测，为行为宏观经济学的微观建模提供直接的理论检验和证据支持。随着行为宏观经济学的影响力不断提高，学界对宏观经济学实验研究的需求和重视程度也有所上升，比如以行为宏观经济学中社会学习行为和异质性预期为基础的学习预测实验（Learning to Forecast Experiment）和学习最优决策实验（Learning to Optimize Experiment）都已成为最新的研究热点（Bao et al.，2014）。

二、预评估宏观经济政策的现实驱动

来自实务界的政策实践需求也在一定程度上推动了实验宏观经济学的发展。宏观经济学实验既能够帮助政策制定者预先评估宏观经济政策的效果，提前观察被试者对政策的反应，也有助于分析其中的微观传导机制，促使政策更好地实施，达到预期的目标效果。

一方面，研究者可以在宏观政策正式实施以前提前检验不同政策的效力，在实验市场中进行政策模拟，通过观察决策者的真实反应与实验市场的结果，来预先评估该政策的可能实施效果，这也被称为"风洞实验"。传统的宏观政策研究总是以理性经济人假设为模型基础，忽略了个体的有限理性行为及其对政策效果的可能影响，所以在政策干预大规模实施之前，用真实行为人进行实验检验，了解被试者可能出现的反应，是非常有必要的。不同于真实世界，在实验室中检验政策效果，不必担心不恰当的政策会给经济体带来意料之外的且不可逆的糟糕影响，宏观政策试错的代价是昂贵的，而且会带来深远影响的后果。实验可以被视为一种廉价的试错法，实验室实验能够在受控的环境中准确评估不同政策设计的效果，快速且廉价地检验宏观经济制度调整和政策干预对被试者个体和经济总体的影响。比如，加拿大银行在评估政策效果时与研究者合作，对货币政策的可能效果进行了预先检验，评估政策效果并分析政策发挥作用的前提（Kryvtsov and Petersen，2013）。他们对比了以控制通胀为目标的和以稳定物价为目标的货币政策，结果发现对于以稳定物价为目标的货币政策而言，政策能否发挥效果在很大程度上取决于被试者能否正确理解政策意图，可以从这个角度提高政策效率。

另一方面，实验方法可以观察微观个体对政策的即时反应与预期，更好地理解宏观政策的微观传导机制。在判断因果关系时，厘清各事件发生的先后顺序是非常重要的。也就是在使用总量数据进行宏观研究时，明确的数据收集时间对于研究者判断因果关系是十分重要的。但大多数宏观数据并没有记录收集数据的精确时间，只记录到年度、季度或月度。基于这种总量数据，很难准确判断行为主体对冲击的即时反应，尤其是在评估宏观经济政策效果时，现实数据难以捕捉行为主体对政策变动的即时反应。以货币政策调整为例，2007~2008年，央行对人民币存款基准利率进行了10次调整，利率调控方向（加息、降息）也多次改变，其间还在1个月内（2008年10月）调整过两次存款基准利率①，那么使用年度或季度的最终消费支出数据分析利率变动对消费的影响就可能存在偏差。即便能使用月度数据进行分析，也不能完全解决这个问题。比如2008年10月9日和11月27日分别调整了利率，或许2008年10月的月度社会消费品零售总额数据能反映出居民对10月上旬利率下调的反应，但是11月的零售总额数据能否代表居民对11月底利率变动的反应还值得商榷。在现实中更为普遍的情况是，研究者只能利用有限的年度、季度或月度数据进行实证研究，借助统计的方法尽力对数据进行扩充。比如郭新强等（2013）在结构向量自回归模型中分析居民消费对货币政策冲击的反应时，基于《中国统计年鉴》和中经专网的宏观数据获得脉冲反应函数，再使用二次平均插值法将GDP、城镇家庭消费支出等季度数据转化为月度数据进行研究。虽然调整所得的数据与真实数据间存在一定的偏差，但这也是数据有限情况下的权宜之计。从这个角度看，在宏观经济政策的相关问题上，实验数据与现实数据相比有一定的优势。在实验室中，研究者通过控制实验环境，每个政策冲击与被试者即时反应的时机都是十分明确的。比如卢巴·彼得森（Luba Petersen）在实验中模拟凯恩斯一般均衡生产模型，让被试者进行消费和生产决策，实验重复进行多期。通过外生改变每期的名义利率，研究者可以观察到被试者对每次利率变动的明确反应与利率调整带来的整体市场波动②。

---

① 中国人民银行货币政策司:《金融机构人民币贷款基准利率》，http://www.pbc.gov.cn/zhengcehuobisi/125207/125213/125440/125838/125888/2943018/index. html，2018年8月5日。

② Petersen, Luba, "Do Expectations and Decisions Respond to Monetary Policy?", *Journal of Economic Studies*, Vol. 42, No. 6, 2015, pp. 972–1004.

第三章　实验宏观经济学的内涵

实验宏观经济学仍在不断发展中，本书通过总结实验宏观经济学的基本研究范式与最新发展动态，解释了关于实验宏观经济学的常见问题，厘清实验宏观经济学与相关学科的关系与区别，在已有文献（Duffy，2008）的基础上对实验宏观经济学的内涵进行适当拓展。然后，对实验宏观经济学的基本研究框架、实验方法和内容体系进行总结，其中宏观政策的实验研究对我国的经济发展和政策实践有着重要的意义。本章的内容安排如下：首先对实验宏观经济学进行明确界定；其次厘清实验宏观经济学与相关学科的关系与异同，有助于读者更好地理解实验宏观经济学的科学原则；最后介绍实验宏观经济学的主要研究领域。来自理论和现实层面的发展动力决定了实验宏观经济学的内容体系，根据研究侧重点与实验设置的不同，可以将其归纳为检验宏观模型微观基础、宏观经济理论和宏观经济政策的实验研究。

第一节　概念界定

一、基本概念

在理论和实践动力的共同推动下，越来越多的研究者开始使用实验方法研究宏观经济问题，其包括从宏观理论模型的检验到现实政策的评估。2008年，美国实验经济学家达菲（Duffy）在《新帕尔格雷夫经济学大辞典（第二版）》（*The New Palgrave Dictionary of Economics，2nd Ed.*）[1] 中正式提出了实验宏观经济学（Experimental Macroeconomics），这标志着实验宏观经济学作为一门独立的学科受到认可。达菲最早对实验宏观经济学的概念进行了界定，根据 Duffy（2008）在《新帕尔格雷夫经济学大辞典（第二版）》中的定义，实验宏观经济学这门学科使用受控的实验室实验来分析总体经济现象，并检验宏观经济学模型的特定假设与预测。研究范围涉及跨期消费和储蓄决策、通货膨胀和失业、经济增长、银行挤兑、货币交易、财政和货币政策等宏观经济学问题。

但是，Duffy（2008）的定义仅限于实验室内的宏观经济学研究。随着实验经济学的快速发展，近十几年来实验方法有了新的发展，越来越多的实验经济学家进行实地实验与自然实验研究宏观问题，实验宏观经济学研究也不再局限于受控的实验室环境，研究方式和范围都有所拓展。比如 Fuchs-Schündeln 和 Hassan（2016）对研究宏观经济理论与政策的自然实验进行了总结，《宏观经济学中的自然实验》收录在最新的《宏观经济学手册》（*Handbook of Macroeconomics*）中[2]。这些自然实验利用历史偶然事件作为外生冲击，无需研究者进行人为干预，但需要寻找具有可比性的未受冲击的随机对照样本。

结合实验宏观经济学的这些最新发展，本书在 Duffy（2008）的基础上对实验宏观经济学的定义进行适当拓展，尝试给出如下界定：实验宏观经济学或是使用宏观经济学的语言和框架在受控环境中构建特定的经济环境，或是利用历史事件的外生冲击与具有可比性的随机对照样本，分析总

---

[1]《新帕尔格雷夫经济学大辞典（第二版）》是一部权威的经济学大辞典，涵盖了近20年来经济学各领域的最新发展和"革命性事件"，获得了美国 PROSE 奖（专业和学术卓越奖）。

[2] Fuchs-Schündeln，Nicola and Tarek Alexander Hassan，"Natural Experiments in Macroeconomics"，in Taylor，J. B. and Uhlig H.，eds. *Handbook of Macroeconomics*，New York：Elsevier，2016，pp. 923-1012.

体经济结果，检验宏观经济模型的假设、预测或宏观政策的效果。

二、与相关学科的关系

实验宏观经济学是宏观经济学的重要研究工具与数据来源之一，它们的关系类似于计量经济学与经济学之间的关系。

现代宏观经济学体系和行为宏观经济学都可以使用实验方法开展研究，虽然许多为人熟知的宏观经济学实验研究都是用于证明行为宏观理论，但实验宏观经济学并不是完全服务于或附属于行为宏观经济学的。现代宏观经济学体系主要指新兴古典主义和新凯恩斯主义，它们的共同点是强调宏观模型的微观基础、基于动态随机一般均衡框架进行研究，都是现代宏观经济研究和政策评估的主流框架（那艺、贺京同，2017）。许多研究者使用实验方法检验古典主义、新兴古典主义或新凯恩斯主义的经济理论，在实验室内模拟这些理论模型下的市场框架，然后观察被试者互动得到的市场结果是否符合理论预测。Lian 和 Plott（1998）为了检验古典主义理论，首次在实验室内构建出多部门的经济体，让被试者在其中扮演消费者和厂商进行消费和生产决策。结果发现大部分经济活动特征符合理论预测，这个经济体的成功构造也证实了在实验室内模拟复杂的市场活动是可行的。卢巴·彼得森（Luba Petersen）在新凯恩斯的框架下构造实验环境以检验货币政策冲击对个体预期和总体经济的影响[1]。

虽然实验宏观经济学是行为宏观经济学理论的重要证据来源，但并不是它进行实证研究的唯一方法。行为宏观经济学是理论体系，而实验宏观经济学是方法和工具。在行为宏观经济学的发展过程中，实验宏观经济学起到了巨大的推动作用，并给予了直接的证据支持。在基于真实行为人的受控实验中证实了理论和行为之间的系统偏离，这或许也是两者密不可分，

---

① Petersen, Luba, "Do Expectations and Decisions Respond to Monetary Policy?", *Journal of Economic Studies*, Vol. 42, No. 6, 2015, pp. 972–1004.

甚至易被混淆的原因之一。行为宏观经济学家也可以基于现实世界的真实数据进行实证研究,比如保罗·德·格洛瓦(Paul De Grauwe)基于实际产出数据对行为宏观经济学模型的理论预测进行检验,分析产出波动与动物精神的相关性(保罗·德·格洛瓦,2016);还可以通过数值模拟的手段进行分析,比如 De Grauwe(2011)在动态随机一般均衡模型中假设被试者根据直觉推断进行决策,模型的数值模拟结果能很好地解释现实中的市场波动。

此外还需说明的是,实验宏观经济学并不是完全服务于或附属于行为宏观经济学的,也可用于研究古典主义、新兴古典主义或新凯恩斯主义的经济理论。虽然许多为人熟知的宏观经济学实验研究都是用于证明行为宏观理论,但这并不代表它不能用于其他理论的检验。比如,连·鹏(Lian Peng)和查尔斯·普洛特(Charles Plott)为了检验古典主义理论,首次在实验室内构建出多部门的经济体,让被试者在其中扮演消费者和厂商进行消费和生产决策,结果发现大部分经济活动特征符合理论预测[①]。

第二节　与相关研究方法的比较分析

本节厘清了实验宏观经济学与相关学科的关系与异同,包括现代宏观经济学理论和实证研究、微观经济学实验研究、心理学实验研究,有助于人们更好地理解实验宏观经济学的科学原则。

一、与现代宏观经济学理论和实证研究的异同

与现代宏观经济学体系的理论研究相比,实验宏观经济学与其相同之

---

① Lian, Peng and Charles R. Plott, "General Equilibrium, Markets, Macroeconomics and Money in a Laboratory Experimental Environment", *Economic Theory*, Vol. 12, No. 1, 1998, pp. 123–146.

处在于对经济环境的抽象。虽然实验室设置的非现实性一直饱受诟病，但现代宏观经济学理论模型比实验更加偏离现实设定，它不仅简化了经济结构，而且对被试者的行为决策施加了更多的假设，比如消费者的效用最大化、生产者的利润最大化以及理性预期。需要指出的是，这两种方法的优点恰恰是经济结构的简化使人们能够分析并理解它背后的运行规律，它们都不是旨在捕捉和模仿现实经济的所有复杂特征，而是要捕捉总体经济结构的特征，分析决策者在其中的互动行为以及最终会得到怎样的经济结果（Heinemann and Noussair，2015）。

实验宏观经济学与现代宏观经济学体系理论研究的根本区别在于如何获得最终的经济结果（Heinemann and Noussair，2015）。在现实生活中，许多行为人在特定的制度和市场中进行决策互动，形成经济结果，也就是我们可以观察到的事实经济数据。而理论研究往往根据现实中的经济环境和制度结构特点，抽象出一系列经济结构假设，构建理论模型的经济环境。然后假设市场中的决策者是理性经济人，对未来的经济趋势有理性的预期，能够做出使个人收益最大化的理性决策，由此推导出市场的均衡结果。现代宏观经济学体系的理论研究大多使用逻辑推理模拟出均衡结果，更关注模型的均衡解，而较少关注均衡以外的情况。假设消费者（厂商）完全理性，能在预算约束和生产函数的限制下做出效用（利润）最大化的最优决策，所有微观个体决策的简单线性总和即为总体经济结果。但在实验宏观经济学中，虽然也是通过对现实经济体的抽象假设来构造模拟的实验经济环境，但获得最终经济结果的方式则不一样，实验研究者根据真实行为人在实验室中的决策与互动得到经济结果，而不是依据理性经济人的行为推测。对比实验结果和理论预测的结果，在理论模型中的最优行为假设被真实决策者的行为所取代，实验放松了理论模型对行为的约束，这也正是实验研究对理论模型的贡献所在。因为现实生活中，实际进行经济决策的众多经济主体并不都像理论模型预测的那样完全理性和完全自利，基于理性经济人假设的理论模型中未包含的许多行为因素，比如有限理性、夸张贴现、损失厌恶、短视、适应性预期等都可能影响被试者的决策，使理论模型预测的结果与现实经济结果、实验结果有所偏差。在设置实验环境和实验任务时，虽然也是依据理论研究中的理性经济人个人收益最大化假设，使在实验中进行决策互动的被试者有激励最大化个人效用，但他也可能由于上述行为因素而做出其他选择，导致实验结果偏离现代宏观经济学的理论模型预测结果。这也是大部分实验宏观经济学的研究结果倾向于支持行为宏观经济学的理论的原因，基于行为人的实验结果更能揭示被试者的行为因素及其对经济结果的影响，而非完全的理论推导结果，反过来，实验结果也有助于研究者反思或进一步修正宏观经济学理论模型，比如在其中加入更符合人们决策特征的行为假设等（Heinemann and Noussair，2015）。

与现代宏观经济学体系的实证研究相比，实验方法在一定程度上弥补了宏观经济学研究中传统方法的不足，是对传统实证研究的补充，而非替代（Cornand and Heinemann，2019），这两种方法都能帮助研究者进一步理解宏观经济的运行与公众对政策变动或外生冲击的反应。实验宏观经济学与现代宏观经济学体系实证研究相比，它们之间最大的区别在于数据来源与分析方法。

与经济社会统计数据和社会调查数据相比，实验数据无论是在性质还是功能上都有很大的差异。现代宏观经济学体系检验政策效果的实证研究通常是使用总体层面的数据分析政策颁布前后的总体经济活动与相关经济指标的变动，比如居民的可支配收入、最终消费支出等（潘斌等，2006）。由于自然数据的限制，研究者难以从个体层面着手进行分析，无法研究政策冲击对个体决策的影响，也无从得知被试者对政策的预期及其对政策冲击的反应。获取总体数据的现实环境无法控制单一变量，导致研究者无法控制数据中的噪声。现实世界有许多因素在同时发生变化，也许影响储蓄决策的不是利率，而是其他相关因素，比如食品价格或股市波动。实验数据来自被试者在实验室中的决策与互动结果，实验环境是完全可控的，包括市场结构、相关政策以及现实中不可观测或度量的变量，比如决策主体拥有的信息和形成的预期（Petersen，2015）。

数据来源与数据特征的不同也意味着过去分析非实验数据的常规统计和计量技术不一定全部适用于实验数据（巴德斯利等，2015），比如实验数据的离散性、异质性等需要进行特殊处理。研究者需要根据不同类型的实验数据选择其适用的统计检验与计量方法，借助针对性更强的分析技术。比如用有限混合模型（Finite Mixture Models）处理异质性问题，用蒙特卡洛法（Monte-Carlo Method）分析模拟的实验数据，用栅栏模型（Hurdle Models）处理实验数据中的零值等。2015 年莫法特（Moffatt）出版了一本著作 Experimetrics：Econometrics for Experimental Economics（《实验计量经济学》）[1]，专门总结适用于实验研究结果分析的统计分析方法和计量回归模型，除了常用的实验局效应检验（Treatment Testing）等，还讨论了很多方法论上的难题，包括二元选择实验的最优设计、社会偏好模型（Social Preference Models）和学习模型（Learning Models）中的参数估计等。这些技术不一定都比自然数据的计量分析方法更复杂，有时实验数据分析的方法甚至比自然数据分析更简单，因为实验在设计时就排除了计量经济学家努力解决的非受控环境数据的大部分问题。

二、与微观经济学实验研究的异同

宏观经济学的实验研究与微观经济的实验研究是密不可分的，经济体的运作是基于无数的决策个体，这些实验也是基于被试者的个体行为，只是两类实验研究的实验背景、关注点和解释不同（Ricciuti，2008）。

微观经济学实验通常使用抽象的背景，以便于更好地实施实验控制，避免被试者代入额外的感情与相关的生活经历，这样被试者才能根据受控激励和实验规则进行独立的决策。这与宏观经济学实验形成了对比，宏观实验是有现实背景的。实验室内的环境设置模拟宏观经济环境，实验说明

① Moffatt，Peter G.，Experimetrics：Econometrics for Experimental Economics，New York：Macmillan International Higher Education，2015.

也基于宏观的术语表达，比如使用"雇主""生产者""消费者"和"工人"，而非"决策者 1"和"决策者 2"；让被试者预测通货膨胀和产出的数值（Adam，2007），而非对一组数字或彩票进行预测；被试者面对的实验变量被称为就业、产出、工资或通货膨胀等，而非"变量 A""变量 B"。亚历山大·阿列克谢耶夫（Aleksandr Alekseev）等详细讨论并对比了抽象实验背景与现实实验背景对行为的影响，赋予实验变量经济含义虽然能增强被试者的代入感，并提高他们对实验室环境的理解，但也会影响他们的行为[1]。情境化（Contextualization）能在心理上影响决策者的行为，因为价值判断、真实生活的经历、被试者对于宏观经济运行的判断都可能影响被试者的激励与行为，此时的激励已然不同于微观实验中单纯的受控激励，实验者对激励的控制性有所下降。但从另一角度看，这种方法似乎更接近于现实世界，在实验中被试者个人经验和知识的代入都成为了优势，而且因为在一组实验的每个实验局中现实背景都会产生这种影响，所以它并不会影响不同实验变量产生的实验局效应（Treatment Effects），即不影响实验结果的有效性。

实验宏观经济学的特点是分析总体数据，比如市场实验中的通货膨胀、失业和投资等。它检验宏观经济学模型的预测或假设，基于宏观经济学的语言和框架构建实验环境，总是以特定的宏观经济学问题为背景，不易被推广应用到其他非宏观的问题上。然而微观经济学的实验基于微观经济学模型或博弈，总是追求一般性。其实许多微观经济学实验既可以被赋予微观经济学的解释，也可以被赋予宏观经济学的解释，但要注意将它们作为宏观经济学实验时，要强调宏观经济学的背景意义，从宏观变量展开分析（Duffy，2015）。比如连·鹏（Lian Peng）和查尔斯·普洛特（Charles Plott）于 1998 年发表在《经济理论》（*Economic Theory*）的实验研究，作者

---

[1] Alekseev, Aleksandr, Gary Charness and Uri Gneezy, "Experimental Methods: When and Why Contextual Instructions are Important", *Journal of Economic Behavior and Organization*, Vol. 134, 2017, pp. 48-59.

先从微观角度对经济个体的微观活动进行了分析，比如实验发现在局部均衡框架下投入和产出市场都不平衡，需求和供给量都低于理论预测水平，消费者和厂商都过度消费产品 Y，厂商生产的产品 X 过少。然后分析了该实验经济体中的宏观经济问题，比如实验中的货币供给变动虽然影响了名义价格水平，但对实验中的实际变量（产量和就业）没有影响。

三、与心理学实验研究的异同

实验方法在心理学研究中的应用要早于经济学，经济学实验自诞生之初起就不同于心理学实验（Camerer，1997），后来更是沿着不同的轨迹发展。这两种实验在很多方面都存在明显差异，我们清楚地认识到其差异所在也能帮助我们更好地理解实验宏观经济学的科学原则。

首先，两种实验研究的范畴虽有重叠之处，但研究风格和关注点不同。经济学实验研究强调以现有理论为基础，心理学实验研究则相反，常常从实验结果得到新的概念或新理论。虽然同是招募被试者到实验室进行实验，心理学实验研究更关注被试者决策、记忆和推理等思维活动背后的内在过程，而经济学实验关注那些会影响总体经济结果的经济决策以及被试者之间互动的过程。在分析结果时，经济学实验往往基于其背后的理论框架使用极其复杂的计量分析方法，而心理学实验一般仅提供概括的统计检验分析。

其次，两种实验对实验激励的态度不同。经济学实验非常重视被试者的激励与决策动机，坚持被试者应该获得与决策任务相关的报酬，在现有理论框架的基础上构建一致且明确的激励机制，以此激励他们在实验中做出与理论假设（比如个人利益最大化）一致的决策。但心理学实验却很少这样做，只要求被试者"尽力做好"即可（Friedman et al.，1994）。这种差异可能是因为心理学和经济学理论的差异，经济学理论的基本假设是个体收益最大化，所以激励报酬在其中起到决定性的作用。心理学实验只需被试者认真对待实验任务，因此仅提供最低的固定报酬或者非报酬的其他形式奖励，如学分或纪念品（Camerer，1997）。

在实验方式上，经济学实验中被试者的决策往往是相互影响的，心理学实验则更多是个体决策，更关注被试者的个体行为和信念。一些心理学实验研究也涉及被试者之间的互动和经济决策，但他们更多的是在无约束环境下分析人们最基本的认知和社会行为，经济学实验更关注在特定约束条件下的行为，比如某种市场规则或政策冲击（Friedman et al.，1994）。在实验环境设置时，经济学实验研究通常使用抽象的精确数学公式进行描述，心理学实验研究通常用通俗的语言和日常生活情境阐明实验任务。

第三节　主要研究领域

不同的研究目的需要使用不同的实验设计方法（Roth，1986）。Smith（1982a）将经济学实验分为理论导向型和经验导向型的实验，一类是"对话理论"，另一类是"寻找经验规则"（Davis and Holt，1993）。本书在此基础上结合宏观经济学实验研究的特征归纳实验宏观经济学的内容体系，根据研究侧重点与实验设置的不同，把宏观经济的实验研究分为三类：宏观经济模型的微观基础研究、宏观经济理论检验以及宏观经济政策研究。

本节将从这三个角度梳理宏观经济学的实验研究，并在每个研究范畴下以几个典型的宏观经济学实验为例，详细剖析如何在实验中构建宏观经济体系并检验宏观经济学微观基础、理论模型和政策。

一、宏观经济模型的微观基础研究

检验宏观模型微观基础的实验研究关注被试者行为是否以及在多大程度上符合现代宏观模型的微观假设，比如决策行为是否与跨期最优决策的假设相一致，并检验其行为对总体经济结果的影响。

对微观基础进行实验检验是非常必要的，也是修正并改进宏观模型的依据之一。根据杜赫姆—奎恩理论，一个体系完整的宏观模型往往是建立在一系列相关假设的基础上，所以实证研究和实验也是对这个假设集合 $(T, a^1, a^2, a^3, a^4, \cdots, a^n)$ 的联合检验，其中 T 是目标理论假说，a^n 是辅助假设，当发现实验结果不符合理论预测时，其原因可能是 $T, a^1, a^2, \cdots, a^n$ 中任何一个假设不成立，那么实验结果既可以解读为对 T 的拒绝，也可以被解释为对某个辅助假设的拒绝，还可以视为对两者的同时拒绝（巴德斯利等，2015），所以有必要将宏观理论的微观基础和理论预测分为两类，对宏观模型中普遍使用的微观基础进行检验。比如被试者对宏观经济变量的预期形成过程是否符合理性预期，跨期决策偏好是否与跨期最优决策的假设相一致，许多经济学家在个体决策的实验室实验中对宏观经济学模型的这两个重要微观假设进行了实验检验。

需要注意的是，检验宏观模型微观基础的实验属于实验宏观经济学的研究范畴，而非微观经济学领域的实验研究，二者的研究主题有本质区别。比如研究预期的微观经济学实验关注一般化的预期，让被试者在抽象的环境中对一组数字或彩票进行预测。然而宏观经济学的实验强调宏观经济背景，在长期的跨期决策框架下关注被试者能否对宏观经济变量形成理性预期，在宏观经济背景下让被试者对政府支出和税收（Bernasconi et al.，2009）、通货膨胀和产出（Adam，2007）进行预测。

1. 理性预期研究

自从 20 世纪 70 年代的卢卡斯批判开始，现代宏观经济学体系就普遍建立在被试者理性预期的基础上，但随着行为经济学不断发现被试者的经济决策与理性行为的偏离，行为宏观经济学家也对理性预期的假设提出了质疑。由于在现实中研究者难以获得与个体预期相关的微观数据进行检验，实验方法成为了研究预期问题的首选。

早期检验理性预期的实验研究从预测宏观经济变量开始，Dwyer 等（1993）让被试者预测未来价格，结果发现实验结果并不支持理性预期，有时甚至大幅偏离了理性预期均衡。考虑到预期是影响宏观政策效果的重要因素，研究者进一步在实验中加入了政策因素来研究人们如何形成政策预期（Bernasconi et al., 2009）。

上述研究不仅证明真实被试者不是完全前瞻的，在实验室实验中偏离理性预期是很普遍的。Pfajfar 和 Žakelj（2018）的实验证据更是有力支持了异质性预期。他们让被试者预测通货膨胀，发现在形成通胀预期时，仅有 40% 的被试者是理性预期，其他被试者采取直觉推断或适应性预期。同时，研究者也发现被试者在重复进行实验一段时间后能逐渐收敛到理性预期均衡，收敛过程取决于预期形成的自适应过程。研究者开始构造"学习预测实验"（Learning to Forecast Experiment，LtFE）对此进行检验（Bao et al., 2014），在实验中被试者扮演专业预测者的角色，需要给出对某个宏观经济变量的预测（比如下一期的产量、通货膨胀等）。所有被试者预测的均值或中位数就是实验经济体中私人部门对下一期该变量的预期值，其他变量由模型中相应的方程给出，比如根据企业预期利润最大化的方程给出下一期的价格等。被试者的任务是尽可能做出最准确的预测，实验收益取决于预测的准确度，准确度越高则收益越高。Pfajfar 和 Žakelj（2014）用学习预测实验对比了理性预期和适应性预期，使用上一期所有被试者的平均通胀预期来计算本期的实际产出和通胀，在前瞻的新凯恩斯经济体中研究通胀预期的形成。研究者只告诉被试者过去每期的通胀和产出，让被试者预测未来的通胀水平，并重复进行数十期。被试者并不知道实验中各项经济数据形成的背后规则，实验收益仅取决于预测的准确程度。实验结果发现无论是理性预期还是适应性预期都不能完全描述被试者的行为，仅能解释其中的 40% 或 20%。Hommes（2011）从价格预期出发进行学习预测实验，也就是让被试者对下一期的市场价格进行预测，所有被试者的平均预测水平决定了下一期价格的实现值。实验结果发现，与理性预期相比，异质性预期能更好地描述被试者的预测行为，可以尝试从这个角度修正宏观模型的微观基础（Hommes，2013）。

2. 跨期最优决策研究

跨期决策是指决策者对现在和未来所能获得的效用进行的权衡取舍，这不仅能影响个体的效用，而且与国家的整体经济发展相关，比如跨期消费选择会影响储蓄和投资。在现代宏观经济学模型中，跨期最优决策是最重要的微观行为基础之一，假设决策主体有能力得出动态跨期的最优解，包括动态随机一般均衡模型、实际经济周期模型和生命周期消费理论在内的很多宏观经济理论都假设居民以一生效用最大化为目标函数，而企业追求总利润最大化。换而言之，上述宏观经济学理论都建立在跨期最优假设之上。如果该宏观模型没有通过实验检验，或者模型预测与现实不符，研究者不能武断地判断模型预测的失败是由于这个理论的失效，还是因为模型中辅助假设的失效。所以，确保辅助假设的有效性、对宏观模型中普遍使用的这个微观基础进行反思和检验是非常必要的，也是很有意义的。如果人们普遍无法做出跨期最优决策，那么不仅在此基础上建立的一系列宏观模型推演值得商榷，而且也可能导致以此为基础的宏观政策无法达到预期的效果。

最早构造跨期消费决策实验的是约翰·埃（John Hey）和瓦伦蒂诺·达尔达诺尼（Valentino Dardanoni），他们关注被试者能否在一生时间内做出最优的跨期消费和储蓄决策。1988 年约翰·埃和瓦伦蒂诺·达尔达诺尼在实验室中构造纯交换的经济体，让被试者在消费和储蓄间进行选择[1]。他们在实验开始前让被试者进行解答一系列风险决策问题从而获得每个被试者的绝对风险厌恶水平，再根据不变的绝对风险厌恶水平来估计效用函数并计算出每个人在理论上的最优消费水平。实验得到两个重要结果：第一，被试者实际选择的消费水平显著不同于理论预测的最优消费解；第二，跨期决策表现出很强的时间相关性。

后续的跟进实验研究同样证明了人们进行动态跨期决策的能力是很差的，被试者的消费路径不符合理论预测（Kotlikoff et al., 1988；Noussair and Matheny, 2000），而且当跨期消费与储蓄决策中涉及储蓄利率时，跨期决策的难度成倍增加。在包含利率的跨期决策中，指数增长偏误（Ex-

---

[1] Hey, John D. and Valentino Dardanoni, "Optimal Consumption under Uncertainty: An Experimental Investigation", *The Economic Journal*, Vol. 98, No. 390, 1988, pp. 105–116.

ponential Growth Bias）也会导致被试者的跨期最优决策能力不足，也就是决策主体倾向于低估指数增长的大小，比如复利，进而会影响重要的财务决策（比如退休储蓄）和政策效果，低估储蓄终值的居民可能会早期消费过度、晚年储蓄不足。自从 Stango 和 Zinman（2009）发现许多被试者都没有能力正确计算复利的影响，从而导致在次优的低储蓄以后，许多研究者使用实验室实验证明跨期消费决策中普遍存在指数增长偏误。Levy 和 Taso（2016）用实验证明了指数增长偏误对生命周期消费决策的影响，指数增长偏误会影响被试者预期的预算约束，有 1/3 的被试者是完全偏误的，他们完全线性化了指数增长。Levy 和 Tasoff（2017）发现被试者往往对自己过度自信，认为自己有能力正确理解指数增长。近年来，研究者开始使用实地实验研究指数增长偏误，Song（2020）在中国使用实地实验分析理财知识和退休储蓄间的关系，在实验组中的被试者能获得理财培训，尤其是强调复利的影响，这使被试者的退休储蓄规划增加了 40%。Königsheim 等（2018）让被试者估计红利背后的利率、不变利率增长下的投资的终值以及长期投资的终值，实验发现终值被显著低估了，被试者存在指数增长偏误。

虽然实验证明被试者解决跨期最优问题的计算能力有限，但也发现他们能通过学习逐渐趋近于最优水平，这不仅从侧面佐证了被试者的跨期决策能力确实有限[1]，而且意味着研究者可以进一步探讨提高被试者跨期决策能力的方法。在跨期消费框架下融入社会学习和个体学习机制后，被试者的消费路径能有效收敛于最优水平。个体学习是指在重复多次的跨期决策实验中从自己的经验中学习；社会学习是指从他人的经验中学习，在自己做决策前能看到他人在类似跨期决策实验中是如何决策的。虽然实验中被试者依然在早期消费过多，但能快速从自己的经验（个体学习）或他人的经验（社会学习）中学习并趋于最优（Chua and Camerer，2011）。Ballinger 等（2003）在收入不确定下的多代人跨期决策的模型中也证明了社会学习的作用，他们让三个被试者组成家庭，模拟三代人的决策。第一

---

[1] 如果已经达到最优水平，就没有学习提高的空间了。

个被试者作为"前辈"，在前二十期单独进行消费和储蓄决策；在中间二十期，第一个被试者在进行决策时，第二个被试者观察他的决策；最后二十期，第一个被试者退出实验，第三个被试者观察第二个被试者的决策。在社会学习的实验局中，研究者允许交流，鼓励第一个被试者向第二个被试者口头传授经验，以此模拟前辈对后辈的教导[①]。实验结果证实了社会学习对跨期最优决策的正面作用，"后辈"的表现普遍优于"前辈"，虽然实际消费与最优决策间仍然存在很大的差距，但更接近于最优。

二、宏观经济理论检验

检验理论预测的实验研究侧重检验宏观理论，关注理论预测和实验数据的匹配程度。研究者在实验室内尽力完整地再现宏观模型，而不是复制任何现实经济体，所以实验设置尽可能地贴近理论假设（Noussair et al., 2015），再通过对比真实行为人的实验结果与理论预测来评价理论是否成功。

在检验宏观模型预测的实验研究中，实验室的设置尽力再现理论模型的经济环境。研究者完全根据理论假设条件来构造实验环境，让被试者扮演居民、厂商、中央银行等进行一系列生产和交易活动，再用实验数据与模型的预测结果进行对比，检验在此环境下真实的行为人能否通过重复互动达到理论预测的经济结果。

1. 动态随机一般均衡模型检验

伴随着实验经济学的发展与相关技术的成熟，研究者能够在大型的实验室实验中构造多部门的宏观经济体，商品市场、劳动力市场等多个市场同时进行要素投入、生产和消费决策，从静态一般均衡的构造逐步发展到对动态随机均衡的研究。通过计算机化的双向拍卖来实现多个市场的连接，潜在的买家与卖家同时提交他们的出价和要价，再由计算机根据特定算法给出市场出清价格，低于出清价格的卖家和高于出清价格的买家在此

---

① 为了让前辈关心后辈的收益，实验中加入了相应的激励机制，前辈将获得后辈收益的10%作为奖励。

价格上完成交易。

在这类实验中，被试者往往要扮演多种角色进行多期的重复互动，包括生产厂商、居民、中央计划者和中央银行等。每个被试者仅需扮演其中一种角色，根据实验设置的不同，其中也有部分角色是由计算机扮演的。被试者的任务是在重复的实验中通过决策来最大化收益，比如扮演消费者角色的被试者要进行消费和储蓄决策，扮演厂商角色的被试者要进行生产和定价决策。这种实验形式也被称为"学习最优决策实验"（Learning to Optimize Experiment，LtOE）（Bao et al.，2013），与上一节的学习预测实验（LtFE）对比，被试者直接扮演收益最大化的消费者，基于自己对未来经济变量的预测做出消费决策，而不是仅仅给出对价格等的预测水平。

连·鹏（Lian Peng）和查尔斯·普洛特（Charles Plott）根据瓦尔拉斯一般均衡模型在实验室内构造出多部门的经济体，在该经济体中消费者出售劳动力并购买商品来最大化自己的效用，竞争的厂商雇佣工人并出售商品来最大化利润[①]，同时存在金融市场，随时可以改变货币供给。实验结果发现古典模型能捕捉到绝大多数的经济活动特征，也证实研究者可以在实验室内模拟复杂的市场，根据实验数据进行定量分析以评价理论模型。实验将被试者分为消费者和厂商，消费者通过消费商品 X 和 Y 获得效用。消费者在每一期开始时拥有初始禀赋 Y，代表他的可用时间，若自己消费 Y 即代表闲暇时间，若出售 Y 给厂商即为劳动时间，消费者可通过出售劳动时间来赚取实验货币购买 X。厂商只在第一期拥有若干单位产品和一些货币作为初始禀赋，他要在要素市场上购买劳动力 Y 作为生产 X 的要素投入，然后在产品市场上销售 X，用收入购买额外的劳动力或作为当期的分红。实验包括一系列交易周期，尽管实验结果在一定程度上逐渐收敛于竞争均衡模型的预测，但实际上始终没有达到该均衡。消费和生产的波动随着交易周期的重复逐渐减小，价格波动也越来越小，证明经验可以有效

[①] Petersen, Luba, "Do Expectations and Decisions Respond to Monetary Policy?", *Journal of Economic Studies*, Vol. 42, No. 6, 2015, pp. 972–1004.

减小价格和交易量的波动，提高效率。在实验结果中还观察到了奥肯定律，失业率和实际 GNP 的百分比变动之间存在负相关关系，但是实验结果不支持通货膨胀—产出的菲利普斯曲线。

以此实验为基础，后续研究者根据不同的研究目的对实验环境进行了适当的简化，同时加入新的约束条件或干预措施，检验这些变量在动态随机一般均衡的框架下如何通过微观个体对经济体产生影响。比如 Bosch-Domènech 和 Silvestre（1997）为了分析信贷约束的影响，将经济体简化为只包含一种投入和一种产出，将信贷约束引入到该模型中。被试者扮演厂商和居民，居民既是消费者，同时也是工人，每一期都要在劳动时间、消费品和非生产性商品之间做选择。居民有两种收入来源，除了出售劳动力给厂商获得当前收入外，还能卖出非生产性商品获得未来收入。此外，消费者还可以通过借贷购买，但实验者对于可借的金额设置了信贷额度（即占个人财富的一定比例），分为高信贷约束和低信贷约束的实验局。实验结果发现价格对信贷约束非常敏感，只要信贷约束接近 0，投入与产出数量和价格都会趋近于 0。然而当信贷市场约束提高到一定水平时，较紧的信贷市场条件使投入与产出数量和价格都随之显著提高。但是信贷市场约束超过这个水平后继续上升，价格就会独立于信贷限额，稳定在竞争均衡水平。总体而言，交易水平接近生产效率，但在信贷限额较低时平均交易量的差异很大，在信贷限额足够高时平均交易量就不再敏感。

近年来，经济学家进一步完善了动态随机一般均衡实验，在其中引入各种冲击，检验偏好、生产率与利率政策冲击的影响。查尔斯·诺萨（Charles Noussair）等在实验中设置三类无限生命周期长度的被试者，其中消费者供给劳动力，购买三种产品并进行储蓄，同时存在预算约束[1][2]；

[1] Noussair, Charles N., Damjan Pfajfar and Janos Zsiros, "Persistence of Shocks in an Experimental Dynamic Stochastic General Equilibrium Economy", in Duffy John, eds., *Experiments in Macroeconomics*, Emerald Group Publishing Limited, 2014, pp. 71-108.

[2] Noussair, Charles N., Damjan Pfajfar and Janos Zsiros, "Pricing Decisions in an Experimental Dynamic Stochastic General Equilibrium Economy", *Journal of Economic Behavior and Organization*, Vol. 109, 2015, pp. 188-202.

制造商购买劳动力，生产并销售某一种产品，以利润最大化为目标；以及中央银行负责设置利率。实验者对每种产品给予不同的偏好冲击，研究冲击对偏好和生产力的影响。第一阶段是劳动力市场决策，每一期开始时都对生产力施加冲击，而劳动力的供给成本和生产力是私人信息。第二阶段是生产市场决策，对消费者偏好施加冲击，卖家公布价格后买家购买三种产品。实验者设计了多个实验局，使用垄断竞争组作为对照组，在人类中央银行实验局中，由三个被试者各选一个利率，其中值即为小组决策。实验研究价格摩擦是否以及如何影响冲击的持续性，并区分了导致价格摩擦的两种因素，菜单成本与垄断竞争。在菜单成本实验局中，为了改变各期的产品价格，制造商必须支付一定的成本。在低摩擦实验局中，市场完全竞争，且商品是完全替代品。实验结果发现垄断竞争机制和个体决策者的共同作用会加强政策冲击对产出影响的持续性，但菜单成本的存在并不足以导致货币政策冲击对产出或通胀影响的持续性。

2. 生命周期消费理论检验

美国经济学家莫迪利安尼（Modigliani）和布伦贝格（Brumberg）在 20 世纪中期提出了生命周期模型。与凯恩斯消费理论不同，生命周期消费模型假设被试者在进行消费决策时是理性且前瞻的，以一生效用最大化为目标，依据预期的一生总收入来安排消费和储蓄路径。生命周期消费理论预测，当居民预期到未来收入和价格变化时，会立即调整此后的消费和储蓄路径。所以，除了当期的收入和物价等，对未来收入和物价的预期也会影响一生消费路径。

但是生命周期消费理论的推论与现实情况的相悖引起了经济学家对该模型的反思。20 世纪 80 年代后，许多实证研究发现了生命周期理论与现实不符的情况，比如居民消费对当前的收入过度敏感（Zeldes，1989）等。各学派的研究者从不同的角度对此进行分析，比如新兴古典主义认为是流动性约束的限制或预防性储蓄动机等因素导致现实和最优解有所偏离，为模型施加了更多的限制条件来进行修正（Carroll，2001）；行为宏观经济学家则是从消费行为偏差和认知偏差等方面进行解释。行为宏观经济学家主张最优化问题是复杂且难解的，最优解不仅需要分析推理，还需要一定的数学计算能力，因此质疑人们在面对生命周期内的跨期消费和储蓄问题时是否有足够的能力得出动态最优解。即使人们试图理性地去解复杂的一生跨期决策问题，也难以正确地做出最优的跨期消费决策（Levy and Taso，2016）。

早期研究主要是使用宏观时间序列数据依据总消费函数进行研究，近年来随着微观调查数据的丰富，研究者开始使用微观面板数据在生命周期模型下研究消费行为（高梦滔等，2008；李晓嘉、蒋承，2015）。然而此时依然存在一个难以克服的困难，研究者无法获得个体或家庭的一生预期收入数据，也无法辨别居民是否预期到了观测到的收入或物价变动，以及居民是在预期到变动时就调整消费路径，还是在实际变动时才调整消费和储蓄决策，即无法检验个体跨期消费决策时的前瞻性。

实验方法为生命周期理论的检验以及关于预期和跨期消费问题的研究提供了新的思路，其不仅能很好地观测被试者的偏好以及对未来的预期，还能精确计算出生命周期理论下的最优决策是什么，让研究者对比被试者的实际决策与理论最优决策的偏离程度。伴随着实验经济学的发展，越来越多的经济学家使用实验方法检验生命周期理论。

约翰·埃（John Hey）和瓦伦蒂诺·达尔达诺尼（Valentino Dardanoni）设计了跨期消费与储蓄的实验来检验被试者的消费路径是否符合理论预测[1]，在重复多期的实验室中给予被试者一定的初始禀赋，让他们在各期消费和储蓄间进行分配。结果发现被试者无法做出最优的消费和储蓄决策，普遍出现消费不足（相对于最优消费水平）的情况，研究者将此归因于行为人的有限理性。

后续研究者不断在拓展该实验框架，在更现实的情境中（比如存在失业的可能性）检验被试者在多大程度上能解决标准的最优消费问题，同样发现被试者的真实消费路径偏离了理论预测的最优水平（Carbone and

---

[1] Hey, John D. and Valentino Dardanoni, "Optimal Consumption under Uncertainty: An Experimental Investigation", *The Economic Journal*, Vol. 98, No. 390, 1988, pp. 105–116.

Hey，2004；Brown et al.，2009；Ballinger et al.，2011；Fenig et al.，2013）。为了判断人们进行跨期决策的能力，Carbone 和 Duffy（2014）反过来简化实验环境，降低决策难度，在最简单的环境设置下检验跨期决策。假设没有贴现率和不确定性，储蓄利率和规划周期长度也都保持不变，在实验初期就清楚告诉被试者一生的收入路径，而且没有借贷和政府税收。结果发现面对这种简单的跨期决策任务，尽管重复进行了 2 轮实验，被试者仍然无法得出跨期最优解，并呈现出储蓄不足、消费过度的特征。研究者进一步放松跨期决策中对借贷的严格限制，但在允许借贷的情况下，被试者依然无法做出最优的跨期决策（Fenig et al.，2013），Meissner（2016）还发现被试者对待储蓄和借贷的不同态度会影响实际消费决策与理论预测最优水平的偏离程度。

与此同时，研究者还发现了另一个十分稳健的结论，在整个生命周期内，被试者倾向于在早期过度消费（消费水平高于最优消费水平），也就是储蓄不足，在生命周期的后期消费低于最优水平（Fehr and Zych，2008；Brown et al.，2009；Feltovich and Ejebu，2014；Carbone and Duffy，2014；Meissner，2016）。

在多代人跨期决策的生命周期模型中，Ballinger 等（2003）也发现在生命周期的前期，被试者倾向于消费过多，后期消费偏低，而且消费对近期的收入变动过于敏感。Carbone 和 Hey（2004）为了更贴近现实，在跨期消费和储蓄实验中引入了失业的不确定性。假设消费者有两种收入状态，失业时的低收入和就业时的高收入，使用两状态的马尔可夫过程构造状态转变过程，即是否就业，被试者已知保持高收入的概率是 p，被试者的任务依然是在消费和储蓄间进行选择。结果发现当保持高收入的概率增加时，被试者往往过度反应，大幅提高消费，消费变动幅度高于最优水平。被试者的决策存在很大的异质性，大部分被试者都忽视了老年的消费，在早期消费过度。即使改变了收入路径，这一结论依然成立。Duffy 和 Li（2019）对比了多种收入模式下的跨期消费行为，发现在一生收入现值相等的前提下（此时最优消费路径也相等），无论一生收入的路径如何设置

（让被试者在一生的每一期中都获得固定不变的收入或是在生命后期降低收入或是仅在生命周期初始时获得一笔总财富），被试者的跨期决策模式都很相似，即在早期相对于最优水平消费过度。Agarwal 和 Qian（2014）曾利用现实世界中事先宣布的收入变动作为自然实验，比如利用新加坡政府宣布将给公民发放"增长红利"，证明了生命周期消费理论预测的收入变动引起的前瞻效应确实存在。以没有获得"增长红利"的东亚外国居民为具有可比性的对照组，新加坡公民在预期到收入变化后（实际发生变化前）就显著提高了消费。

3. 增长理论检验

现代宏观经济学体系中的很多理论都基于无限期的最优增长模型（Optimal Growth Model），早期研究者从一部门最优增长框架着手，在实验室内构造最优消费和投资决策的增长模型，让被试者在消费和投资间进行跨期选择。Noussair 和 Matheny（2000）在实验室内构造了单部门的封闭经济模型，用固定的概率结束实验以模拟无限期的交易周期。被试者在凹生产函数和对数效用函数下，根据预算约束选择消费和投资水平，投资即为下一期生产的资本。实验者还在不同实验局中分别改变初始资本存量和生产函数系数，改变初始的资本存量就改变了消费和资本收敛到稳态值的路径方向，而改变生产函数系数则会影响预测的收敛速度，系数越低，资本存量和消费向模型稳态的收敛速度越快。实验结果发现，实际投资水平相对最优投资水平是投资不足还是过度投资仅仅取决于生产技术，而不取决于资本存量的初始禀赋。无论系数条件如何设置，资本存量都单调递减，关于收敛速度的理论预测并没有获得证明。然而实验中与投资决策相关的消费波动极大，偏离了水平的最优消费决策，但是随着实验的重复，波动有所缓解。

随着实验技术的进步和研究的深入，经济学家进而在实验室内构造更为复杂的模型，并分析经济体能否在不同制度下收敛到最优稳态。维维安·雷（Vivian Lei）和查尔斯·诺萨（Charles Noussair）在 Ramsey–Cass–

Koopmans 最优增长模型的框架下进行实验[1]，在给定的技术水平下，实验经济体中投资水平是内生的，如果生产和效用函数是凹的，那么消费和资本存量存在唯一的最优稳态水平。他们设计了两组实验考察制度对决策的影响，市场实验组模拟分散的市场经济，每个经济体包括五个异质的被试者，要在消费和投资间做选择，异质性体现为每个人都有自己的生产函数和个人效用函数。在中央计划者的实验组中，每个被试者负责一个经济体，同样要在消费和投资间做抉择。虽然市场组五个人的效用和生产函数不同，但五个人的生产函数和效用函数总和等于中央计划者的，且生产函数和效用函数的差异确保了这五个人可以从资本交易中获利。在每个实验组都存在低初始禀赋和高初始禀赋的情况下，被试者可以在每期的资本市场中交易资本，当资本从低生产率的被试者流向高生产率的被试者时，总体效率也会有所提高。根据理论模型，如果被试者能做出最优决策，中央计划者实验组最终的资本水平会低于均衡水平，而市场实验组最终会高于均衡水平。实验结果发现，在两个实验局中消费、资本存量、资本价格和消费水平都能收敛到最优稳态水平。在市场实验局中经济体更快地收敛到了最优稳态均衡，资本品内生的市场价格体现了它的稀缺性，价格机制能帮助被试者进行跨期决策。但高低禀赋的实验组之间没有显著差异，中央计划者的实验局中经济体表现欠佳，说明制度会影响产出及福利。

4. 多重均衡模型检验

在存在多重均衡（Multiple Equilibria）的情况下，实验方法是解决均衡选择（Equilibrium Selection）问题的一种有效方法。

维维安·雷和查尔斯·诺萨在实验室内证明了制度可以影响多重均衡模型的收敛，合适的制度能促进各方成功的协调并达到更高的均衡经济水平，以此解释资源相似的各国为何经济发展水平的差距如此之大[2]。

---

[1] Lei, Vivian and Charles N. Noussair, "An Experimental Test of an Optimal Growth Model", *The American Economic Review*, Vol. 92, No. 3, 2002, pp. 549–570.

[2] Lei, Vivian and Charles N. Noussair, "Equilibrium Selection in an Experimental Macroeconomy", *Southern Economic Journal*, Vol. 74, No. 2, 2007, pp. 448–482.

　　为了避免和逃离贫困陷阱，还需要设计额外的制度，莫妮卡·卡普拉（Monica Capra）对此开展了进一步的实验[1]，对比交流和投票这两个制度能否改善经济结果。他们以独立分散决策的实验局作为对照组，用投票制度模拟典型的"民主"制度，交流制度代表典型的"表达自由"制度。实验中五人一组进行互动，被试者在无限期的实验周期中重复进行消费与投资决策，本期投资即为下一期的资本存量。

　　考虑到在维维安·雷和查尔斯·诺萨的上述实验中，大部分低初始禀赋组都陷入了贫困陷阱，为了检验制度能否帮助被试者逃离贫困陷阱，莫妮卡·卡普拉在实验中设置了较低水平的初始禀赋。在交流实验局中，市场交易开始前被试者可以自由使用文字信息公开交流。在投票局中，每期随机选择两个被试者并告知他们所有人当前的资本存量，让这两个提议者提议如何在消费和储蓄间分配产出，然后进行集体投票，所有被试者在这两个提议中选一个，票多者获胜。然后每个人都消费这个提议中的金额，余下的资本作为投资，这决定了下一期的产出水平。结果发现几乎所有分散决策实验局的经济体都收敛到了贫困陷阱，交流和投票能帮助一些经济体逃离贫困陷阱。交流实验局的经济体能收敛到稳态均衡，虽然不同组收敛到的均衡有所不同。投票实验局中每一期的行为差异很大，但是脱离贫困陷阱的概率明显大于对照组，而在同时存在交流和投票规则的实验局中，虽然每一期的行为差异依然很大，但几乎每一组都脱离了贫困陷阱，这两种制度相互补充，使资本存量和福利水平也都接近帕累托有效的均衡水平。

　　5. 购买力平价理论检验

　　1995 年，查尔斯·诺萨（Charles Noussair）等最次用实验方法检验国际贸易的相关理论[2]。根据比较优势理论，在两种商品的模型中，如果两

① Capra, C. Monica, Tomomi Tanaka and Colin F Camerer, et al., "The Impact of Simple Institutions in Experimental Economies with Poverty Traps", *The Economic Journal*, Vol. 119, No. 539, 2009, pp. 977–1009.

② Noussair, Charles N., Charles R. Plott and Raymond G. Riezman, "An Experimental Investigation of the Patterns of International Trade", *The American Economic Review*, Vol.85, No.3, 1995, pp. 462–491.

个国家的生产函数不同，一个国家在一种商品的生产上有比较优势，他将专业化生产该商品并出口。作者构造了两个实验局，每个实验局中包括8~16个被试者，第一个实验局中有两种产品 Y 和 Z，只有一种要素投入劳动力 L。第二个实验局中包括两种产品和两种生产要素，劳动力和资本。在两个实验局中都存在两个国家，被试者被平均分到两个国家，且平均分为消费者和厂商的角色，消费者和厂商通过双向拍卖形式进行交易。消费者拥有生产要素，希望消费两种产品。厂商拥有投入的初始禀赋，通过购买 L、出售 Y 和 Z 来赚取利润。但是两个国家的生产函数不一样，且生产要素不流通。消费者只能向本国的厂商出售劳动力，但是可以购买两国的产品。一个国家在生产 Y 上有比较优势，另一个国家在生产 Z 上有比较优势。消费者的效用来自购买消费品和价格投机获得的利润。厂商购买本国的 L，生产 Y 和 Z 销售给两个国家，效用来自生产和市场活动中获得的利润。实验结果收敛于比较优势预测的均衡，在只有一种要素投入的实验局中两国的厂商几乎达到了完全的专业化分工，在包含两种要素投入的实验局中，两国都净出口比较优势的商品，且两国的产品价格和要素价格相等。比较优势理论准确地预测了贸易格局，但总体的生产和个人消费、要素价格则收敛于自由贸易竞争模型的预测，特别是在没有关税的自由贸易时，关税减少了国际贸易和市场效率。

两年后，查尔斯·诺萨等在上述实验框架中引入两种货币来分析汇率、一价法则和购买力平价理论[①]。在没有关税、税收、运输成本和其他摩擦时，理论预测一价法则能保证汇率兑换后两种商品在两个国家的价格相同。查尔斯·诺萨等简化了要素投入和生产过程，实验局包含两个国家，两种货币以及两种产品 X 和 Y。每个国家包括 6 个被试者，3 个初始禀赋为 X 的卖方和 3 个初始禀赋为 Y 的买方，被试者的初始禀赋还包括本国

① Noussair, Charles N., Charles R. Plott and Raymond G. Riezman, "The Principles of Exchange Rate Determination in an International Finance Experiment", *Journal of Political Economy*, Vol. 105, No. 4, 1997, pp. 822–861.

的货币，被试者在实验中进行一系列交易以最大化个人利润。该实验结果更加接近于竞争均衡，虽然交易量低于模型预测值，但两个国家 X 和 Y 的价格都收敛于竞争模型的预测，汇率和资金流动也处于竞争均衡水平。不过一价法则仅支持 Y 的市场，同时数据不支持购买力平价理论。查尔斯·诺萨推测购买力平价的失败或许要归因于两国国内市场价格的收敛速度不同且速度过慢。为了检验这个推测，Fisher（2001）简化了这个模型以解决两国价格收敛速度不同的问题。每个国家只生产一种商品，实验者控制价格和供给，被试者只需决定名义汇率。被试者的初始禀赋只有本国货币，在购买外国商品前要兑换外国货币。在经历一系列交易周期后，Fisher 发现实验结果支持购买力平价理论，也证明了查尔斯·诺萨等在 1997 年那篇文章的推测是正确的。

查尔斯·诺萨等又进一步将实验拓展到三个国家、三种货币、三种商品和两种要素投入（劳动力和资本）的经济体[①]，因此每个国家都要同时运作 3 个产品市场、2 个要素市场、2 个货币市场和 7 个双向拍卖市场，总共 21 个市场。这个大型实验的结果证明大部分的价格、工资、汇率、生产、消费和交易量都接近竞争均衡预测，汇率和要素价格的价格波动很大，而产出的价格波动较小。实验还发现了本国偏好，进口量显著低于竞争均衡水平。

三、宏观经济政策研究

宏观经济政策的实验研究重点关注宏观政策对个体预期、经济决策以及总体经济的影响，分析冲击是否会带来经济衰退与失业，以及在经济波动后政府干预能否帮助市场恢复平稳，再根据实验结果给出相应的政策建

---

① Noussair, Charles N., Charles R. Flott and Raymond G. Riezman, "Production, Trade, Prices, Exchange Rates and Equilibration in Large Experimental Economies", *European Economic Review*, Vol. 51, No. 1, 2007, pp. 49–76.

议（Torgler，2004；Baeriswyl and Cornand，2014）。

实验宏观经济学能帮助政策制定者提前评估政策效果，将微观经济活动与宏观经济变量和政策联系在一起，事前模拟经济对政策变化的反应，对我国实体经济的发展以及经济结构的转型都是至关重要的。在我国的经济发展中，每一次政策调整都会给经济体和居民带来深远影响，宏观政策试错的代价是巨大的，甚至是有悖道德的。实验宏观经济学为此提供了很好的试验平台，允许学者们在宏观经济学实验中以真实的行为人作为被试者，评估各种政策对经济体的可能影响。宏观经济学实验可以被视为一种廉价的试错法，为了维持经济的稳定性，在新政策颁布前有必要对其进行预评估，实验中能观察真实行为人对它的可能反应以及它可能带来的多方面影响（Ricciuti，2008）。

提前获知人们对政策的反应以及政策生效的前提能让政府的宏观调控事半功倍，比如加拿大银行在研究政策效果时，与研究者合作利用实验宏观经济学检验货币政策的效果，对比以控制通胀为目标的政策和以稳定物价为目标的货币政策，他们发现以稳定物价为目标的货币政策效果取决于被试者对其的理解，只有当决策体理解该政策如何生效并相信制度是稳定的，在形成通胀预期时考虑这些因素，此时该政策才能达到预期效果（Kryvtsov and Petersen，2013）。

第四章 实验宏观经济学的研究框架

实验宏观经济学在发展过程中形成了独特的研究框架。由于宏观经济模型微观基础的建立是宏观经济学实验得以可行的根本，所以宏观经济学实验室实验的研究基础是协调博弈模型、动态跨期最优模型等具有微观基础的宏观经济模型。随着研究者对实验结果外部有效性与内部性的认识愈加深刻，也得益于实验方法与技术的进步，目前宏观经济学实验方法包括实验室宏观实验、实地宏观实验和自然宏观实验这三类。本章总结了实验宏观经济学的研究框架，内容安排如下：首先，介绍实验宏观经济学研究的理论基础，主要为动态跨期决策模型和协调博弈模型；其次，对具体的宏观经济学实验类型和方法进行阐述，分析各类实验的特点、方法和注意事项，包括实验室宏观实验、实地实验和自然实验；最后，对比了各类实验方法的特点与适用情境。

第一节 理论基础

实验宏观经济学研究的基本基础主要分为两类，一类研究是基于动态跨期最优决策模型中的个体行为，此时存在唯一且最优的理性预期解；另一类研究在协调博弈基础上进行，此时的宏观经济学环境中存在多个理性预期均衡，观察实验被试者将会如何协调并达到哪种均衡状态。目前，大部分实验室宏观研究都是在这两种基础上进行的（其中第一类研究的应用范围更广），研究者再根据具体的研究问题对实验环境进行改造或在实验设计中加入特定的实验变量，后文会详述基于这些模型的宏观经济学实验。

一、动态跨期决策理论

现代宏观经济学体系中的很多理论都基于动态跨期决策模型，动态随机一般均衡模型、生命周期消费理论等实验研究都是在这种基础上进行的。为了尽可能获取符合现实情境的被试者行为，研究者不仅根据动态跨期模型在实验室内构造实验环境，而且要在该设置中给予被试者激励，让他们进行效用（利润）最大化的决策，而后再根据具体的研究目的，在不同实验局中实施不同的财政政策、货币政策和外生经济冲击等，分析其对经济行为和决策规律的影响。

从不含生产活动的纯交换经济体着手，实验者让被试者扮演消费者，在实验中给予被试者实验代币，让他们在消费和储蓄间进行选择。实验通常重复进行 t 期，或者用概率的方式随机结束实验以模拟无限期的时间框架。被试者每期都可获得一定的收入，比如在第 t 期被试者的收入为 Y_t，他需要决定在价格 P_t 的情况下购买多少个商品，购买量标记为 C_t，余下的金额（$B_t = Y_t - P_t C_t$）即为储蓄，设被试者在第 t 期开始时的累计财富为 W_t。被试者将通过消费行为获得正的效用，各期的效用函数为 u（C_t），E_t 表示被试者的预期，ρ（$0 < \rho < 1$）表示个体对效用的贴现率。被试者的实验收益取决于各期效用之和，所以被试者的决策目标是通过选择消费路径（C_1，C_2，…，C_T）在最大化约束条件下的一生总效用，可表示为：

$$\text{Max} \quad U = E_t \sum_{t=1}^{T} \rho^t u(C_t) \tag{4-1}$$

$$\text{S.t.} \quad W_{t-1} + Y_t \geq P_t C_t \tag{4-2}$$

如果实验环境设置中存在利率，设利率为 r，那么被试者还面临跨期的预算约束 $W_{t+1} = r(W_{t-1} + Y_t - P_t C_t)$。

也就是说，被试者每期面临的任务是根据上述实验参数做出消费决策

C_t，此任务重复进行 t 期。在实验结束后被试者在实验中获得的总效用 U 将被兑换为现金形式的实验报酬，确保实验中的激励符合模型。

许多研究者以这个简单的实验模型为基础开展研究，在其中引入新的实验变量并简化无关变量。比如 Hey 和 Dardanoni（1988）最早基于这种跨期决策模型研究被试者的跨期决策偏好。Ballinger 等（2011）在类似的基础上研究个体认知、个性与被试者储蓄行为异质性的关系，在实验中增加问卷环节来度量被试者的认知水平和个性。Carbone 和 Hey（2004）在这个模型中引入了失业的不确定性，也就是每期的收入 Y_t 取值不确定，他们设置了两种收入水平，获得高收入的概率为 p，低收入的概率为 1 − p。Carbone 和 Duffy（2014）希望在最简单的环境下检验被试者的跨期决策能力，简化了模型中的贴现率和不确定性，在实验初期就清楚告诉被试者一生的收入路径。

在跨期决策模型下加入生产活动时，实验设置和任务都更为复杂，每个被试者需扮演不同的角色，并进行多类决策。对于扮演居民的被试者 i，他们既是工人，要与企业 j 互动，通过供给劳动力给企业 j 赚取工资以满足基本需求，需要决定劳动时间 L_{ijt}；同时还是消费者和储蓄者，需进行消费和储蓄决策以平衡短期和长期需求，给出商品 j 的消费量 C_{ijt}。居民的效用函数与消费量正相关，与劳动时间负相关。设商品 j 的价格是 P_{jt}，企业 j 每小时的工资率是 w_{ijt}，居民 i 的决策目标是通过进行消费和劳动决策 (C_{ijt}, L_{ijt}) 以最大化约束条件下的一生总效用，可表示为：

$$\text{Max} \quad U = E_t \sum_{t=1}^{T} \rho^t u(C_{jt}, 1 - L_{jt}) \tag{4-3}$$

$$\text{S.t.} \quad W_{t-1} + w_t L_t \geqslant \sum_j P_{jt} C_{jt} \tag{4-4}$$

对于扮演厂商的被试者 j，他们要根据生产函数 $f_{jt}(L_{jt})$ 和市场需求来购买劳动力 L_{ijt} 并制定生产决策，甚至在一些实验中还需设定产品的价格 P_{jt}，而后根据实验中的最终利润水平 $\sum_t \pi_{jt}$ 获得实验报酬。假设商品 j 的销售数量是 y_{jt}，企业 j 雇用的劳动力为 L_{jt}，那么企业 j 的利润是 $\pi_{jt} = P_{jt} y_{jt} - w_{jt} L_{jt}$，他的决策目标是通过与居民的互动达到总利润最大化。

在此基础上，研究者能够再根据具体的研究目的，在不同实验局中实施不同的财政政策、货币政策和外生经济冲击等，分析其对经济行为和决策规律的影响。下文将详述研究者如何基于动态跨期决策模型在实验室内构造 DSGE 模型，并分析政策和外生冲击的影响。

二、协调博弈理论

非合作博弈理论把经济领域中的诸多协调问题模型化，抽象为协调博弈的形式。这类博弈通常存在多个纳什均衡解，那么它最终会收敛到哪个均衡呢？实验室实验提供了一种合理的解决方法。

杰克·奥克斯（Jack Ochs）最早对宏观经济学家关心的协调问题研究进行总结分析[①]，研究成果于 1995 年被收录在第一版《实验经济学手册》中。研究者根据协调博弈的模型构造实验环境，招募真实的行为人来进行决策，把被试者置于协调博弈的理论条件中，给予他们与理论假设一致的激励，让他们在这个实验经济体中进行生产与消费决策，观察被试者会如何决策与协调、总体经济的发展路径又将趋于何种均衡状态以及何时可以获得成功的协调、何时协调可能失败，这都有助于解决非合作博弈中的多重均衡问题。

宏观协调博弈的实验研究（Macro-coordination Experiments）已经得到了许多重要的发现，包括对均衡选择机制的对比、多重均衡模型的收敛等。比如 Lei 和 Noussair（2007）用经济系统中的多重均衡理论来解释资源相同或禀赋相似的各国为何存在如此大的收入差距，用实验检验国家制度如何影响多重均衡模型的收敛。这个问题一直是宏观经济学家的关注重点。为何一些国家会处于较低的均衡，甚至陷入低收入和贫困的恶性循环之中呢？哪些因素影响了均衡的收敛呢？

[①] Ochs, Jack, "Coordination Problems", in Kagel J. H. and Roth A. E., eds., *The Handbook of Experimental Economics*, Princeton: Princeton University Press, 1995, pp. 195–252.

Galor 和 Zeira（1993）推测在多重均衡的情况下也许是各国的制度差异导致了收入差距，但难以对此进行实证验证。Lei 和 Noussair（2007）对此进行了实验检验，他们先在最优增长模型中加入生产技术，生产率系数取决于经济的资本存量阈值，此时经济体中就存在多重帕累托均衡。

资本存量和产出存在两种稳态均衡，低于阈值的状态是贫困陷阱，高于阈值的代表帕累托效率均衡，那么经济体最终会协调到哪个均衡呢？Lei 和 Noussair 在无限周期的实验模型下构造了 2×2 的四个实验局，用固定概率的方式结束重复实验以模拟无限期的时间框架，每个市场中包括五个被试者。第一个实验变量设置为总资本存量的初始水平不同，分为高禀赋组和低禀赋组，资本存量在五个被试者间平均分布。第二个实验变量为决策方式不同，在分散决策组五个被试者各自进行分散的消费与储蓄决策，在中央规划组五个被试者共同进行消费与投资的集体决策，被试者的实验报酬都取决于消费的效用值。虽然在分散决策组中被试者的生产技术不同，但五人的生产函数的总和等于中央规划组的。实验结果发现在中央规划组的实验局中，经济体并没有收敛到理论预测的两个均衡，但一些经济体的资本存量收敛到阈值水平，另一些收敛到最大程度平滑每期消费的黄金规则水平。在分散决策的实验局中，大多经济体收敛到了贫困陷阱的均衡，尤其是低初始禀赋组全部陷入了贫困陷阱。

第二节　实验方法

根据被试者的类型（学生被试者或非学生群体）、实验环境（实验室环境或现实环境）与实验方式（被试者是否知道自己身处于实验中、实验变量是研究者施加的干预措施或自然的外生冲击等），实验经济学的实验方法可分为实验室实验（Laboratory Experiment）、实地实验（Field Experiments）和自然实验（Natural Experiment）。实验宏观经济学作为实验经济学的分支学科，遵循同样的规则分类，分别是实验室宏观实验、实地宏观实验、自然宏观实验。本节将分析各类实验的特点、方法和注意事项。

一、实验室宏观实验

实验室宏观实验是指招募大学生为被试者在实验室内开展的宏观经济学实验研究。研究者根据不同的实验目的，在实验室中基于理论模型假设或现实经济特征构造出高度可控的经济环境，并在各个实验局中人为设置不同的干预措施。在实验中实验者把被试者随机分为实验组和对照组，让他们根据特定的规则在实验室进行经济决策，根据决策结果可获得相应的实验报酬。实验室宏观实验的可控性最高，其结论具有内部有效性，这也是宏观经济学实验中最常用的实验方法。

研究者在确定了研究主题和处理变量，并决定以大学生为被试者在实验室内开展研究后，就要开始进行具体的实验设计。首先，确定哪些因素作为处理变量，在各个实验局间设置为不同的值，检验其变化对实验结果产生的影响；选择哪些因素作为控制变量，设为常数，在各个实验局间保持不变。其次，在实验室内模拟要检验的经济环境或理论模型，设置被试者的决策规则与任务。最后，根据实验设计撰写简明扼要的实验说明，向被试者解释实验操作的具体过程和规则，告诉被试者需要进行哪些决策以及实验报酬的计算规则（以实验代币的形式，在实验结束时实验代币将以固定的比例兑换为现金报酬）。

为了确保实验数据有效，激励参与者以个人利益最大化为目的进行决策，通常会给予参与者真实的实验报酬激励，报酬包括固定的出场费和与决策相关的实验收益两部分。在设置实验激励时，要完全遵照被检验的经济学模型中的激励，而且为了避免可能的社会压力（社会压力是超出经济模型之外的干扰因素），只有被试者自己知道最终获得的报酬。在实验说明中还可以加入报酬计算题以确保每个被试者都明白激励规则，这对于确保实验结果的有效性是很重要的；也可以用练习实验局的形式帮助被试者熟悉实验规则，即在实验正式开始前先进行几轮不记收益的实验。

　　根据实验设计和开展实验的具体环境准备相关的实验器材。如果进行纸笔实验，需要准备相应的实验道具、设计并打印决策表格，并安排实验人员在实验中收发表格等。如果使用计算机实验，需要具备合适的计算机实验室（各个计算机座位之间通过隔板和门帘完全隔离，再编写并测试计算机程序）。进行实验设计和实验操作的平台软件包括：苏黎世大学俄斯·费雪贝奇（Urs Fischbacher）开发的 Z-Tree（Fischbacher，2007）、进行连续博弈实验的 ConG（Pettit et al.，2014）、开展在线实验的软件 oTree（Chen et al.，2016）、跨平台的互动实验软件 Psynteract（Henninger et al.，2017）等。这些软件不需要研究者具备很强的编程基础即可完成实验的设计和操作，也能在实验过程中完成一些重要变量的运算，比如计算出被试者的收益。目前大多数研究者使用 Z-Tree（Zurich Toolbox for Readymade Economic Experiments）进行实验研究[①]，该软件使用 C++ 语言编程，在Windows 系统下运行。软件由两部分组成：实验者的控制平台 Z-Tree 和被试者的终端 Z-Leaf。实验者在 Z-Tree 服务器软件中编写好程序并运行，被试者通过 Z-Leaf 客户端连接到服务器端参与实验。

　　在撰写实验说明的过程中要注意术语中性化处理。为了避免实验者需求效应，将采用中性术语向参与者介绍实验规则，避免用有情感色彩的术语诱导参与者行为。例如，在研究合作行为偏好的公共品实验中，向实验被试者解释实验规则时，用"分配（Allocation）初始禀赋"一词而不是"贡献"（Contribute）一词，虽然被试者将自己的初始禀赋分配给集体账户的行为在本质上是一种贡献行为，但贡献一词带有明显的正面的感情色彩；同样，要用"削减（Reduction）收益"一词而不是"惩罚"（Punishment）一词，虽然削减其他被试者的收益在本质上就是对其实施惩罚，但

[①] 软件开发者俄斯·费雪贝奇要求，如果使用 Z-Tree 软件开展实验并发表论文，需要在发表论文时注明并引用开发者正式发布该软件的论文 "Z-Tree：Zurich Toolbox for Ready-Made Economic Experiments"（Fischbacher，2007）。截至 2020 年 8 月 31 日，Springer Link 显示这篇论文已被引用5232 次，Web of Science 核心合集中的被引频次为 3684 次。

惩罚一词带有明显的负面感情色彩。在跨国实验中还应使用双向翻译法，即为了避免由于语言引起各国实验结果间的差异，保证跨国实验的一致性，由一个实验人员将实验说明和实验界面从中文翻译为英文，再由另一个实验人员将英文翻译回中文，确保中英文实验说明、实验界面的内容一致。

与研究单一市场或局部均衡的微观经济学实验相比，宏观实验的构建更为复杂，很多实验设计必须借助计算机软件完成。比如宏观实验中典型的瓦尔拉斯一般均衡实验（Ricciuti，2008），研究者要研究多个市场间的均衡和制度效应，这就需要在实验室内构造多个市场，让被试者扮演工人和厂商在劳动力市场和产品市场中进行交易，而在 Noussair 等（2007）的跨国实验中有 21 个市场在同时进行交易。这些实验通常使用连续的双向拍卖机制构造连续竞价市场，工人（厂商）可以申请买入若干单位商品（劳动力）并设置他们愿意的出价，也可以卖出若干单位劳动力（商品）并设置他们愿意接受的价格，成交的规则是给出的买入价要高于当时市场上的最高价格，给出的卖出价要低于当时市场上最低价格。当工人（厂商）接受了厂商（工人）公布的买入或卖出价时交易成交，计算机自动给出市场结果，包括成交的价格和数量等。

上述实验准备工作完成后，最好在条件允许的情况下开展"预实验"进行检验，也就是召集小规模被试者开展模拟实验。评估实验难度、时间投入以及实验说明是否清晰易懂等，根据预实验的结果或实验过程中遇到的问题，调整或改进实验说明和实验设置中的不足。然后，就要准备招募被试者正式开展实验，实验室实验的被试者是在校大学生，一般通过学校公邮、BBS 论坛、传单、在线招募系统等方式进行招募。目前，在线招募系统包括软件 ORSEE（Greiner，2015）和基于微信平台的"课研助手"等。

在正式进行实验时，待所有被试者都到场并就坐之后，实验者开始说明实验规则，发放并宣读实验说明。如果有疑问，请被试者举手示意，由实验助理进行解说。在所有被试者正确理解了规则后再正式开始实验。

实验结束后，根据被试者在实验中的收益为其支付现金形式的实验报酬，同时还要整理并备份数据，再使用合适的方法对实验数据进行分析，对比各实验局中被试者的行为，检验处理变量的效应。在部分实验结束后，研究者还会要求参与者填写一份匿名的问卷获取基本个人特征数据等。

二、实地宏观实验

随着实验经济学研究的深入，研究者越来越重视实验结果的外部有效性与被试者的代表性，逐步放松了对实验的控制，出现了实地宏观实验（Cook et al.，1979；Levitt and List，2009）。根据具体的实验环境与实验方式，实地实验可以再细分为以下三类。在实验室实验的基础上，将被试者范围从大学生扩大到非学生群体，产生了人为实地实验（Artefactual Field Experiments），进一步将实验环境从实验室拓展到真实世界的自然环境，就形成了框架实地实验（Framed Field Experiments）和自然实地实验（Natural Field Experiments）。自然实地实验与框架实地实验的区别在于被试者不知道自己身处实验之中，实验结果的外部有效性更强（Harrison and List，2004；Alevy et al.，2007；Cipriani and Guarino，2009）。目前，研究宏观经济问题的实地实验中较为常用的是人为实地实验。

在人为实地宏观实验中，研究者招募非学生群体到实验室中进行实验，抽象的实验设置和实验室实验相同。具体的实验操作步骤也与上述的实验室实验大体相同，唯一的差别在于实验的被试者不是大学生。罗纳德·卡明斯（Ronald Cummings）等招募来自南非两所大学和博茨瓦纳大学的教职工为被试者在计算机实验室内进行人为实地实验，研究各国居民的税收遵从行为和税收管理制度的影响[1]。大学生时间灵活，距离学校的实验室也很近，机会成本较低，比较容易招募，而非学生群体的招募则较为

---

[1] Cummings，Ronald G.，Jorge Martinez-Vazquez and Michael McKee，et al.，"Tax Morale Affects Tax Compliance：Evidence from Surveys and an Artefactual Field Experiment"，*Journal of Economic Behavior and Organization*，Vol. 70，No. 3，2009，pp. 447-457.

困难，研究者也一直在改进研究方式。比较普遍的做法是招募非学生群体到实验室内参与实验，如 Amano 等（2011）、Kryvtsov 和 Petersen（2013）选择在加拿大蒙特利尔的 CIRANO 经济学实验室进行货币政策实验，就是因为这里便于招募非学生群体进行实验。最新的实验软件 oTree（Chen et al.，2016）使实地实验的开展更为便利，研究者可以基于网络，在手机、平板电脑、笔记本电脑等设备上运行在线实地实验（翁茜、李栋，2020），实验参与者无须到实验室内，可以在家里通过手机或电脑参加实验，这使得实验环境不再局限于实验室内。

框架实地实验和自然实地实验的实验环境比实验室实验更加贴近现实，但这也意味着实验环境更为复杂，不仅实施干预措施的难度更大，而且在实施过程中难免存在一些无法控制的差异（Song，2020）。

在实地实验中，实验的执行者可能不是经济学家本人，而是合作机构的一线员工或研究助理，这就加大了实验执行过程中的不确定性，实验的可控性进一步下降。所以，在开展实验前要与合作机构（从领导到执行的一线员工）和研究助理进行充分的沟通和必要的培训，明确各方的角色与职责。为了保证他们一直积极地参与实验，还要阐明这项研究可能为其带来的利益，甚至在实验设计时将他们的需求纳入其中。比如娜蒂娅·德温格（Nadja Dwenger）等的自然实地实验就是与德国圣士会教堂合作的，以提高公众纳税意愿为目的[1]，使用当地的一种教堂税分析纳税行为和居民税收遵从的外在和内在动机（圣士会教堂每年五月都会邮寄出纳税通知）。研究者将纳税者随机分为四组，在每组的纳税通知中增加不同的信息，通过威慑或奖励来激励被试者纳税，结果证明内在动机足以维持纳税行为，且外在动机与内在动机之间不存在挤出效应。因而，研究者在实际开展实验时还应雇用实验督导，在实地中监督并指导实验的执行过程，及时发现

---

[1] Dwenger, Nadja, Henrik Kleven and Imran Rasul, el al., "Extrinsic and Intrinsic Motivations for Tax Compliance: Evidence from a Field Experiment in Germany", *American Economic Journal: Economic Policy*, Vol. 8, No. 3, 2016, pp. 203–232.

和纠正问题。同时，在实验准备阶段就需要做好全面的预算，足以支撑整个项目的运行。在条件允许的情况下，尽量先在类似的地区进行小规模试点，类似于实验室实验开展前的预实验，不仅能让研究者及时纠正实验设计的缺陷，还有助于合作机构的一线员工和研究助理熟悉实验过程（Karlan and Appel，2016）。

三、自然宏观实验

自然宏观实验利用自然发生的外生冲击或政策变动作为研究中的实验变量，这类实验是可遇而不可求的。自然实验是历史的偶然，这个偶然事件可能来自政府的政策调整，也可能是自然环境中的降雨、地震等事件，比如 Baker 和 Bloom（2013）利用自然灾害作为自然实验，分析不确定性对经济增长的负面影响。自然宏观实验不仅能证实宏观模型的假设基础、量化特定的政策参数（比如财政乘数），还能识别传统模型中忽略的因果关系，利用真实的社会变迁和国家制度改革分析制度、社会结构和文化对经济的影响（Fuchs-Schündeln and Hassan，2016）。

自然宏观实验研究的关键是要区分自然实验数据与非实验的自然数据，它们的最大差别在于是否发生了外生冲击，以及是否存在随机分配的具有可比性的对照组，让研究者能够通过对比受到冲击与未受冲击的被试者的行为差异来分析实验变量对经济决策的影响。

以生命周期和持久收入假说的检验为例，当分析预期到的收入变动是否以及何时影响居民消费决策时，实证的挑战在于要找到合适的数据，确认样本中的个体都预期到了观测到的收入变动。在理想的实验设计中，比如实验室实验或实地实验中，实验组的被试者被告知了未来的收入变动，对照组没有被告知，而且实验者随机将被试者分配到两组中，这两个组在其他可观测的和不可观测的特征上都是可比的。自然实验类似于有计划的实地或实验室实验，研究者需要找到提前宣布的收入变动事件，这样公众可以预期到收入变动。但难点在于研究者要找到两组行为可比的对照组和准随机处理组（Quasi-randomly Treatment），并证明两组是随机分配的，或者找到在不同时间受到相同干预处理的两组（Fuchs-Schündeln and Hassan，2016）。Agarwal 等（2007）、Parker 等（2013）使用不同时间点的处理组进行对比，分别以 2001 年联邦所得税退税（Federal Income Tax Rebates）和 2008 年美国经济刺激计划（Economic Stimulus Payments）作为自然实验。这两个事件公布后都受到了媒体的大力宣传和各界关注，在 2001 年的退税计划中家庭还提前几个月就收到了通知信并得知退款金额，所以家庭是可以预期到收入变动的。但干预措施实际发生的时机是完全随机且外生的，也就是家庭实际获得退款的时间。因为政府不可能在同一天寄出所有退款支票，分别用了 10 个星期和 9 个星期寄出了全部退款。每个家庭收到支票的先后顺序取决于主要纳税人的 SSN 号码的第二位到最后一位数字，这是随机的。所以在这两个事件中处理组发生的时机都是完全随机的，在给定期间内收到退款的家庭可以视为实验的处理组，所有其他未收到退款的家庭（在另一个期间内收到退款）就视为对照组。

如果所有干预措施是同时实施的，那就需要寻找其他未被干预措施影响的群体作为对照组，Agarwal 和 Qian（2014）、Abdallah 和 Lastrapes（2012）的两个自然实验正是使用这种方法。Abdallah 和 Lastrapes（2012）利用 1997 年美国德州的借贷限制变动作为自然实验，用美国没有改变销售税率的其他州作为对照组。Agarwal 和 Qian（2014）的自然实验是寻找其他未被干预措施影响的群体作为对照组，Agarwal 和 Qian 以新加坡政府国民福利计划中的"增长花红"项目（Growth Dividend Program）①作为自然实验，分析未预期到的正向外生收入冲击如何影响消费决策。该项目是同时支付的，所以支付时间上没有随机性，尽管每个人获得的金额不一样，但这是由收入决定的，也不是随机的。考虑到该项目仅针对新加坡国

---

① 2011 年 2 月，新加坡政府宣布与国民共同分享 2010 年 66 亿新加坡元的政府财政盈余，其中 32 亿新加坡元将作为"增长花红"一次性发放，250 万新加坡国民将收到金额不等的现金红包，低收入居民最多能获得 800 新加坡元。

民，Agarwal 和 Qian 就用新加坡地区居住的外国人（占总人口数的 40%）作为对照组，为了去除中西文化差异对消费行为的干扰，还排除了来自欧美地区的居民，仅使用中国、印度、印度尼西亚和马来西亚四国的被试者群体进行了稳健性检验。Agarwal 和 Qian 追踪了政策公布后十个月内居民的消费情况，发现财政政策的公告效应非常显著，在公布 2 个月后（现金红包还未支付之时）消费水平就有显著上升。

第三节　各类实验方法的对比与选择

在实验经济学发展初期，研究者主要使用实验室实验，招募大学生作为被试者，在实验室内模拟经济环境并观察被试者的决策行为，这种实验具有高度可控性的优点。研究者可以根据不同的研究目的改变经济制度或是根据理论模型构造特定的经济环境，明确推断实验内的因果机制。但是随着研究的深入，不断有学者质疑学生被试者的代表性和实验环境的外部有效性，实验室内的结果可以在多大程度上被一般化推广到真实的市场中呢？

在质疑与争论中，研究者逐步放松对实验的控制，不仅将投资者范围从大学生扩大到非学生群体，而且把实验环境从实验室拓展到真实世界的自然环境，进而也催生出了新的实验方法——实地实验（Levitt and List，2009）。

虽然实地实验能够解决实验室环境的"人造性"问题，但这是以牺牲"控制性"为代价的，在实地环境中研究者无法保证除控制变量外其他条件保持不变。经济学家不断思考经济学实验方法，从模拟现实情境的抽象实验室实验开始，到逐步贴近并回归现实的实地实验，最终将目光转回到了现实世界，利用自然发生的外生冲击或政策变动作为自然实验，但这类实验是可遇而不可求的，所以研究主题和范围都十分有限。

第五章 实验宏观经济学的优势与局限

根据笔者对以往实验宏观经济学研究的总结，以及实际开展的宏观政策实验的经验，对实验宏观经济学的优势与争议有了更深的认识。本章归纳实验宏观经济学的优势与局限性，内容安排：首先，分析了实验方法的优势，包括关键变量更加可控、因果分析更加稳健、变量观测更加全面、环境设定更加科学、均衡求解更加合理。其次，归纳实验宏观经济学的局限性与争议所在，包括人造性与外部有效性方面、实验方法的适用范围方面、被试者的代表性和规模方面。这些优势与争议中有一些是所有经济学实验都要面对的，也有一些是宏观经济学实验所独有的。最后，总结了实验宏观经济学当前面临的挑战。

第一节 研究方法的优势

本节将分析实验宏观经济学的优势所在，与基于现实数据的传统实证研究相比，用实验方法进行宏观经济学研究有以下五点优势，其中前四点优势是所有经济学实验都具备的，第五点是宏观经济学实验所独有的。

一、关键变量更加可控

无论在自然科学研究还是社会科学研究中，因果关系的识别都是研究重点。虽然现实世界中已有许多自然数据可供宏观经济研究者使用，但由于现实世界的复杂性，除了研究者的目标变量外，宏观经济中有很多内部因素和外部因素都在同时变化，比如货币政策、资本存量和生产技术等，这些都会成为研究中的干扰变量，研究者无法保持其他因素固定不变以隔离出单一目标变量的影响，而且由于大部分宏观变量都随着经济周期同方向变动，同时变动的第三个因素也会混淆结果，成为因果分析中的干扰变量，导致宏观研究中许多重要的因果关系方向备受争论。比如，2008 年全球金融危机爆发后，我国的经济增速有所下降，央行从 10 月到 12 月连续四次下调基准利率，同时政府也于 2008 年 11 月推出了扩大内需、促进经济平稳较快增长的十项措施。所以，我们不能简单地将后期的经济增长归因于利率下调，在评估货币政策效果的时候要注意排除其他因素的影响。类似地，张鹤等（2009）认为 2008 年下半年我国通货膨胀的下降不能简单地归因于政府加强市场管理或增加有效供给，这也可能是受到国际石油等大宗商品价格降低的影响。基于这种不可控的现实数据进行研究时，变量间的相关关系并不代表它们之间存在因果关系。为了使结果具有内部有效性，研究者不得不耗费大量的精力，借助计量技术进行识别。

宏观经济学实验能通过精心设计的实验解决上述问题，实验数据可以满足因果关系检验的多个苛刻条件。与现实环境中的经济数据相比，基于可控实验得到的数据能够很好地避免数据的内生性问题（Roe and Just，2009）。实验室实验的高度可控性确保了研究结果的内部有效性，让研究者能有效识别实验变量与经济行为间的因果关系。比如 Luhan 等（2014）在研究利率政策的效果时，保持实验设置中的其他条件不变，在商品价格和家庭收入相同的情况下外生改变名义利率，以分析利率变动对被试者消费和储蓄决策的影响。

二、因果分析更加稳健

可重复性（Repeatability）表示重复执行实验以检验结果的有效性，这在宏观经济学中尤其重要（Cornand and Heinemann，2019）。传统宏观经济学研究所用的现实数据通常是在独特的且无法重复的背景中产生的，许多处于变动中的无法观测的因素会产生干扰。实验的可重复性使研究者能够在一个严格证伪的可重复执行的实验过程中对经济理论反复进行证实或证伪，加强实验结论的有效性。

不同于自然科学的实验，由于经济学实验受到人类主观性的影响，比自然科学更为复杂。实验的可重复性也可以尽量降低实验者效应（Experimenter Effects）对实验结果的主观影响，实验者在实验过程中可能通过手势、语气等方式有意无意地秀导了被试者行为，促使他们做出迎合实验者期望的决策。如果这一问题确实存在，那么由不同实验者执行相同的实验研究时很有可能得出不一样的实验结论。

当然，有时候不一样的实验结论也许不是由于实验者效应，而是出于不同被试者群体的系统性差异，如东西方文化的影响等。如果不同实验者在各类被试者群体中都得到了类似的结论，比如多位研究者都发现在生命周期消费和储蓄实验中被试者总是在早期过度消费（消费水平高于最优消费水平），在后期消费不足（Ballinger et al.，2003；Fehr and Zych，2008；Chua and Camerer，2011；Duffy and Li，2019），就可以在更稳健的水平上拒绝原假设。

三、变量观测更加全面

研究者通常使用来自现实世界的自然数据检验宏观模型，但是对于有微观基础的宏观模型而言，即使这些自然数据能够检验模型在总体层面的预测，却不总是能用于检验个体层面的行为是否符合模型假设或预测

(Duffy，1998)。

实验室实验的一个优势是能提供现实中无法获得的数据，研究者能使用实验方法设置或度量所有的变量，包括那些在实验室环境外无法直接观测的变量。比如信息（Karlan and Zinman，2009）、资产的基本价值（Weber et al.，2018）、预期（Bernasconi et al.，2009）等，实验人员可以在实验中严格控制私人信息和公共信息，并让被试者直接报告自己对未来宏观变量的预期值。

此外，利用现实数据研究信息的影响是非常困难的。虽然信息不对称在理论上是很重要的，但是在现实中却难以观察。研究者无法观测到人们的信息结构，难以区分私人信息和公共信息，因此他们既无法分析信息在决策主体间的传递，也无法确定是哪种信息影响了决策。在实验室实验中，研究者能很容易地观察和改变每个被试者拥有的个人信息与政府的公开信息，由此建立因果关联，分析信息对个体决策和市场表现的影响，或是分析策略互补模型中公共信息的多重影响。比如 Karlan 和 Zinman（2009）在实地实验的各实验局中给予被试者不同的信息，Baeriswyl 和 Cornand（2014）在实验室实验中控制中央银行披露的信息以及受众群体，检验被试者是否对公共信息过度反应，分析中央银行该如何进行信息披露才能不对公众福利产生负面影响。

四、环境设定更加科学

由于宏观理论模型通常建立在一系列严格的假设基础上，如果数据生成的过程不符合模型的严格假设，那么研究者就很难判断是理论预测失败，还是理论假设的错误？在现实世界往往难以找到完全符合理论假设的经济环境以及适合理论检验的相关数据。研究者对实验室中的经济环境是完全可控的，在构造实验室环境时可以再现宏观理论模型中的抽象市场环境，构造完全竞争市场、垄断市场等。维维安·雷（Vivian Lei）和查尔斯·诺萨（Charles Noussair）在检验 Ramsey–Cass–Koopmans 最优增长模型时[1]，没有合适的现实数据用于实证检验，他们就在实验室内根据模型构造出符合理论假设的经济环境，再观察决策者在其中的经济活动。让被试者分别在凹生产函数和对数效用函数下进行投资和消费决策，观察这个经济体能否收敛到理论预测的最优稳态值，以此来检验理论预测。

对经济环境的高度可控性仅在实验室实验和人为实地实验中可行。在框架实地实验和自然实地实验中，实验者是在自然环境中开展实验，无法控制经济环境，仅能与具有适当权限的机构合作操纵某一个实验变量。

五、均衡求解更加合理

在很多宏观经济学模型中，最优均衡解不是唯一的，理论预测存在多个均衡解，即多重均衡，那么经济体最终会收敛到哪个均衡呢？实验室实验是一个合理的解决方法，其能把真实的行为人置于理论条件中，让他在这个实验经济体中进行生产与消费决策，再观察经济体的发展路径趋于何种均衡。

比如，维维安·雷和查尔斯·诺萨用经济系统中的多重均衡来解释资源相似的各国为何经济发展水平的差距如此之大，并试图用实验检验国家制度如何影响多重均衡模型的收敛[2]。他们根据多重均衡模型构建了实验经济体，并设置了高初始禀赋组和低初始禀赋组，也就是在实验开始时用于生产的资本存量水平不同。在两种禀赋水平下，实验经济体的产出都分别存在两种稳态均衡，低产出的状态代表贫困陷阱，高产出的是帕累托效率均衡。结果发现在被试者分散进行消费和储蓄决策的实验局中，大多经济体都收敛到了贫困陷阱的低产出均衡水平，其中低初始禀赋组全部陷入了贫困陷阱。

---

[1] Lei, Vivian and Charles N. Noussair, "An Experimental Test of an Optimal Growth Model", *The American Economic Review*, Vol. 92, No. 3, 2002, pp. 549–570.

[2] Lei, Vivian and Charles N. Noussair, "Equilibrium Selection in an Experimental Macroeconomy", *Southern Economic Journal*, Vol. 74, No. 2, 2007, pp. 448–482.

在此基础上，实验室实验还能进一步研究哪些外加的制度因素能影响经济体的收敛结果。比如 Capra 等（2009）在这个多重均衡实验中检验了"民主"和"表达自由"制度能否帮助被试者脱离贫困陷阱。在未引入新制度的对照实验局中，实验结果同样趋于贫困陷阱，在同时引入两种制度后，经济体成功脱离了贫困陷阱，资本存量都接近帕累托有效的均衡水平。

第二节　局限性与争议

虽然上文评述了实验宏观经济学近年来的快速发展与优势所在，但我们必须认识到实验方法在经济学中，尤其是在宏观经济学研究中依然具有很大的争议。不仅在实验经济学家和非实验经济学家之间，甚至在实验经济学家之间也一直争论不断，后者的争论主要集中在研究内容和方法论问题上。作为实验经济学的分支学科（Duffy，2010），这些质疑中有一些是所有经济学实验都要面对的，也有一些是宏观经济学实验独有的。

一、人造性与外部有效性方面

宏观经济学实验也像所有经济学实验一样，因其"人造性"（Artificiality）特征而在外部有效性方面受到质疑（Guala，2005），与微观经济学的实验相比，有限被试者人数让宏观经济学实验受到了更猛烈的批判。根据托马斯·库克（Thomas Cook）等的经典定义[①]，外部有效性（External Validity）是指研究中发现的因果关系能在多大程度上被一般化地推广到其他个体、情境和时代中；内部有效性（Internal Validity）则是指研究者能

[①] Cook, Thomas D., Donald Thomas Campbell and Arles Day, *Quasi-Experimentation: Design and Analysis Issues for Field Settings*, Boston: Houghton Mifflin Company, 1979.

在多大程度上认定两个变量间存在因果关系[①]。在所有实证研究中研究者都非常关注研究结果的有效性，不同研究方法的有效性各异。使用自然产生的现实数据时外部有效性最强，但研究者很难识别变量间的因果关系，内部有效性较弱。实验室实验研究具有高度可控性和可重复性，其内部有效性最强，实地实验和自然实验次之。如果实验得到了与理论一致的实验证据，那么能否将实验结果成功地推广到实验室外呢？或推广到实验室外的多大范围内呢？批评者认为由于实验室并没有完整反映真实世界，被试者在简化的受控实验环境中的决策可能不同于现实生活中的行为，少数被试者的有限期互动难以模拟宏观经济活动，所以得到的实验结果难以向现实推广。

事实上，这是所有实验室实验和实地实验都无法避免的问题，其"人造性"的本质特征导致了实验的内部有效性和外部有效性之间存在着权衡取舍（Schram，2005）。

研究者往往为了保证实验结果的内部有效性而人为控制实验室环境，隔离所有无关背景因素的干扰，从而控制单一变量以推断因果关系，这就必然会在一定程度上损失外部有效性。鉴于很多研究者认为研究的内部有效性是外部有效性的先决条件[②]，所以实验研究是有理论意义与现实价值的。尤其是使用实验检验理论运行机制的效果，或是检验理论的初始假设时，这些检验宏观经济理论的实验不一定需要高度的外部有效性，更重要的是保证内部有效性以保证对因果关系的推断，但在检验宏观政策效果的实验中，外部有效性更为重要（Schram，2005）。

[①] 虽然现在一些研究者使用的定义稍有出入，但社会科学领域关于实验方法论的文献仍继续使用该定义（Jiménez-Buedo and Miller，2010）。

[②] 如若对变量间是否确实存在因果关系还尚存疑虑，那么该结论能否应用于其他情境设置中也就无关紧要了（Thye，2000）。

二、实验方法的适用范围方面

关于宏观经济学实验的另一个主要疑问是，宏观经济学理论能否在实验室内进行检验呢？

其实这与宏观经济学理论的一般性和理论的适用范围有关。如果一个理论声称是具有一般性的，那么就应该可以适用于各种特例情况，当然也应该包括简单的实验室经济环境。

然而对于批判者指责实验室环境过于简单，不能作为合适的检验基础，被指责的理论的争论（Blame-the-Theory Argument）主张既然抽象的宏观经济学理论中本身就没有这种现实性，那么用于检验的实验环境也不应该被指责是非现实的，检验宏观经济学理论的实验研究旨在模拟这个理论而不是真实世界（巴德斯利等，2015）。

三、被试者的代表性和规模方面

关于被试者的代表性和规模问题，尤其是少数学生被试者的互动决策能否代表社会中广大决策主体和专业人士的经济活动也是争论中的一点。因为实验中的被试者人数是有限的，而现实世界经济互动中的群体规模往往很大，批判者质疑样本大小是否足以研究宏观经济问题，这也是引发外部有效性质疑的一个因素。

关于被试者规模，大规模的被试者并不是开展宏观经济学实验的必要条件。如何界定实验宏观经济学不是根据实验被试者的人数多少，而是根据它的研究问题与分析方法。虽然在实验中更多的被试者总是优于较少的被试者，但在实验室内用较少的被试者建立竞争市场或模拟多部门的宏观经济活动也是完全可行的（Chytilova，2014）。许多关于宏观经济学本质的实验研究都证明了大样本规模不是必要条件，如 Sunder（1995）、Lian 和 Plott（1998）等的研究证明少数被试者（比如 5~10 个有交易经验的被试者）就足以达到与市场环境竞争均衡一致的效率结果。恩斯特·费尔（Ernst Fehr）和让·罗伯特·泰兰（Jean-Robert Tyran）（2001）在实验室中分析货币政策是否会通过货币幻觉和名义惯性对整体经济产生影响时，每个市场中仅有四个被试者进行决策互动。在 Noussair 等（2015）构造的动态一般均衡实验中，也只有三个消费者和三个生产者在同一个市场中进行多期重复互动，在个别实验局中还加入了三个被试者扮演中央银行的角色。这些实验研究都证明少量被试者也足以模拟宏观经济体中的生产和交易活动，且能够在特定条件下达到竞争均衡。

第三节　面临的挑战

不可否认，宏观经济学与实验方法存在一些局限之处，比如被试者的选择和规模、有限的重复轮次等，有些问题能够通过扩大被试者群体与实验设计技术的加强来克服，但有一些是难以彻底解决的。上述关于实验宏观经济学的种种争论也从侧面证明该学科是一门正在成长的、具有强大生命力的学科。

未来的实验宏观经济学研究结果与发现还需要进一步融入到宏观理论模型中。从实验到理论的反馈是困难且漫长的，即使在相对成功的微观经济学领域，成功的案例也屈指可数。比如自从经济学实验发现公平的社会偏好，经济学家就开始不断尝试在理论模型中融入行为人的社会偏好，Ambrus 和 Pathak（2011）在理论模型中引入异质的行为偏好，将被试者分为自利型和互惠型，修正后的模型能更合理地解释人们的合作模式，这有助于完善理论体系。

尽管现在学界承认实验能够检验特定的宏观经济学理论，但这些实验结果很少为宏观经济模型带来新的思想和假设。究其原因，一方面，主流经济学体系仍对实验宏观经济学存有一定的争议；另一方面，它还没有受到集中的批判性讨论并引起广泛关注，所以尚未成为宏观经济学模型灵感的可靠来源。再加上，许多宏观实验研究结果肯定了理论模型的预测，让实验经济学家认为似乎没有必要基于实验结果建立新的模型。近几年，一些学者开始在此方面进行突破，比如在 DSGE 模型中加入异质性预期和偏好等，得到了具有启发性的结论。许志伟等（2015）[1] 根据我国季度消费、投资和通胀数据，用贝叶斯结构估计法进行分析，发现我国大部分决策者（约 80%）的宏观预期呈现出适应性特征，仅有 20% 的公众采用理性预期，适应性预期削弱了通货膨胀对货币政策的敏感度，也就是降低了货币政策调控对通胀的影响力。在新凯恩斯动态一般均衡模型中融入了异质性预期，假设同时存在具有理性预期和适应性预期的决策主体，加入适应性预期的宏观经济模型能更好地解释我国经济状况，为政策提供理论依据。

十几年前，Friedman 等（1994）曾说"希望宏观经济学也能像气象学和天文学一样成为一门间接可实验的科学，基于实验验证的结果来构建它的核心理论"。本书的评述与实验研究证明，现在宏观经济学已然成为了一门可实验的学科，而且取得了很多重要的研究成果。然而，实验宏观经济学未来的发展在很大程度上还取决于主流宏观经济学家的态度，也许如 20 世纪七八十年代的理性预期和微观基础革命一样，另一场宏观经济学方法论的革命正悄然进行着。

---

① 许志伟、樊海潮、薛鹤翔：《公众预期、货币供给与通货膨胀动态——新凯恩斯框架下的异质性预期及其影响》，《经济学（季刊）》2015 年第 3 期。

政策应用篇

在政策应用篇，本书总结了宏观政策实验研究现状，再结合我国亟须解决的宏观政策实践进行实验，先行探索实验宏观经济学的政策应用之路，将前沿实验方法应用于我国财政政策和货币政策的现实问题分析。本篇包含两个宏观政策实验的应用实例，分别是针对税收结构优化调整的财政政策实验、关注前瞻指引工具的货币政策实验。

第六章 宏观经济政策的实验研究基础

本章梳理了最新的宏观经济政策实验研究进展，并进行评述。因为很多宏观经济政策的研究涉及跨期决策、预期等难以观测到的变量，无法观测和度量这些变量就难以准确判断特定政策的效果，而实验方法的引入解决了这一难题。宏观经济政策的实验研究主要关注货币政策与财政政策对个体预期、决策以及总体市场的影响，在实验环境设置时会考虑加入模拟现实的因素。本章首先介绍了财政政策实验研究情况，包括税收结构与跨期消费决策研究、税负变动与代际决策研究、税制与预算赤字研究等。其次介绍了财政政策实验研究情况，包括货币政策调整与货币幻觉研究、前瞻指引政策与跨期决策研究、货币政策的决策机制研究等。最后对上述宏观政策实验研究进行总结。

第一节 财政政策实验研究情况

关于财政政策的实验研究包括税收结构与跨期消费决策的研究、税负变动与代际决策的研究、税制与预算赤字的研究等。

一、税负变动与代际决策研究

如何使用财政政策来调节总需求进而影响就业和国民收入是政府和学者都非常关注的问题之一，自20世纪末期开始陆续有多位研究者尝试用实验的方法研究税收变动对消费和储蓄的影响。传统的政府债务观点认为借贷筹资的减税能促进消费，进而刺激经济，减少储蓄。但根据李嘉图等价（Ricardian Equivalence Theorem）的观点，政府现在债务筹资的减税意味着未来会有更多的税收负担，因此没有增加家庭的永久性收入，具有前瞻性的家庭能预见政府债务所隐含的未来税收。如果父母关心子女的福利，会把额外的收入储蓄起来以支付未来增加的税收，这样就无法达到刺激消费的目的。

真实消费者对减税的反应究竟如何呢？Cadsby和Frank（1991）根据李嘉图等价的代际交叠模型设计了实验室实验，每一期实验都包含三次决策，被试者需要在消费和储蓄间分配初始禀赋。在实验开始时将被试者进行随机匿名配对，实验重复进行8~10期，2个被试者为一组，分别扮演第一代和第二代，在整轮实验中被试者的角色固定，一个被试者先进行前两次决策，另一个被试者进行第三次决策，即扮演他的后代。在不同的实验局中，实验者会改变税收和初始禀赋。实验发现虽然被试者遗产的变动并未完全抵消政府债务的变动，但实验结果接近李嘉图的理论预测。

Di Laurea和Ricciuti（2003）在此家庭代际决策实验的基础上改变了实验中代际交叠的配对方式，让被试者有机会在下一期交换身份，并使实验设置更加贴近现实，引入了流动性约束和对未来收入的不确定性，这两个因素都会减小第一代被试者留遗产抵消后代债务的可能性。在不包含约束条件的对照组中，实验结果与Cadsby和Frank（1991）一样支持李嘉图等价理论。在流动性约束下，被试者很难平滑两代人的消费，实验结果仅在一定程度上符合李嘉图等价的预测。然而，在不确定第二代收入的实验局中，被试者在做消费决策时更为关注当期的可支配收入，实验结果完全偏离了李嘉图等价理论。

二、税制与预算赤字研究

与财政政策有关的一个重要问题是预算赤字，这是许多欧洲国家都亟待解决的重要问题。政客为了在选举中赢得选民的青睐，往往不愿意增加税收、减少支出以缩小预算赤字，使赤字问题进一步恶化。随着经济形势下滑，上升的失业率进一步加重政府支付失业补贴的负担，需要提高税收以平衡预算，这又反过来对就业以及税收产生负面影响，形成恶性循环。

面临这一问题的荷兰政府机构委派研究者对此进行实验研究，Riedl和 Van Winden（2001，2007）推测税制可能是引起预算赤字的一个重要原因，并用实验方法予以检验。他们在实验室内构造了开放的经济体系，由两个国家组成。每个国家都有两种被试者：消费者和厂商。被试者在其中交易四种商品，两种投入要素（资本和劳动力）和两种消费品。消费者希望享受两种消费品，在每个交易期他们的初始禀赋包括劳动和资本，可以在要素市场向厂商出售禀赋以赚取收入，再用这些收入向厂商购买消费品。此外，不工作的消费者还可以通过失业救助金获得额外的收入补贴。在要素市场上，厂商购买资本和劳动力生产两种消费品，再在市场上销售，厂商的收益取决于他们获得的利润。劳动力市场存在地域限制，消费者只能向本国厂商出售劳动力，但资本市场是国际化的。在实验的一系列交易期中，消费者和厂商通过双向拍卖进行交易。在这个典型的经济体中，政府支出仅包括失业救助金，政府收入来自对消费者的工资征税，由厂商支付。

为了对比不同税制的影响，Riedl 和 Van Winden 设置了两个实验局，第一个实验局使用固定的税制，将理论模型中预算平衡时的一般均衡解作为固定的工资税。第二个实验局使用相机抉择的税制，如果本期出现预算赤字，下一期可以调整税收以达到预算平衡。实验结果发现在固定税制下两个国家都出现了持久的大额预算赤字，且赤字并没有随着时间推移而消失。面对产出价格和利润的不确定性，再加上厂商风险中性的行为偏好，厂商使用的要素投入（特别是劳动力）低于最优水平，劳动力需求不足。另外，消费者的劳动力供给过度，共同导致失业逐渐高于均衡水平，下降的个人工资和税收不足以平衡政府预算。由于失业增加，平衡政府预算的成本也有所提高，且大国的成本增加多于小国。在相机抉择的税制下，为了达到预算平衡的税收调整会对就业和实际 GDP 产生负面影响，使就业水平低于理论预测值，两个国家依然存在预算赤字的倾向，但是赤字很小，且随着时间推移而消失了。

能否形成对财政政策的正确预期也会影响政策效果，Bernasconi 等（2009）用实验分析被试者的财政政策预期，特别是对政府支出和税收的预期。方法是在一个实验局中告知被试者过去的政府债务和税收（虽然在实验中给被试者看的政府历史数据都来自历年真实的 OECD 数据，但被试者不知道数据来历），让被试者预测税收，而在另一个实验局中还告诉被试者政府支出的历史水平，让被试者预测未来的政府支出，被试者会根据预测的准确性获得实验收益，结果发现被试者对财政政策的预期并不符合理性预期。

三、税收结构与跨期消费决策研究

税收对居民消费的影响机理十分复杂，并不是单向的影响（李俊霖，2007）。间接税（Indirect Tax）① 主要通过改变商品和服务的终端价格来影响居民消费；直接税（Direct Taxes）② 则是通过改变居民收入影响居民的消费决策，个人所得税、财产税等直接税使居民的可支配收入减少，降低

---

① 间接税是指纳税人能够把税负转嫁给他人负担的一种税收，即纳税人并不是税收的实际负担人。间接税通常是对商品和服务征收的，间接以公众为征税对象，而纳税人可以通过提高商品或者劳务价格等方法把税负转嫁到消费者身上。典型的间接税包括增值税、消费税、关税等。
② 直接税是指对所得、劳动报酬和利润的征税，直接向个人或企业征收。税负不能转嫁给他人，直接由纳税人负担。典型的直接税包括人头税、所得税、房产税、土地使用税等。

居民的消费能力。在关于税收结构对消费影响的实证研究中，研究者使用不同的数据和分析方法得到了截然不同的结论。

一种观点认为直接税会促进消费需求，间接税对消费需求有抑制作用。Boeters 等（2010）基于德国的数据样本，发现在财政收入不变的前提下提高增值税去补贴被减免的个人所得税会抑制家庭的消费水平。Alm 和 El-Ganainy（2013）基于 1961~2005 年欧盟 15 国的面板数据进行分析，发现增值税会抑制消费，个人所得税能促进消费。储德银和闫伟（2012）用税收经济效应原理来分析间接税和直接税对消费需求的影响，基于省际动态面板数据用 GMM 估计法分析我国财政政策对居民消费的结构效应，发现商品税会通过替代负效应抑制居民的消费需求，即挤出居民消费，而财产税能挤入居民消费。王智烜和邓利平（2015）基于我国省级面板数据进行分析，发现税制结构的优化（直接税比重上升与间接税占比下降）能释放我国居民的消费潜力，刺激消费增长。刘胜和冯海波（2016）认为间接税比重的降低有助于扩大内需，抑制消费外溢。他们使用动态面板与空间面板的方法对 2006~2013 年的跨国数据进行分析，发现间接税比重越高就越容易导致消费外溢，也就是随着间接税在总税收中的占比每提高 1%，境外消费的比重就会提高 0.83%。

另一种观点恰好相反，从税收凸显性（Tax Salience）的角度出发，认为直接税会抑制消费需求而间接税会促进消费。Chetty 等（2009）将税收对税负承担者的易见程度称为税收凸显性，由于现实生活中税收的征收方式不同，再加上公众税收意识的影响，纳税人对不同税收的感知程度往往不同，导致其对消费决策的影响也各不相同。间接税的凸显性低于直接税，不易被居民察觉，因此其税收负担可能会被低估。由于税制复杂性与居民的计算能力有限，Kurokawa 等（2016）在税收实验研究中还发现税收凸显性不同会使被试者出现不同程度的税率错觉（Misperception of Tax），在面对等价的消费税和所得税时，被试者总是倾向于选择所得税。刘华等（2015）基于 2003~2012 年的省级面板数据分析了税收凸显性对消费的影响，发现税收凸显性较高的个人所得税对居民消费有显著的负向影响。作为间接税的代表，消费税的税收凸显性较低，再加上我国消费税是价内计税，导致居民对其的感知度更弱，实证结果显示消费税对居民消费无显著影响。

之所以无法对税收结构的消费效应得到一致性结论，是因为这些研究主要关注税收对居民消费的短期效应，使用的变量仅反映短期内的消费量变动等。但是在现实中财政政策一旦确立，必然在一定时期内具有延续性，因此也应当关注税制结构对居民消费需求的长期效应。因为研究者无法获得微观个体长期消费路径的数据，所以常规的现实数据难以满足这类实证研究的需求。

实验方法为跨期消费行为与宏观政策的研究提供了新的思路，不仅能在实验室内观测被试者的跨期消费路径，还能通过设置实验局来对比财政政策的多种税收结构。因此本书使用实验宏观经济学的方法，通过实验来研究不同的税收结构会怎样影响微观主体的跨期消费路径和福利水平。

第二节　货币政策实验研究情况

关于货币政策的实验研究包括货币政策调整与货币幻觉研究、前瞻指引政策与跨期决策研究、货币政策的决策机制研究等。

一、货币政策调整与货币幻觉研究

新兴古典主义认为货币是超中性的，市场价格的灵活调整使货币政策无法影响实际产出。但是 20 世纪 80 年代初，美联储为了抑制过高的通货膨胀率而实施了货币紧缩政策，随之而来的却是两次经济萧条，实际产出急剧下降，失业率大幅攀升（Blanchard，1984）。那么货币政策能否以及如何对实际经济变量产生影响呢？

关于货币政策的影响机制，恩斯特·费尔（Ernst Fehr）和让·罗伯特·泰兰（Jean-Robert Tyran）认为货币政策会引起货币幻觉（Money Illusion）[1]和名义惯性（Nominal Inertia），进而将对整体经济产生影响，并设计了实验进行证明[2]。虽然新兴古典经济学假设理性人在决策时仅对实际价值而非名义货币价值变动做出反应，比如名义价格和名义工资同时翻倍时的最优消费束应该保持不变，许多经济学家也认为货币幻觉仅是少数的个体行为，对总体经济影响甚微。

但恩斯特·费尔和让·罗伯特·泰兰的实验结果证明在紧缩性货币政策实施后，即使是少数个体层面的货币幻觉也足以引起很大的总体名义惯性，进而对总体经济产生巨大影响。该实验基于 n 个人的定价博弈，实验设置存在单一均衡和策略互补。n 位决策者同时决定名义价格，实验收益与其他 n-1 个人的平均定价正相关，决策者利润最大化的最优决策是固定价格。实验重复进行 40 期，在第 20 期实施完全可预期的紧缩性货币政策（所有被试者事先都知道货币供给会下降）。为了检验外生的货币冲击是否会产生货币幻觉，实验分为名义价格组和实际价格组。在冲击发生后决策者利润最大化的最优决策是保持价格不变，且与其他 n-1 个人的平均定价正相关，结果发现名义价格下有货币幻觉的被试者调整价格的速度更慢。研究者还根据货币冲击后被试者能否调整到均衡价格来检验货币幻觉对名义惯性和价格调整的直接影响和间接影响，货币幻觉的直接影响是被试者未能对货币冲击完全调整，间接影响是基于对他人行为的预期，尽管被试者明白他的最优决策是不改变价格，但如果他认为其他决策者无法对冲击完全调整，他也可能改变价格来利用这种情况。

为了区分上述货币政策的两种影响，恩斯特·费尔和让·罗伯特·泰兰

---

① 货币幻觉是由货币政策产生的通货膨胀效应，指的是人们往往只是对货币的名义价值变动做出反应，而忽略了通货膨胀和货币实际购买力变化的一种现象。

② Fehr, Ernst and Jean-Robert Tyran, "Does Money Illusion Matter?", *The American Economic Review*, Vol. 91, No. 5, 2001, pp. 1239–1262.

进一步将实验分为人类被试者和计算机被试者实验局①。在人类被试者实验局中所有被试者都是真实行为人，因此直接影响和间接影响都有可能存在而且会相互加强。在计算机被试者实验局中，一个人类被试者与多位计算机化的被试者进行互动，人类被试者知道其余被试者只会做出最优的决策，因此不存在名义货币的间接影响。

实验结果证明货币政策冲击确实会引起货币幻觉与名义惯性，人们未能对货币冲击完全调整。在名义价格的实验局中，只有少数被试者调整到新均衡，尽管随着实验的重复观察到有趋于均衡价格的趋势，但并未被真正达到，显示出持久的名义惯性。其中，在名义价格的人类被试者实验局中名义惯性和价格黏性最大，在冲击前的最后一期中绝大多数的被试者都达到了均衡价格，但在冲击后只有少数被试者达到均衡价格，此外大多数被试者定价普遍高出均衡价格，统计检验也证明在冲击前后的名义价格存在显著差异。在实际价格的人类被试者实验局中，虽然最初存在名义惯性并导致价格高于均衡价格，但是很快就消失了，价格迅速趋于均衡价格。然而在实际价格的计算机被试者实验局中，所有人类被试者在冲击后立刻调整到均衡价格，完全不存在名义惯性。由于货币幻觉，正向和负向的名义货币冲击还会产生不对称的影响，无论是在名义价格还是在实际价格设置下，扩张性货币政策实施后人们对名义价格的调整都较为迅速，而紧缩性货币政策实施后出现了持久的货币幻觉与价格黏性，即人们在扩张性和紧缩性货币政策发生时对价格的反应是不对称的。

二、前瞻指引政策与跨期决策研究

预期是影响货币政策效果的另一个重要因素，在货币政策制定与实施的过程中，如何稳定并引导公众预期至关重要。前瞻指引（Forward Guid-

① Fehr, Ernst and Jean-Robert Tyran, "Money Illusion and Coordination Failure", *Games and Economic Behavior*, Vol. 58, No. 2, 2007, pp. 246-268.

ance)是指中央银行通过公告、新闻发布会等方式，明确告知公众未来的利率路径或政策走势，引导公众形成特定的预期，这本质上是一种预期管理手段（Eggertsson and Woodford，2003；Plosser，2013）。近些年来各国的央行越来越重视前瞻指引，从全球各国的经验来看，前瞻指引有利于提升货币政策有效性。自 2008 年全球金融危机后，前瞻指引在欧洲各国和美国都表现了非常显著的调控效果。央行可以通过控制公众对未来货币政策的预期进而对总体经济产生影响，如承诺在未来一段时间内一直维持比较低的利率水平，这也就意味着保持较高的通货膨胀，那么即使名义利率接近于零也可以刺激经济的总需求（Walsh，2009）。当时的美联储主席伯南克指出，当出现经济危机，名义利率接近零下界的约束时，前瞻指引能在促进经济复苏上发挥非常大的作用（Bernanke，2013）。同时要指出的是，前瞻指引并不是仅在利率接近下限时才能使用，而是在零下限时提高了中央银行使用前瞻指引的必要性（Woodford，2012）。

我国央行也在前瞻指引方面做出了一些努力，更多地使用引导预期的货币政策工具来提高改策调控效果，货币政策透明度不断提高，沟通状况也持续改善，张成思和计兴辰（2017）称其已具有隐性的前瞻指引特征。中央银行发布的每季《货币政策分析报告》中，除了公布货币政策操作、金融市场和宏观经济的重要信息外，还会展望未来的经济前景和货币政策趋势（中国人民银行营业管理部课题组，2013）。此外，央行的有关负责人会针对重要的货币政策调控发表演说，清晰明确地向公众解释央行实施这项政策和措施的意图与目的等，比如 2015 年央行在宣布双降后，有关负责人多次通过答记者问对政策进行解读。然而即便如此，我国还是很少宣布对宏观经济变量的具体预测结果。回顾国内的研究现状，我国学者对货币政策前瞻指引的研究还处于起步阶段。李拉亚（2011）、卢蕾蕾和李良松（2014）、张强和胡荣尚（2014）、万志宏（2015）等学者已经对货币政策前瞻指引进行了详细的文献综述，阐述了货币政策前瞻指引的利率缘起、发展、实际应用与研究前沿。

但由于现实数据的限制，研究者难以获知准确的公众预期及其后续决策，关于预期对经济决策、政策影响的实证证据很少。在实证分析方面，更多是对央行信息沟通这一预期管理工具进行检验，实证结果普遍证明了信息沟通机制能够有效地引导市场预期，提高政策效率。以徐亚平（2006）的研究为例，他用货币政策透明度指数分析我国二十年（1985~2005年）间的政策实践，以1995年为分界点，在1995年以后的十年间中国的货币政策透明度要远远高于前十年。徐亚平进一步证明了货币政策透明度的提高能增强央行对公众预期的引导能力，货币政策传导效率也有所提升。卞志村和张义（2012）在SVAR模型下基于我国2001~2011年的季度数据进行分析，证明相比于传统的货币政策（比如利率工具），在引导公众预期方面，虽然央行信息披露的影响程度和政策效果更小，但却能够更快速地引导公众预期，也就是时滞更短。还有一些学者为了识别前瞻指引政策，构建前瞻指引货币政策有效性度量指标，张成思和计兴辰（2017）发现我国央行的前瞻指引货币政策能有效减少市场波动，加强信息沟通能提高对预期的管理效果。李云峰（2012）在卢卡斯总供给模型中引入央行信息沟通，基于SVAR模型研究信息沟通对通货膨胀的影响，证明该调控工具能有效引导通货膨胀预期并治理通胀问题，增强信息沟通有助于稳定通胀。姚余栋和谭海鸣（2013）在包含通胀预期的"新共识"宏观经济理论模型下对我国的货币政策开展了动态分析，强调了管理通胀预期的重要作用。

近年来，研究者开始使用实验方法填补这一重要的空白，在实验室中构造包含要素市场和产品市场的宏观经济体，分析货币政策如何影响被试者的预期和决策，进而如何影响宏观经济表现（Marimon and Sunder，1994）。Kryvtsov和Petersen（2013）用实验检验了预期对货币政策效果的影响，在实验中他们明确告诉被试者外生冲击的过程和潜在的经济模型，让被试者不断地重复预测通胀和产出缺口，结果发现即使被试者的预期中确实存在非理性的成分，货币政策依然能有效地稳定实验经济体。Petersen（2015）在生产经济实验中分析被试者对货币政策的预期，将给予名义利率冲击，以研究货币政策对预期、生产决策和消费决策的影响。被试者分为生产者与消费者，被试者除了要进行消费和生产决策外，还要汇报对未来利率的预期。由于被试者之间要进行决策互动，为了排除被试者对其他决策者非理性行为的预期，实验还安排被试者与完全理性的计算机进行互动。在第一个实验局中，被试者作为厂商进行决策，计算机作为消费者进行完全理性的决策。在第二个实验局中，被试者作为消费者进行决策，与计算机化的厂商进行互动。在第三个实验局中，被试者分为消费者和厂商两组。实验结果发现被试者会根据利率的历史信息逐渐形成适应性预期，而非理性预期。市场结果也不符合新凯恩斯模型的预测，虽然对货币政策的预期方向符合理论预测，但被试者的消费决策大幅偏离了理论预测水平。Mokhtarzadeh 和 Petersen（2019）在 DSGE 的实验模型下分析了前瞻指引的影响，中央银行先给出其对未来利率、通货膨胀或产出的预测，而后被试者再提交自己对产出和通货膨胀的预测。结果证明信息交流对预期形成和总体稳定是很重要的，能减小被试者预测的异质性。

三、货币政策的决策机制研究

上述实验在研究货币政策冲击对经济的影响，利率水平由实验者外生决定。此外，还有一些研究者对货币政策的决策过程进行分析，让被试者扮演中央银行的角色在实验中制定货币政策。Blinder 和 Morgan（2008）对比了委员会制度（集体决策）下的货币政策和独裁者制度（个体决策）下的政策，发现集体决策的货币政策优于个体决策的，但两者的决策速度没有明显差异。Engle-Warnick 和 Turdaliev（2010）在泰勒规则的基础上，让被试者在实验中选择名义利率来稳定实验经济体的通货膨胀和产出波动。结果发现虽然学生被试者的经验和知识都有限，但普遍能做出很好的利率决策以保持经济稳定，大部分被试者都能在实验中学会如何成功地控制通货膨胀。

研究者还可以在宏观经济学实验中对比不同的货币政策，Cornand 和 M'Baye（2018）用宏观实验检验了不同的通胀目标制，在标准的新凯恩斯模型中评估何种程度的通胀目标沟通最能达到预期效果。在各实验局里中央银行要么会明确告诉公众它下一期的通货膨胀目标，要么不与公众进行任何沟通。结果发现如果中央银行只关注通胀的稳定，公布通胀目标与实施积极的货币政策对宏观经济表现的影响几乎相同，此时使用简单的泰勒规则就行。但如果中央银行也关心经济活动的稳定，对通胀目标的沟通有助于减弱通胀、利率和产出缺口的波动程度，尽管这些变量的平均水平未受影响。

第三节　研究基础总结

实验方法的引入为过去很多棘手的宏观经济问题提供了新的思路，尤其是那些涉及跨期决策、预期等很难观测到的变量问题，无法观测和度量这些变量就难以准确判断特定政策的效果。

以前瞻指引政策为例，前瞻指引工具如何影响决策主体的预期？对政策的不同预期会在多大程度上影响公众的经济决策？被经济主体预期到的和未预期到的货币政策是否会对经济体产生不同的影响？这些都是有关前瞻指引的非常重要的问题，但学界还没有得出明确的结论，这也是当前研究的薄弱之处（王曦等，2016）。对这些问题的思考与剖析能帮助我们理解政策的传导方式与经济的运行机制，因为决策主体对未来货币政策的预期决定了他对未来通货膨胀的预期，这反过来又直接影响他们的经济决策与宏观经济体中实现的通货膨胀水平（Sargent and Wallace，1975）。Mishkin（1982）很早就在简化的宏观模型中证明对货币政策的预期会对经济体产生重要影响，所以在评估货币政策效果时区分预期到的和没有预期到的政策调控是非常有必要的，会导致完全不同的评估结果（Cochrane，1998）。Milani 和 Treadwell（2012）为了区分这两种调控效果，在不同的泰勒规则下分别检验已预期到的和没预期到的货币政策会如何影响产出水平和通胀率。Leeper 等（2013）则是在动态随机一般均衡模型中检验了预期到的和没预期到的财政政策的影响。

近年来，许多研究者通过构建符合我国经济情况的宏观模型，对预期到的和未预期到的政策分别进行模拟，以期解答上述几个问题。王曦等（2016）在新凯恩斯 DSGE 模型下对比了公众预期到的与未预期到的货币政策调控对通货膨胀的影响，并深入剖析两种政策调控的不同作用机制。发现虽然两种政策都能有效地治理通货膨胀，但其中预期到的政策调控效果比未预期到的更好，调控力度大约是其 1.8 倍，建议提高我国货币政策的平稳度和透明度。但是，这些研究都是以理性经济人假设为基础展开推演，没有考虑到真实决策者的行为偏好、认知偏差或有限理性等（Benartzi and Thaler，1995；Haigh and List，2005；Fellner and Sutter，2009；Masclet et al.，2009；Yang and Zhu，2016；Königsheim et al.，2018），所以并不能真正解答前瞻指引工具究竟如何影响现实中经济主体的预期与决策，需要引入实验方法进行研究。

由于实验方法的特殊性，实验方法并不适用于所有宏观经济问题的研究，比如国内生产总值、物价水平变动、消费结构调整、产业结构优化等宏观经济问题更适合使用现实数据进行分析。所以在宏观经济学的研究中，更多的是引入实验方法解决跨期决策、预期等无法观测的变量问题，宏观经济政策的实验研究主要关注货币政策与财政政策对个体预期、决策以及总体市场的影响。

第七章 财政政策实验研究：以税收结构调整为例

税制结构的调整和优化是构建现代税收制度的关键所在，本章以我国税收结构优化研究为例，用实验方法从居民消费的角度研究税制结构的优化调整问题。基于跨期消费模型构建实验环境，在各个实验局中引入不同的税收结构来构造特定的经济环境，在总税负不变的前提下改变直接税与间接税占总税收的相对比例，观察不同实验局中居民的消费路径和福利水平会如何变动，分析不同的税收结构会怎样影响微观主体的跨期消费路径和福利水平。本章第一节介绍研究背景；第二节阐述理论模型与政策效果预测；第三节和第四节介绍实验设计和过程；第五节对实验结果进行具体分析，先从总体上分析税收结构对消费路径的影响，再分析居民福利的变动，以及实验局效应和学习效应的影响。

第一节 现实背景

随着经济发展和体制改革迈入新的阶段，完善税收制度的方向定位也会有所变化（高培勇，2015）。党的十八届三中全会曾提出"逐步提高直接税比重"的具体要求，党的十九大报告也提出"加快建立现代财政制度"的总体要求，明确指出要"深化税收制度改革"，税制结构的调整和优化是其中的重要部分，这明确了我国税收结构进一步调整的方向。

在税制结构的分类中，从税负转嫁的视角可以分为间接税和直接税。税负比较容易转嫁的被归为间接税，比如消费税、增值税和营业税等，纳税人可通过提高商品和服务的价格将税负转嫁给消费者。税负不能或是很难转嫁的被归为直接税，比如个人所得税和财产税。

近年来，我国的直接税占比持续提高，间接税比重下降。参考李颖（2016）的小口径间接税测算法，使用国内消费税、营业税、增值税、关税、城市维护建设税、资源税、进口货物增值税和消费税作为测算间接税的口径，2003~2016 年我国间接税和直接税比重的变化趋势如图 7-1 所示。2003~2016 年，间接税的比重从 78% 下降到 64%。当使用中口径和大口径间接税测算法时，变化趋势是类似的，同样发现直接税的比重不断上升。

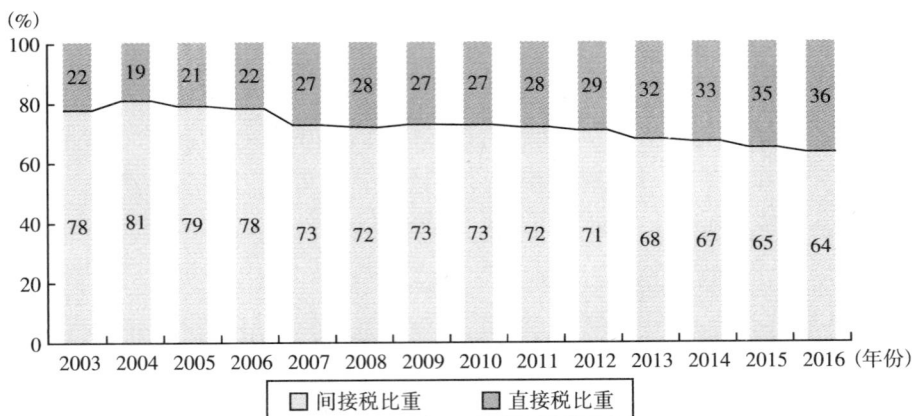

图 7-1　2003~2016 年我国间接税和直接税比重的变化趋势

资料来源：中国统计局网站，http://data.stats.gov.cn/。

尽管间接税不断降低，但是与其他国家相比，目前我国的间接税占比仍高于多数国家，直接税占比较低，税收结构依然有较大的调整空间。图 7-2 展示了各国间接税的比例，但由于受到数据限制，本书使用商品与服务税占总税收的比例度量 OECD 主要国家的间接税比例。为了与 OECD 各国的数据具有可比性，此处使用国内增值税、营业税、国内消费税和关税作为测算我国间接税的口径。尽管统计口径略有差异，但可以发现 OECD 各国（除了智利）的间接税占比显著低于我国①。

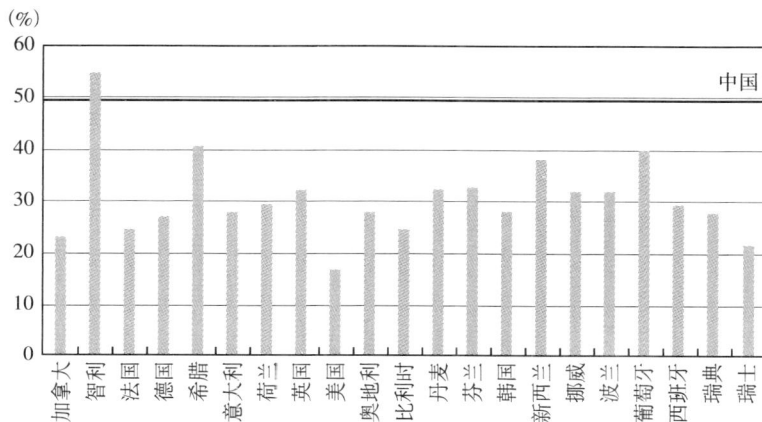

图 7-2　各国间接税的比例

注：图中柱形图为 2016 年 OECD 主要国家的间接税比例，图中的黑直线表示 2016 年中国的间接税比例（49.9%）。

资料来源：2016 年 OECD 主要国家的税收比例数据来源于 OECD 的统计数据库（Dataset：Revenue Statistics），https：//stats.oecd.org/。2016 年中国的数据来源于中国统计局网站，http：//data.stats.gov.cn/。

　　那么，税收结构调整会对经济发展和居民福利带来怎样的影响呢？目前国内外学术界对此问题尚未达成一致的结论。一些学者认为这能带来正面的影响，直接税比重的提高能通过收入分配效应来改善社会公平问题（Heer and Trede，2003），间接税比重的下降能减少税收向终端价格的传递，使价格信号更好地指导市场中的配置资源（高培勇，2015）。但也有一些学者持反对意见，比如 Summers（1981）指出，考虑到直接税的课征对象涉及的财产类别较多，因此提高直接税比重可能导致资本收益率下降，扭曲市场主体的投资决策；税源稳定且税基广泛的间接税降低后，可能使政府的税务管理成本有所增加（李升、杨武，2016）。

　　这说明研究者还需从其他角度进一步探索税收结构调整对个体和经济

---

① 若使用图 7-1 中的测算口径，间接税比重更高（64%）。

的影响。根据 2018 年 7 月中共中央政治局会议的要求，财政政策"要在扩大内需和结构调整上发挥更大作用"；党的十九大报告也指出要"增强消费对经济发展的基础性作用"。考虑到税收结构调整对消费的间接影响和直接影响，以及内需对经济发展的重要意义，受此启发，本章把研究重点放在税制结构调整与内需上，从居民消费的角度研究税制结构的优化调整问题。在研究方法上，本章将使用实验经济学的方法，基于跨期消费模型研究如何通过税制结构调整来扩大内需。

　　本章选择在生命周期跨期选择的实验框架下研究税收结构的影响，这是目前实验宏观经济学中研究跨期消费决策问题的常规方法，许多研究者（Hey and Dardanoni，1988；Carbone and Hey，2004；Adji et al.，2009；Chua and Camerer，2011；Carbone and Duffy，2014）都在此框架下研究不确定性、扭曲性税收、失业、学习效应等对跨期消费行为的影响。但是这些研究更关注被试者在某一期的消费水平，本章的研究对象是多时期下消费路径的选择，分析方法上参考 Duffy 和 Li（2019）的研究，他们在跨期消费框架中分析不同的养老保障替代率对消费模式与福利水平的影响。本章在维持总税负不变的前提下，在各个实验局中使用不同的税收结构，即设置不同的直接税和间接税比重，对比实验局中居民的消费路径和福利水平，试图找到可带来更高社会福利的税制结构，寻找优化我国税制结构的政策调整方向。

第二节　理论模型构建与政策效果预测

一、基本模型

本章使用生命周期消费模型构建动态跨期消费的框架，该模型广泛应用于各类宏观经济学文献，是探讨家庭跨期消费行为的基本模型。本实验仅从家庭消费行为探讨税收结构的优化，所以是一个基于局部均衡方法的宏观经济学实验。

在这个理论模型下，假设在每个生命周期开始时，居民拥有总资产 W（以实验代币"点"为单位），在这一生期间居民不再获得其他收入。居民通过分配一生收入来规划自己的消费路径，以追求整个生命周期的效用最大化。假设居民的寿命为 T 期，他的一生效用函数是：

$$U = \sum_{t=1}^{T} \rho^t u(C_t), \quad 0 < \rho < 1 \tag{7-1}$$

式（7-1）中，C_t 表示居民在第 t 期的消费量，η 表示居民对效用的时间偏好率（假定为常数，$\eta > 0$），ρ 是居民对效用的贴现因子，$\rho = 1/(1 + \eta)$。式（7-1）表明每个居民追求的一生效用是其 T 期效用的加权总和。$u(C_t)$ 是各期效用函数，居民的效用来自于其对商品的消费，设为递增的凹函数，函数 $u(C_t)$ 的一阶导数 $u'(C_t) > 0$，二阶导数 $u''(C_t) < 0$，确保最优消费路径是唯一的。

各期效用函数可表示为：

$$u(C_t) = \frac{C_t^{1-\sigma}}{1-\sigma}, \quad \sigma > 0, \quad \sigma \neq 1 \tag{7-2}$$

$u'(C_t) = C^{-\sigma}$，$u''(C) = -\sigma C^{-\sigma-1}$，$\sigma$ 是不变的相对风险厌恶系数，且 $\sigma = -\frac{Cu''(c)}{u'(c)}$。

本书使用相对风险厌恶（Constant Relative Risk Aversion，CRRA）形式的效用函数，这不仅是 DSGE 模型、实际经济周期模型等主流宏观经济模型的微观基础，也常用于现代消费理论、预防性储蓄理论。目前跨期消费的实验研究通常都使用此形式的效用函数（Ballinger et al.，2003；Chua and Camerer，2011；Feltovich and Ejebu，2014；Yamamori et al.，2018）。

二、税收机制的引入

为了便于实验操作，降低被试者的理解与计算难度，本章选择直接税的典型代表财产税、间接税的典型代表消费税作为核心实验变量，实验中的税收结构就表现为财产税与消费税占总税收的比例。

在本模型中，居民需要缴纳两种税收。第一种是财产税，税率为 τ_1，且在每个生命周期开始时即征收，此时居民拥有总资产 W，缴纳的财产税为 $\tau_1 W$，而可支配的初始财产为 $A_0 = (1 - \tau_1) W$。第二种为价内计征的消费税，税率为 τ_2，假设居民在第 t 期的消费量为 C_t，商品价格为 P，第 t 期的可支配资产是 A_t，那么需要缴纳的消费税就是 $\tau_2 PC_t$，下一期的可支配财产可表示为：

$$A_{t+1} = A_t - (1 + \tau_2) PC_t \tag{7-3}$$

在假设模型中不存在借贷，每一期的支出不能超过当期的可支配资产，即满足以下约束：

$$(1 + \tau_2) PC_t \leq A_t, \ \forall t \tag{7-4}$$

本实验之所以简化信贷约束，一是因为不可观测的心理因素（比如债务厌恶）可能会影响跨期消费决策（Meissner，2016），干扰实验结果。二是考虑到信贷约束会使实验任务更加复杂，而这对本书的研究目的而言是不必要的，所以参考以往实验研究（Duffy and Li，2019）设置为不允许借贷，简化被试者的决策任务。

三、政策效果预测

在一生预算约束的限制下，理性居民的跨期最优消费问题可表示为：

$$\text{Max} \quad U = \sum_{t=1}^{T} \rho^t u(C_t), \ t = 1, \cdots, T$$

$$\text{S.t.} \quad A_{t+1} = A_t - P(1 + \tau_2) C_t$$

$$A_0 = (1 - \tau_1) W, \quad A_t \geqslant 0$$

$$P (1 + \tau_2) C_t \leqslant A_t \tag{7-5}$$

居民通过选择消费路径（C_1，C_2，$\cdots$，C_T）以最大化其终生效用，得到欧拉方程：

$$C_{t+1}^{-\sigma} = C_t^{-\sigma} (1 + \eta) \tag{7-6}$$

式（7-6）欧拉方程描述了消费的跨期最优路径。

本实验仅考虑居民个体在生命周期内的经济决策，不考虑子女抚养和老人赡养等家庭生命周期的经济活动。假设居民在生命期结束时不留下任何遗产，因此最后一期（即第 T 期）的消费数量满足：

$$C_T = \frac{A_T}{P (1 + \tau_2)} \tag{7-7}$$

式（7-7）结合欧拉方程进行递归推导，可以得到各期消费，第 t 期的最优消费水平是：

$$C_t^* = \frac{(1 - \tau_1) W}{P (1 + \tau_2) \left(1 + \sum_{t=2}^{T} (\rho^{\frac{t-2}{\sigma}})\right)} (1 + \eta)^{-\frac{t-1}{\sigma}} \tag{7-8}$$

第 1 期的最优消费解是：

$$C_1^* = \frac{(1 - \tau_1) W}{P (1 + \tau_2) \left(1 + \sum_{t=2}^{T} (\rho^{\frac{t-2}{\sigma}})\right)} \tag{7-9}$$

式（7-9）表明，居民在各期的最优消费不仅取决于初始资产和价格，还取决于财产税率与消费税率。

无疑，上述理论模型无法完全反映现实世界的复杂性，真实世界的跨期消费决策是非常复杂的，其涉及到收入的不确定性和各类商品的替代性等。但是该模型依然具有重要的实验意义，与通常的跨期消费实验一样，本实验的目的并非再现复杂的现实世界，而是希望在一个尽可能简单的框架中检验当税收结构发生改变时，被试者的行为是否符合理性经济人假定的预测，以及他们的福利水平是否会受到影响。如果在如此简单的实验环境下都无法做到最优的理性决策，那么在更复杂的现实情境下更可能出现与预测的偏离，这对于政府优化税收结构具有重要的启发意义。

第三节　实验设计

本节根据上述模型在实验室里构造实验，在设计实验时不仅要尽量满足所有理论假设，还要简化决策任务，便于被试者理解，让实验更具可操作性。

一、实验环境设置

为了排除无关干扰因素的影响，"剥离"出被试者对各种税收结构的反应，本实验使用确定性的有限期限的跨期决策框架，最小化不确定性对被试者的影响以及被试者对风险的不可控态度。生命周期长度 T，初始资产 W，时间偏好率 η 等变量都是已知的，且在每个生命周期中保持不变。个人的一生收入也是确定的，被试者提前知道一生的总资产。在每个生命周期开始时（第 1 期）就告诉被试者未来所有的价格 P（各期的价格保持不变），因此这是一个完全前瞻型的决策环境（Perfect Foresight Case）。

本书之所以设置一个简单的确定性实验环境，有三个原因：一是为了分离出实验变量，适当简化与实验变量无关的因素，这是实验宏观经济学的普遍处理方法。比如 Meissner（2016）为了研究跨期消费实验中被试者对待储蓄和借贷的不同态度会如何影响消费决策，对其他方面都大幅简化，假设不存在贴现率和存贷款利率。二是与包含随机冲击的复杂模型[1]相比，这个简单版本更容易向被试者解释，他们也更容易求解。三是确定性环境下才有明确的最优解，便于评价被试者的行为。确定性设置可以使

---

[1] 比如 Ballinger 等（2003）设置被试者每一期的收入都会受到随机冲击。

我们在凹效用函数下解出一条最优的消费路径，对比被试者的行为与最优决策间是否存在偏差。

同理，为了简化无关因素的干扰，在模型中不考虑居民的工资收入和不确定的投资收入。因为本书关注的是被试者的跨期消费行为，与收入模式无关。Duffy 和 Li（2019）的研究发现在一生收入现值相等的前提下，收入模式不会显著影响跨期消费行为。所以，参考以往实验的设置（Müller，2001；Yamamori et al.，2014；Duffy and Li，2019；Yamamori et al.，2018），本书仅在生命周期的第一期给予被试者一笔总财富，让他规划跨期的消费路径，各期的消费量决定了总效用。

被试者通过实验获得真实实验报酬的收益函数等于实验中的一生效用函数。这种收益结构意味着，实验收益最大化等同于理论模型中的终生效用最大化（Duffy and Li，2019）。收益函数可以表示为：

$$Y = \sum_{t=1}^{T} \rho^t u(C_t), \quad 1 > \rho > 0 \tag{7-10}$$

这样设置收益函数的好处是可以避免在实验说明中使用经济学术语"效用"，而是将它转换为更通俗易懂的语言"收益"。这不仅能降低实验者的需求效应，还能帮助被试者理解实验任务（Chua and Camerer，2011）。我们在实验说明中告诉被试者，每个时期的消费数量 C_t 决定了你在这一期的收益 u_t，而每一轮实验的总收益等于这 T 期收益的加权总和，并给出了相应的计算示例。

被试者在一个生命周期的决策期间内不会获得关于收益的任何反馈，比如在每一期输入消费选择后，电脑不会自动显示该期的效用，只有在他提交了最终的 5 期消费路径后才能获得反馈（见图7-3）。本书故意不在一个生命周期的选择期间内自动计算出当期收益（如图7-4中不显示当期收益或总收益的计算值），而在被试者提交选择后再显示，这样设计：一是为了隔离一个生命周期内的与生命周期间[1]的学习效应；二是为了使被

---

[1] 被试者在实验中将重复进行多轮生命周期实验。

试者更关注整个生命周期的福利，而非某一期的消费与效用。然而随着生命周期的不断重复进行，被试者观察到各种消费路径带来的总收益后，学习效应体现在总效用的提高。

期数	1/20				剩余时间（秒）：14	

本轮实验的结果
（看完后，请点击下方按钮：继续）

期	消费金额	价格	消费数量	个人收益	每期收益权重	加权收益
1	144.300	1.300	111.000	21.071	0.833	17.559
2	432.900	1.300	333.000	36.497	0.694	25.345
3	42.900	1.300	33.000	11.489	0.579	6.649
4	286.000	1.300	220.000	29.665	0.482	14.306
5	3.900	1.300	3.000	3.464	0.402	1.392
总和	910.000		700.000		本轮总收益	65.251

继续

图 7-3　税收实验的收益展示画面

期数	Probe 1 / 3				剩余时间（秒）：0	

请尽快做出决策

本期参数设置

	第1期	第2期	第3期	第4期	第5期
税后资产	1000.000				
税后价格	1.000	1.000	1.000	1.000	1.000
每期收益权重	0.833	0.694	0.579	0.482	0.402

第1期	第2期	第3期	第4期	第5期
本期可用财富 1000.000	本期可用财富 978.000	本期可用财富 956.000	本期可用财富 934.000	本期可用财富 712.000
消费数量 22.000	消费数量 22.000	消费数量 22.000	消费数量 222.000	消费数量
花费金额 22.000	花费金额 22.000	花费金额 22.000	花费金额 222.000	花费金额 0.000
本期剩余财富 978.000	本期剩余财富 956.000	本期剩余财富 934.000	本期剩余财富 712.000	本期剩余财富 712.000

计算

请注意，本轮实验的收入税率为0%，税前资产为1000，税后资产为1000，消费税率为0%，税前价格是1，税后价格是1。

重置

提交

图 7-4　税收实验中生命周期第 5 期的屏幕画面

总而言之，被试者的实验任务是要根据外生给定的实验变量来分配资产，以一生效用最大化为目标选择 T 期的消费量。被试者要在当期消费和未来消费之间进行权衡取舍，一方面，效用函数 u（C_t）是边际递减的，随着第 t 期消费量的上升，收益的增加会越来越慢。另一方面，由于一生总收益是 T 期收益的加权总和，当期的权重大于未来的权重（贴现率＜1）时，相当于居民当期消费带来的收益大于未来消费。

二、基本实验参数设置

在本实验中税收结构是核心实验变量，各实验局使用的不同的财产税和消费税率，其他无关变量保持不变。本节首先设置所有实验局中都相同的基本参数，包括生命周期长度、初始资产、相对风险厌恶系数、时间偏好率、商品价格、居民对效用的贴现率。

关于生命周期的长度，虽然在原则上，研究者总是希望设置更长的时间框架来模拟生命周期中的长期规划，但这无疑会加大被试者的决策难度，让被试者一次性做出 25 期、30 期，甚至无限期的消费决策是非常困难的，其需要进行多次倒推与复杂的计算，而绝大多数被试者在有限时间内都无法轻易解出最优消费路径，即使是在确定性的环境设置下模拟生命周期消费模型，收入、利率和规划周期长度都是已知的，被试者也很难得出跨期最优解（Carbone and Duffy，2014）。而且生命周期长度的设置主要与研究目的相关，比如 Hey 和 Dardanoni（1988）、Carbone 和 Hey（2004）、Chua 和 Camerer（2011）分别将生命周期长度设置为无限期、25 期和 30 期，在他们的跨期消费实验研究中被试者每一期都会获得收入并要进行消费决策。他们的实验属于顺序进行的生命周期实验，每期的消费决策一旦提交就不可修改，研究者不仅观察被试者能否做出最优的消费决策，而且在实验中也要分析各种不确定性（比如收入冲击）对消费的影响。但是，本实验的研究目的是在跨期消费的框架下观察税收结构对跨期消费的影响，所以本实验不适合，同时也没有必要像上述生命周期消费实验那样选用过长的时间框架，一般时间框架下的研究就足以观察到跨期决策行为特征，否则无法区分被试者决策与理论预测的偏离是由过长的规划周期导致的，还是由税收结构变动导致的。

所以，本书缩短了生命周期以降低求解最优消费水平的难度，想检验被试者在这个简单的有限生命周期消费模型中，面对不同的税收结构如何进行跨期消费决策。本实验更类似于 Anderhub 等（2000）和 Müller（2001）的研究，他们在跨期消费框架下分析人们如何解决动态决策问题。在实验开始时给被试者一笔总资产，让他们在不确定的时间周期（第 3 期至第 6 期）进行分配。这种不确定性经济环境下的动态决策问题是非常难解的，被试者不仅需要使用逆推法，还必须具备一定的数学计算能力，实验结果发现被试者几乎都不能得出最优解，决策行为偏离了最优水平。本章选择在确定性的环境中检验跨期决策问题，为了简化实验中被试者的操作，同时获得足够的实验数据进行实证分析，在权衡取舍后，将生命周期设为 5 期（T = 5）。

为了使本章实验结果更具可比性，参考 Yamamori 等（2018）、Luhan 等（2014）的实验研究，基本实验参数赋值如表 7-1 所示。设置相对风险厌恶系数 $\sigma = 0.5$，时间偏好率 $\eta = 0.2$，生命周期 $T = 5$，商品价格 $P = 1$，居民对效用的贴现率 $\rho = 0.83$，初始资产 $W = 1000$。需要指出的是，本实验选择以上参数赋值，并不意味着这些参数满足实验的外部有效性，而仅是为了便于实验操作与对比。

表 7-1　实验的基本参数设置

实验参数	含义	赋值
T	生命周期长度	5
W	初始资产	1000
σ	相对风险厌恶系数	0.5
η	时间偏好率	0.2
P	商品价格	1
ρ	居民对效用的贴现率	0.83

此时，被试者的各期收益函数为 $u_t = 2\sqrt{C_t}$，为了帮助被试者理解各期收益函数边际收益递减的特征，实验说明中还给出了相应的计算示例[①]。每个生命周期的实验收益可以表示为：

$$Y = U = \rho u_1 + \rho^2 u_2 + \rho^3 u_3 + \rho^4 u_4 + \rho^5 u_5 = 0.83u_1 + 0.69u_2 + 0.58u_3 + 0.48u_4 + 0.4u_5 \tag{7-11}$$

为了帮助被试者理解，我们会在屏幕上显示各期收益的权重，如图 7-4 所示，实验说明中也给出了计算示例[②]。

三、实验局设置

本章在生命周期跨期选择模型的框架中研究不同税制结构下居民消费路径与福利水平的变化，以期为我国税收结构的优化调整提出建议。因此本实验需设置多个实验局，每个实验局代表一种税收结构，即每个实验局设置不同的直接税与间接税比重。

本实验采取被试者内设计（Within-Subject Design）[③]，为了使各实验局之间的决策行为具有可比性，需要从两个方面对模型与参数进行控制：

第一，在各实验局中的总税收规模保持不变。为了与"改革税制、稳定税负"的总体税改要求相一致，本实验在设置决策规则和参数时使总税收水平不受税收结构的影响，也就是虽然各实验局中的税收结构不同，但所有实验局中的总税收规模固定不变。

第二，在各实验局中基于理性人假定的最优跨期消费路径与福利水平

[①] 例如：你在某期的消费量为 100 单位，你这一期的收益将是 $2 \times \sqrt{100} = 20$ 点；如果某期的消费量为 200 单位，你这一期的收益是 $2 \times \sqrt{200} = 28$ 点；如果消费量为 300 单位，则收益为 $2 \times \sqrt{300} = 35$ 点。

[②] 例如，如果你在五个时期中每一期的收益都是 100 点，那么你在本轮中的总收益将是 $0.83 \times 100 + 0.69 \times 100 + 0.58 \times 100 + 0.48 \times 100 + 0.40 \times 100 = 298$ 点。

[③] 被试者内设计是指让全部实验被试者轮流在多种实验干预下进行实验，对比被试者在不同干预条件下的决策差异。这种方法的优点是可以有效控制被试者因素对实验结果的影响，缺点是被试者在一种实验干预下的决策可能会影响后面的在另一种实验干预下的决策。在条件允许的情况下需要变换实验干预的顺序，进行多次实验。与之相对的是被试者间设计。

保持不变。通过选取合适的实验参数，本实验设置在不同的税收结构下，理论预测的最优消费路径保持不变，这使各实验局在理论意义上是等价的，为比较分析被试者的实际消费路径提供了理论参照。

接下来在这两个方面的要求下进行实验局设置。为了在总税收保持不变的前提下考察不同的税收结构是否会影响居民的实际消费路径与福利水平，本实验设置五个具有不同税收结构的实验局，也就是设置五种不同的财产税和消费税组合。为了在不同税率组合下保证各实验局的总税收恰好相同，将总税收 R 表达为：

$$R = W\tau_1 + P\tau_2 \sum_{t=1}^{5} C_t \tag{7-12}$$

根据上一节中对基本模型的假定，居民在每个生命期结束时必须花费掉全部财产，因此他一生的总消费可表示为：

$$\sum_{t=1}^{5} C_t = \frac{W(1-\tau_1)}{P(1+\tau_2)} \tag{7-13}$$

将式（7-13）代入式（7-12）并稍作整理，可得到：

$$R = \frac{\tau_1 + \tau_2}{1 + \tau_2} W \tag{7-14}$$

式（7-14）表明，在本实验的设定下，政府的总税收 R 仅取决于居民的初始财产禀赋 W 以及两种税率 τ_1、τ_2，与居民的各期消费量 C_t 无关。这意味着仅需选择合适 τ_1、τ_2 税率组合，使得 $(\tau_1 + \tau_2)/(1 + \tau_2)$ 保持不变，就可保证各实验局中总税收 R 相同。这对于实验的可操作性和经济意义都是非常必要的，因为只有保证被试者无论选择怎样的消费路径都不会影响总税收，才能在不同实验局间进行比较，满足上述第一个方面。

考虑到居民在每个生命期结束时不留遗产，必须花费掉全部财产，那么当政府的总税收 R 不变（无论政府如何改变税收结构）时，居民一生的可支配收入（W-R）和总消费量（W-R）/P 保持不变。也就是说，只要政府的总税收 R 不变，则无论财产税与消费税的比重如何，理性被试者的最优消费路径以及总福利水平都不会改变。所以，为了使各实验局间的被试者消费行为具有可比性。各实验局的总税收 R 保持不变，以达到上述第二个方面。

本实验在这种限制条件下算出了五种税率组合，使各实验局间的 $(\tau_1+\tau_2)/(1+\tau_2)$ 和 R 保持不变，满足上述两个方面，表 7-2 中给出了这五个实验局（T1，…，T5）的税率设定。

表 7-2　各实验局中的税率设定

实验局	财产税率(%)	消费税率(%)	财产税(点)	消费税(点)	总税收(点)	财产税占比(%)	消费税占比(%)
T1	3	38.6	30	270	300	10	90
T2	9	30	90	210	300	30	70
T3	15	21.4	150	150	300	50	50
T4	21	12.9	210	90	300	70	30
T5	27	4.28	270	30	300	90	10

本实验设置总税收规模为 300 点，基于居民初始财产为 1000 点，宏观税负约为 30%。这个赋值具有一定的现实性，与国际货币基金组织（International Monetary Fund）近年发布的中国宏观税负十分接近，比如 2015 年宏观税负为 29.1%。

为了检验可能的学习效应，五个实验局的生命周期都各重复进行四次，观察被试者能否通过重复学习来优化消费路径，所以共进行 20 轮生命周期决策。为了避免学习效应的干扰，本实验打乱各类实验局出现的顺序，也就是被试者在实验中进行多轮生命周期的消费决策时，各种税收结构出现的次序是打乱的。各生命周期中两种税率的具体设置和实验顺序如表 7-3 所示。

表 7-3　各实验局中的税率设定与实验顺序

实验局	财产税率（%）	消费税率（%）	生命周期轮数
T1	3	38.6	3，7，13，18
T2	9	30	1，4，8，12
T3	15	21.4	5，11，15，17

续表

实验局	财产税率（%）	消费税率（%）	生命周期轮数
T4	21	12.9	6，9，14，19
T5	27	4.28	2，10，16，20

实验局 T1 到 T5，财产税率递增，从 3%到 27%；财产税占总税收的比例也逐渐增加，从占总税收的 10%逐渐增加到 90%。因为各实验局的初始资产禀赋 W 为 1000 点，比如在实验局 T1 中，3%的财产税率意味着被试者在生命周期开始时要缴纳 30 点财产税，消费税率为 38.6%，整个生命周期内要缴纳约 270 点的消费税，总税收为 300 点，此时财产税与消费税的比例为 1∶9。

本实验的五个实验局中使用三种比例关系。第一种是 5∶5 的等比例情形，如实验局 T3，此时的税收结构是财产税与消费税各占总税收的50%。第二种是 3∶7 的一般情形，表示两种税收占总税收比例"较小"或"较大"，如实验局 T2 中财产税占比（30%）较小，消费税占比（70%）较大；实验局 T4 中财产税占比（70%）较大，消费税占比（30%）较小。第三种是 1∶9 的极端情形，表示两种税收占总税收比例"极小"或"极大"，如实验局 T1 中财产税占比（10%）极小，消费税占比（90%）极大；实验局 T5 中财产税占比（90%）极大，消费税占比（10%）极小（见表 7-2）。

其中，实验局 T2 的消费税占总税收的 70%，这模拟了我国的现实情况，与我国近年来的间接税比重最为相近（2003~2016 年我国间接税占总税收的比重介于 64%~78%）。

将税率和基本实验参数的赋值代入式（7-8），可计算出各实验局中理性经济人的最优消费路径，如图 7-5 和表 7-4 所示，此时居民一生的总消费量为 700 点。

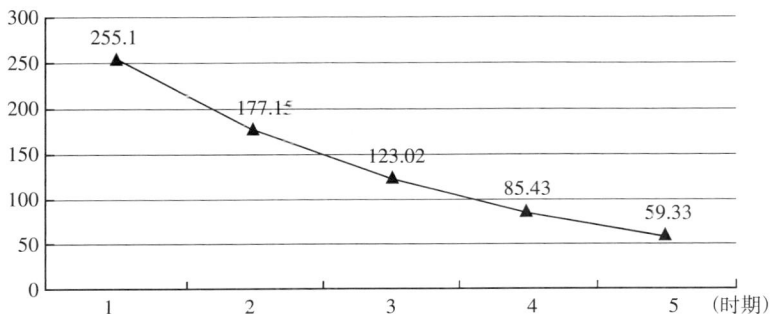

图7-5 各实验局下的居民最优消费路径

表7-4 生命期内的各期最优消费与效用

时期	1	2	3	4	5	合计
最优消费	255.1	177.15	123.02	85.43	59.33	700
效用	31.94	26.62	22.18	18.49	15.40	—
贴现效用	26.51	18.37	12.87	8.87	6.16	72.78

　　如上文所述，在本书的实验参数设置下，税收结构不影响居民的最优消费路径，因此在五个实验局中的最优消费路径是一样的。将各期最优消费代入式（7-1），可算出居民在各期的效用，考虑到各期的时间贴现率后可得到各期的贴现效用与一生的贴现效用之和，如表7-4所示。这些理论预测为本章的实验分析提供了基准参照，一生的贴现效用之和表示居民可获得的最优福利水平（72.78）。下文将分析各实验局中被试者的消费路径与福利水平是否符合理性人假定下的预测水平。

四、实验任务设置

　　被试者在实验中的任务是充当一名需要纳税的消费者，要重复进行20轮生命周期的消费规划，假设居民的寿命为五期，也就是每一轮决策由五个时期组成，每轮决策需在2分钟期限内完成。被试者在每个生命周期的第一期可获得资产W，并需缴纳财产税，然后决定如何将税后可支配资产在五期消费之间进行分配。

被试者的实验任务如图 7-6 所示，居民 i 需要给出每一期（t = 1，2，…，5）的消费决策 C_{it}，在图 7-6 的五个方框中输入消费决策[①]。在每一轮生命周期决策开始时，被试者会在电脑屏幕上看到财产税率、消费税率、税后财产、税后价格，如图 7-7 所示。被试者的初始财产为 1000 点，在每轮实验开始后自动扣除财产税，被试者所能支配的财产为税后财产。因为消费税采用的是价内计税方式，每一期的税后价格和税后可支配资产都显示在屏幕上方。被试者需要从第 1 期到第 5 期依次做出消费选择，当他完成了第 1 期的消费选择（在图 7-7 的输入框中输入消费数量，并点击"计算"按钮）后，系统将进入第 2 期。电脑会自动计算出第 1 期的剩余资产，在屏幕上显示第 2 期的可用资产，同时显示出第 2 期的消费输入框，如图 7-8 所示。

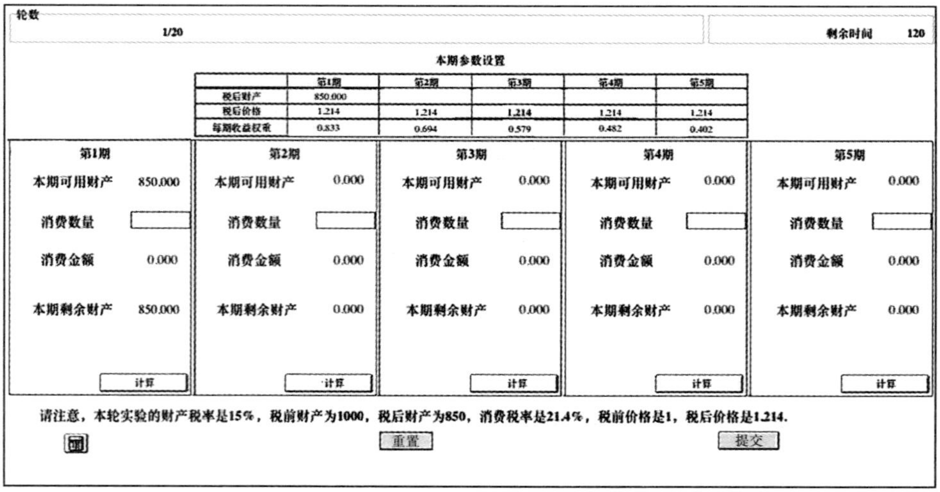

图 7-6　财政政策实验任务说明

---

① 图 7-6 并非实际的实验屏幕截图。在实验中被试者的五期决策是依次进行的，完成一期后才出现下一期的输入框。为帮助被试者更好地理解实验任务，图 7-6 把五期决策画面放在一起，在实验说明中也使用图 7-6 向被试者解释实验规则。被试者实际面对的实验屏幕截图如图 7-7 所示。

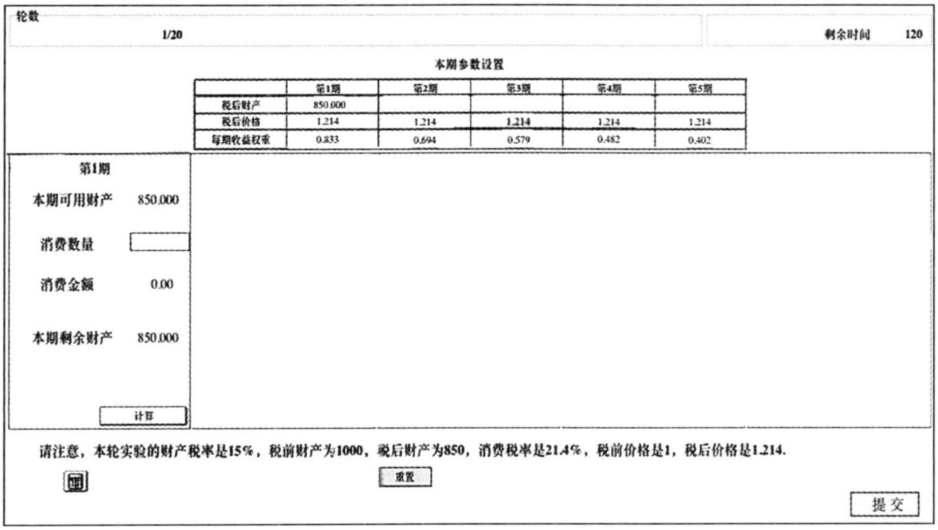

轮数	1/20				剩余时间	120

本期参数设置					
	第1期	第2期	第3期	第4期	第5期
税后财产	850.000				
税后价格	1.214	1.214	1.214	1.214	1.214
每期收益权重	0.833	0.694	0.579	0.482	0.402

第1期

本期可用财产 850.000

消费数量 ☐

消费金额 0.00

本期剩余财产 850.000

☐ 计算

请注意，本轮实验的财产税率是15%，税前财产为1000，税后财产为850，消费税率是21.4%，税前价格是1，税后价格是1.214.

🔲 重置 提交

图 7-7 税收实验局中生命周期初始时的屏幕画面

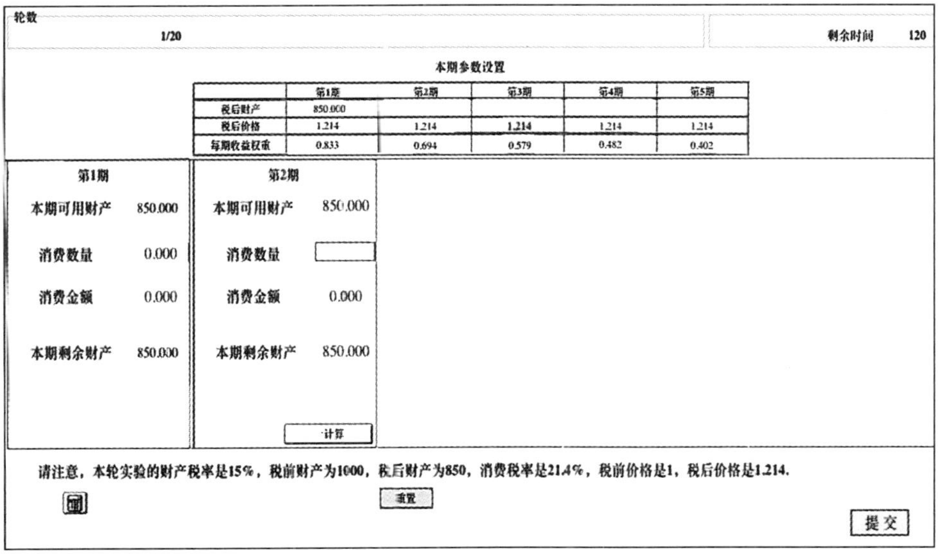

轮数	1/20				剩余时间	120

本期参数设置					
	第1期	第2期	第3期	第4期	第5期
税后财产	850.000				
税后价格	1.214	1.214	1.214	1.214	1.214
每期收益权重	0.833	0.694	0.579	0.482	0.402

第1期

本期可用财产 850.000

消费数量 0.000

消费金额 0.000

本期剩余财产 850.000

第2期

本期可用财产 850.000

消费数量 ☐

消费金额 0.000

本期剩余财产 850.000

☐ 计算

请注意，本轮实验的财产税率是15%，税前财产为1000，税后财产为850，消费税率是21.4%，税前价格是1，税后价格是1.214.

🔲 重置 提交

图 7-8 税收实验中生命周期第 2 期的屏幕画面

依次类推，当期剩余资产自动作为下一期的可支配资产，被试者继续将这些资产在余下的几期消费间进行分配，直至第 5 期完成整个生命周期的选择，且被试者在任一期都可观察到前面各期的历史消费决策。只有在被试者提交了完整的五期消费路径（点击屏幕右下角的"提交"按钮）后，本轮消费选择才算完成，系统才会在下一个页面给出他本轮实验的各期收益和总收益点数，如图 7-3 所示。被试者的总效用为五期效用水平的加权总和，为了提醒被试者各期效用的贴现率，屏幕上方会显示各期效用的权重。

被试者在生命周期初始时就知道总资产 W，两种税率 τ_1、τ_2 和价格 P（见图 7-7 生命周期初始时被试者面对的屏幕画面），且税率和价格在整个生命周期内保持不变，所以是在完全确定的条件下规划一生的消费路径。为了强化各实验局中不同税收结构的影响，避免被试者忽略被征税的感觉，屏幕下方会给出提示语句"请注意，本轮实验的财产税率是 15%，税前财产为 1000，税后财产为 850；消费税率是 21.4%，税前价格是 1，税后价格是 1.214"[①]，提示被试者本轮生命周期使用何种税率设置，如图 7-6 所示。

在每一轮决策过程中被试者随时可以修改消费决策，如果被试者不满意前几期的消费决策，可点击屏幕下方的"重置"按钮将各期已输入的消费全部清除，从本轮生命期的第 1 期重新开始选择。在每轮给定的两分钟期限内可任意修改多次。这样设置的目的是降低被试者在跨期决策任务中的难度，如果只能逐期选择消费且不能修改之前的选择，由于前期的失误无法挽回，势必导致被试者后续的规划越来越偏离。本实验允许被试者随时纠正前期的错误，虽然不符合现实生活中的情形，但考虑到本书的实验目的，如果在这种简单实验任务中仍发现被试者显著偏离理论预测的最优消费路径，那么可以合理地推断在现实生活中更难做到类似的最优跨期规划。

---

① 各实验局中提示语句的语句形式相同，仅税率数值不同。

为了帮助被试者理解实验规则，在实验说明中还举例进行解释。例如：假设每单位商品的价格是 2 金币，消费税率是 10%，你消费的商品数量为 100 单位；则你总共需要花费 $100 \times 2 \times (1 + 10\%) = 220$ 金币，其中缴纳的消费税是 $100 \times 2 \times 10\% = 20$ 金币。

虽然生命周期重复多次的实验设置不符合现实（因为人们只能活一次），但该实验仅是为了检验人们如何进行跨期消费决策。根据假设，居民在生命周期结束时不留遗产，各轮生命周期间的资产或消费也不可转移，因此最后一期没有消费完的资产将被清零，实验说明中也向被试者说明了这一点。实验中还会给予提示，如果被试者最后一期的剩余资产大于10，在被试者点击"提交"按钮后会弹出提示窗口告诉被试者，"你的预算仍有剩余，最后一期没有被消费完的剩余预算将在下一轮被清零"，如图 7-9 所示。

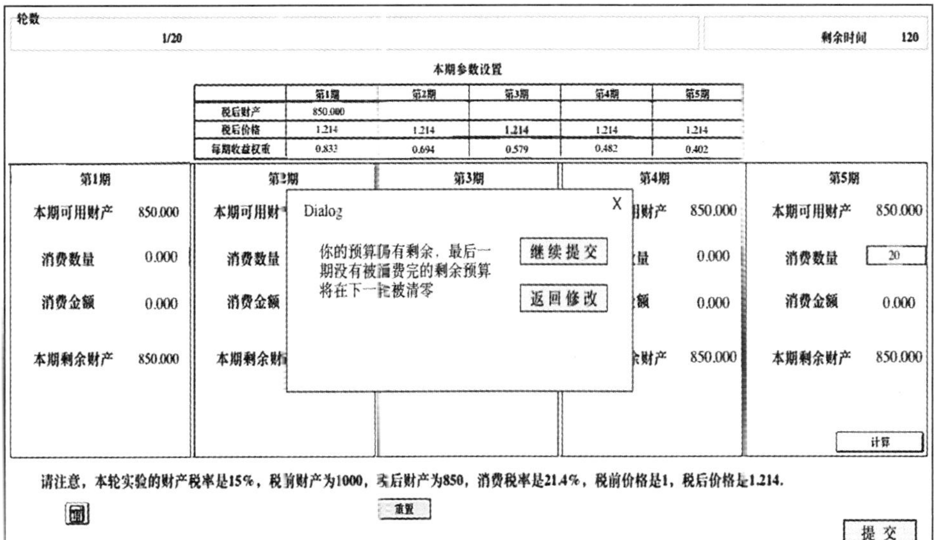

图 7-9　最后一期剩余预算 > 10 时的提示画面

因为模型中不存在借贷，每一期的消费金额必须小于或等于本期的可用财富，否则被试者将无法提交答案，系统会弹出错误窗口提示"消费金额（消费数量乘以价格）不可超过本期预算。请调整消费数量"，如图 7-10 所示。被试者点击提示窗口的"明白"按钮并修改消费数量后，可以重新提交。

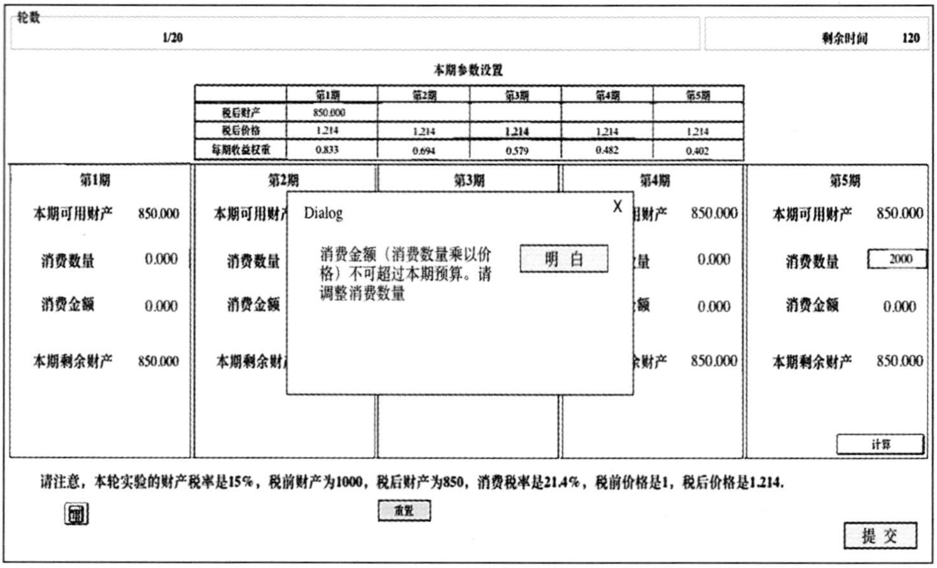

图 7-10　输入的消费金额大于本期可支配财产时的提示画面

为了降低被试者的计算难度，被试者在每一期选择完消费量后，电脑会自动计算出本期的消费金额、剩余财产和下一期的可用财产（剩余财产），如图 7-8 所示。此外，还允许被试者使用标准的 Windows 计算器帮助计算，屏幕下方有计算器按钮。

五、实验程序准备

本实验使用 Z-Tree 软件编程，程序设计如图 7-11 所示。
本实验的编程使用的部分 Z-Tree 程序语言示例如下：

Beta = 0.833333333；

Beta1 = power（Beta，1）；

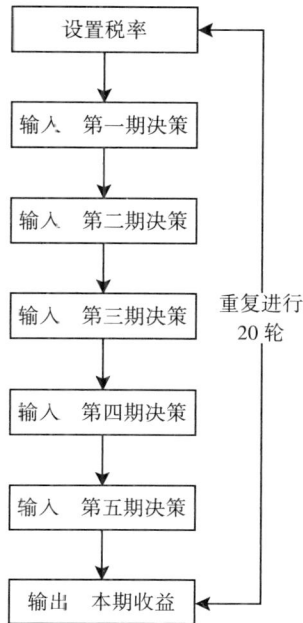

图7-11 财政政策程序设计

Beta2 = power（Beta，2）；

Beta3 = power（Beta，3）；

Beta4 = power（Beta，4）；

Beta5 = power（Beta，5）；

array P［5］；

array b［5］；

array cons［5］；

...

if（Period == 2）｛

Endowment = 730；

｝

if（Period == 10）｛

$$\text{Endowment} = 730;$$
$$\}$$
$$\text{if}(\text{Period} == 2)\{$$
$$P = 1.0428;$$
$$P[1] = 1.0428;$$
$$P[2] = 1.0428;$$
$$P[3] = 1.0428;$$
$$P[4] = 1.0428;$$
$$P[5] = 1.0428;$$
$$\}$$
$$\cdots$$

$$\text{cTotal} = c1 + c2 + c3 + c4 + c5;$$
$$\text{consTotal} = \text{cons}[1] + \text{cons}[2] + \text{cons}[3] + \text{cons}[4] + \text{cons}[5];$$
$$\text{WProfit1} = \text{Beta1}*\text{Profit1};$$
$$\text{WProfit2} = \text{Beta2}*\text{Profit2};$$
$$\text{WProfit3} = \text{Beta3}*\text{Profit3};$$
$$\text{WProfit4} = \text{Beta4}*\text{Profit4};$$
$$\text{WProfit5} = \text{Beta5}*\text{Profit5}$$

第四节　实验过程

一、实验执行

本实验使用 Z-Tree 软件（Fischbacher，2007）进行电脑编程，于 2018

年 9 月在南开大学经济学院的宏观经济与政策实验室进行，共 34 名被试者参加了实验，均为南开大学各专业的学生，包括经济学院、物理学院、外国语学院等，实验大约持续一个半小时。

被试者到达计算机实验室后，随机坐在有隔板相间的座位前。在所有被试者到达后，实验者开始发放并宣读实验说明，然后解答被试者的疑问。实验说明向被试者解释基本的实验任务，以及他们的决策如何影响他们获得的实验收益。

在所有被试者理解实验说明后，开始运行实验。被试者先进行三轮生命周期的练习实验来熟悉实验软件和规则，相关数据既不算入被试者的实验收益，也不用于本书的实验结果分析，其目的仅在于帮助被试者理解规则和熟悉软件，因此本实验并没有在实验说明中增加额外的计算题来确保被试者理解实验规则。练习实验结束后系统自动进入正式的实验。实验全部结束后（包括三轮练习实验和 20 轮正式实验），电脑随机选择一个生命周期，根据被试者在这个生命周期中的收益来支付报酬，如图 7-12 所示。这是为了激励被试者在每轮实验中都努力获得更高的收益点数，这样他在

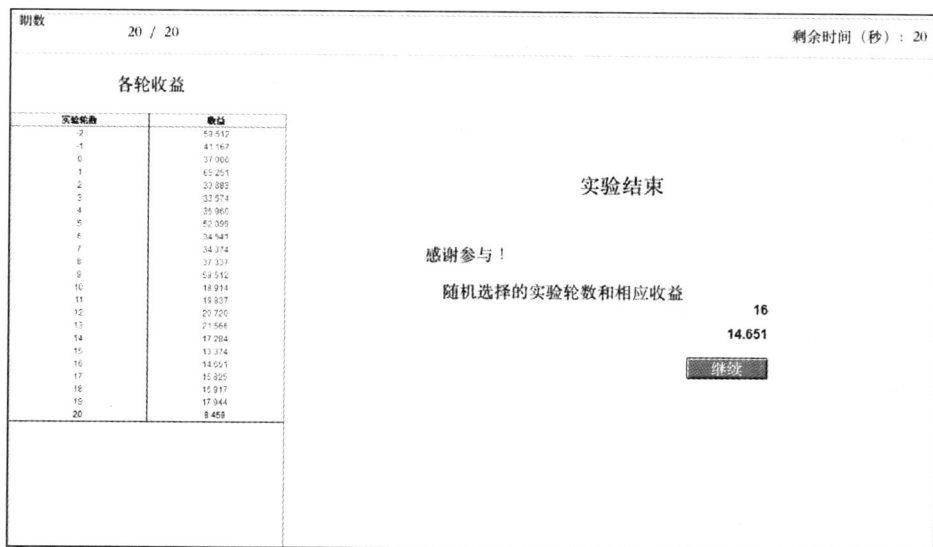

图 7-12　实验结束时的屏幕截图

实验结束后获得更高现金报酬的概率也越大。实验结束后，每名被试者会被安排到隔壁房间独自领取报酬，现金兑换率是每 10 点收益＝4.5 元人民币，平均为 30.8 元。

二、实验说明

向实验参与者说明了实验规则，在实验开始前由实验主持者宣读，本书中发给被试者的实验说明详见附录 B。

在实验结束后，要求参与者在 Z-Tree 实验平台上填写问卷。问卷包括基本个人特征问题，如性别、年龄、专业等，以及若干开放性问题，详细内容如附录 D 所示。

第五节　实验结果分析

一、总体分析

由于本书关注不同税收结构对居民长期消费行为与福利水平的影响，本节先从总体层面观察被试者的平均消费路径。鉴于这是基于个体跨期行为的实验，不涉及被试者之间的互动影响，因此将每名被试者在每轮决策中的整个消费路径看作一次观测。以五个实验局中 20 轮生命周期的消费决策作为分析样本，样本量为 680（34 人 × 20 轮），表 7-5 对比了所有实验局中被试者的各期平均实际消费与最优消费水平。上文已经阐述过，五个实验局中被试者的理论预测最优消费路径是相同的，所以此处合并所有实验局的样本与理论预测路径进行对比是合理的。

表 7-5 各期平均消费与最优消费

	第 1 期	第 2 期	第 3 期	第 4 期	第 5 期
C_t^{opt}	255.10	177.15	123.02	85.43	59.33
$\overline{C_t}$	258.44	174.27	125.26	83.22	53.27
标准差	104.52	42.49	45.82	41.63	51.28
C_t^{max}	700	400	399	300	700
C_t^{min}	0	0	0	0	0
t (p 值)	0.8323 (0.4055)	−1.7648 (0.0780)*	1.2768 (0.2021)	−1.3836 (0.1669)	−3.0824 (0.0021)***
$1/n\sum_{i=1}^{n}(\mid D_i\mid)$	71.97	26.89	34.47	31.63	35.11
$1/n\sum_{i=1}^{n}(\mid D_i\mid)$	3.34	−2.88	2.24	−2.21	−6.06
N	680	680	680	680	680

注：p 值表示单样本 t 检验的显著性水平，零假设是各期平均消费等于最优消费。***、**、* 分别表示在 1%、5%、10% 的水平下通过显著性检验。

在表 7-5 中，C_t^{opt} 表示被试者在第 t 期的理论最优消费，$\overline{C_t}$ 表示所有被试者在第 t 期的平均消费。观察各期的平均消费水平，可以发现被试者在规划一生的消费路径时，前期的消费水平高于后期，也就是消费水平逐期下降，从第 1 期的 258.44 点降低至第 5 期的 53.27 点。图 7-13 形象地展示了这一趋势，柱形图表示 20 个生命周期中所有被试者在各期的平均消费，直线代表最优的消费路径。我们可以清晰地看到消费水平逐期递减，这一总体趋势是符合理论预测的，而且各期的平均消费与理论预测值也十分接近。

再观察平均消费水平的标准差和被试者的消费决策区间，C_t^{max} 表示实验中被试者在第 t 期的最高消费，C_t^{min} 表示实验中被试者在第 t 期的最低消费，可见被试者在各期的消费决策差异很大，最高相差 700。虽然总体平均水平接近理论预测值，但存在很强的个体异质性，个体层面未必能达到最优消费水平，下面进一步分析实际消费与最优消费的偏离。

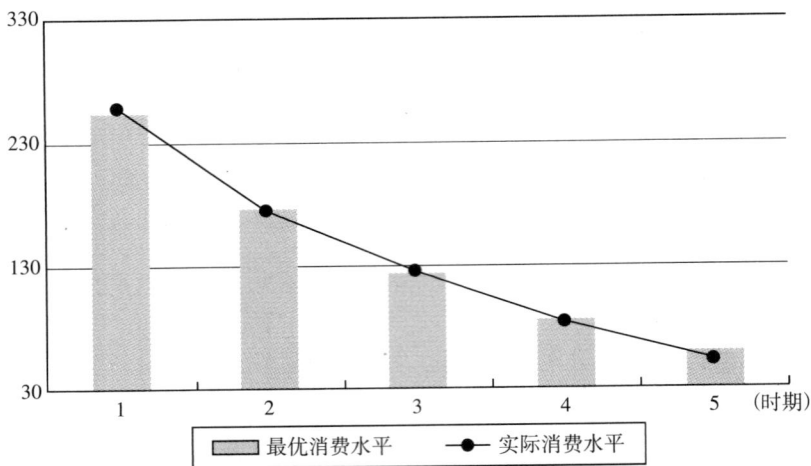

图 7-13 财政政策实验局中的各期平均消费

在度量实际消费与最优消费的偏离方向时使用第 t 期的消费偏差 D_t（$D_t = C_t - C_t^*$），其绝对值为 $|D_t|$，可度量实际消费与最优消费的偏离幅度。$1/n \sum_{i=1}^{n} (D_t)$ 的符号表明与最优消费水平相比，被试者在第 1、第 3 期消费过度（符号为正），被试者的消费水平大于理论预测的最优值；第 2、第 4 和第 5 期消费不足（符号为负），实际消费水平低于理论预测值。实际消费与最优消费的平均偏离幅度在第 1 期高达 71.97，后期虽然有所下降，但也稳定在 30 左右。与最优消费路径的偏离必然导致福利水平的下降[1]，实验被试者获得的平均一生福利为 70.53，低于最优福利水平 72.78。

那么与最优消费水平间的差异是否显著呢？进一步做统计检验分析，以所有被试者的各期消费值（34 人 × 20 轮）为样本进行单样本 t 检验，零假设是各期平均消费等于各期最优消费的，备择假设是两者不相等，结果如表 7-5 所示。观察 t 检验的 p 值可发现第 2、第 5 期的平均消费都与最优消费水平间存在显著的差异，在 10% 及以上的显著性水平上拒绝了零假设。虽然第 1 期的实际消费与最优消费的平均偏离幅度最高，但个体层

---

[1] 因为是以一生效用最大化为目标推导出的最优消费路径。

面的差异并不显著。相反，虽然第 2 期与最优消费的平均偏离幅度最低，仅相差 3 左右，但检验结果显示第 2 期的差异是显著的（10%的显著性水平）。所以在观察均值差异的基础上，要结合一定的统计检验，以上结果证明虽然被试者的平均消费水平接近理论最优值，但是存在较大的个体异质性，个体跨期消费行为与理论最优消费水平间存在一定的偏差。

结论 7.1：在总体层面，被试者的跨期消费行为与理论最优消费水平间存在一定的偏差。

二、实验局结果与政策效果预测的比较

下面从实验局的层面进行分析，分别用各个实验局的数据与理论预测水平进行对比。

表 7-6 给出了各实验局第一轮实验的实际消费与理论预测水平。由于每个实验局重复进行四轮，也就是不同税收结构下的生命周期都要重复进行四轮。将各实验局的第一次出现称为该实验局的第一轮实验，记为 S1；各实验局的第二次出现称为该实验局的第二轮实验，记为 S2，第三轮实验 S3 和第四轮实验 S4 以此类推。被试者在第一轮实验 S1 中的行为能说明被试者在面临税收结构调整时的即时反应，尤其是对消费路径的调整，可以被视为税收结构调整的短期影响，而被试者在所有实验局 S1 到 S4 中的总体行为能说明税收结构调整的长期影响。对比被试者在各轮实验 S1 到 S4 中的行为，还可以研究学习行为的影响。

表 7-6　各实验局第一轮实验的实际消费与理论预测水平

	第 1 期	第 2 期	第 3 期	第 4 期	第 5 期
理论预测	255.1	177.15	123.02	85.43	59.33
实验局 T1	279.76 (130.71)	156.97 (59.39)	107.76 (55.48)	93.70 (71.77)	33.05 (38.13)
实验局 T2	278.15 (151.38)	165.47 (64.61)	119.21 (59.02)	78.43 (55.11)	37.50 (40.40)

续表

	第 1 期	第 2 期	第 3 期	第 4 期	第 5 期
实验局 T3	256.88 (88.00)	173.96 (29.26)	127.06 (41.18)	83.88 (44.85)	54.08 (49.24)
实验局 T4	266.68 (124.89)	172.56 (41.42)	126.35 (52.93)	83.66 (56.04)	45.70 (45.41)
实验局 T5	311.85 (165.67)	150.85 (62.20)	102.97 (48.69)	76.47 (42.16)	57.62 (59.81)

注：表中展示了所有被试者在各实验局第一轮中的平均消费水平，括号中是标准差。

图 7-14 用折线图形象地展示了五个实验局的平均消费路径，为了便于比较，图 7-14 中用柱形图给出了基于理论预测的最优消费路径。

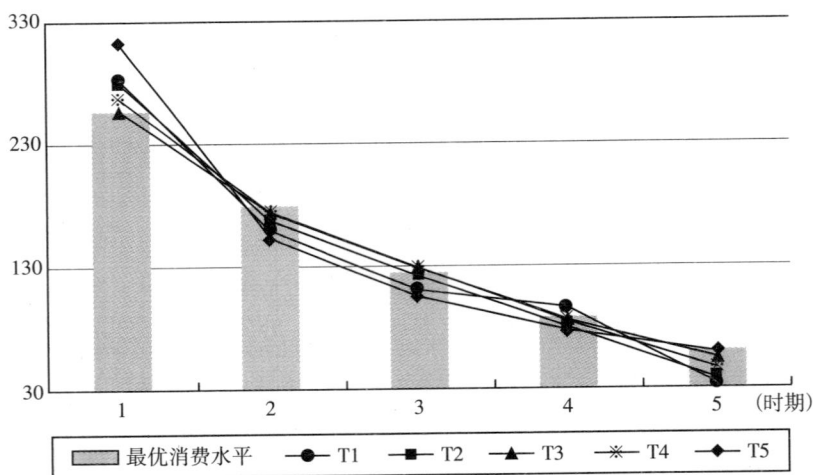

图 7-14 第一轮各实验局中平均消费路径与最优消费路径比较

从图 7-14 中可见，各实验局中被试者的实际消费路径与理论预测的最优路径均有明显偏离，且各实验局之间也存在较大的差异，与最优水平的偏离程度和方向各异。前几期五个实验局的趋势一样，各实验局在第一期的平均消费水平都高于最优理论预测值，剩余资产较少，第二期的消费水平全部低于理论预测值。由于被试者一生的总收入是固定的，且在每个生命周期结束时不留任何遗产，所以前期的过度消费必然导致后期的消费

不足，反之亦然，所以在分析中更关注与最优消费路径的偏离程度。由图
7-14可见实验局T5中被试者的消费水平与理论值偏差幅度最大，也就是
在面对极高的财产税（财产税占比90%）时被试者更难规划使得一生效用
最大化的消费路径。观察各实验局之间的差异，在实验初期，实验局T5
（财产税占比90%）中被试者的消费水平最高，实验局T1（财产税占比
10%）次之，T3（财产税占比50%）中消费水平最低。从实验局T1到
T5，随着财产税占比的逐渐提高，被试者的初始财产禀赋从970降低到
730，在两种极端的财产税占比情况下，第一期的平均消费水平都较高，
随着财产税和消费税的占比越来越接近，第一期的平均消费水平有所下
降。实验局间的消费水平差异主要是由于税收结构的调整。

　　表7-7给出了各实验局全部四轮实验的各期平均消费，各实验局的样
本量为136（34人×4轮），展示了在税收结构调整的长期影响下各期实
际消费与理论预测水平的差异。

表 7-7　各期实际消费与理论预测水平的对比

	第 1 期	第 2 期	第 3 期	第 4 期	第 5 期
理论预测	255.1	177.15	123.02	85.43	59.33
实验局 T1	260.46 (105.56)	173.68 (43.01)	125.68 (53.26)	83.90 (47.75)	47.10 (39.07)
实验局 T2	269.68 (127.54)	171.40 (54.96)	121.36 (53.40)	81.33 (47.06)	44.08 (42.05)
实验局 T3	253.85 (83.32)	178.32 (23.70)	128.09 (38.26)	83.21 (35.67)	54.40 (42.77)
实验局 T4	251.35 (94.41)	176.96 (39.63)	129.19 (44.08)	83.24 (41.15)	55.35 (44.44)
实验局 T5	256.85 (107.14)	171.02 (24.97)	122.00 (37.58)	84.43 (35.33)	65.41 (76.47)

注：表中展示了所有被试者在五个实验局（各重复四轮）中的平均消费，括号中是标准差。

　　表7-7中显示五个实验局中被试者的平均消费路径和最优路径间存在
一定的差异，且实验局间也有明显不同，其中实验局T3（财产税占比
50%）与理论预测水平最为接近。与各实验局第一轮实验的结果（见表

7-6）相比，可以发现各实验局与最优消费水平的偏离有所减小，各实验局间的差异也大幅缩小。说明随着每种税收结构实验局的重复进行，被试者似乎学会了如何进行最优决策，适应了此种税收结构。也就是与对消费路径的短期影响相比，在长期影响方面，伴随被试者的学习与适应，不同税收结构间的差异有所减小。但即便如此，实验局效应依然存在，学习效应并未使实验局效应消失，无论在短期或长期中被试者在实验局 T3 中的消费路径都更接近最优决策。

为了更好地观察各期平均消费水平与各期理论预测水平的偏离，图 7-15 展示了各实验局中所有被试者各期消费与理论预测的偏离 $1/n \sum_{i=1}^{n} (C_t - C_t^*)$。实验局 T1 和 T2 的消费路径都显示出前高后低的趋势，在实验初期过度消费，在实验末期消费水平低于最优消费水平。在实验局 T3 和 T4 中，被试者的各期实际消费路径与各期最优消费水平偏离幅度较小，几乎介于（-5，6）。相比之下，实验局 T2，也就是财产税占比 30% 的情况下，被试者的各期实际消费路径与各期最优消费水平的偏离较大，负向偏离幅度高达-15，正向偏离幅度高达 15。

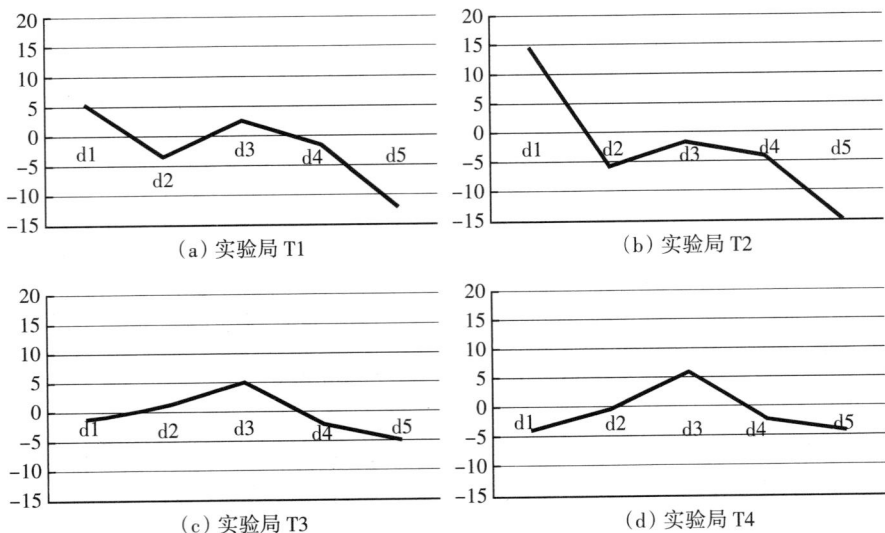

图 7-15　各实验局中每期消费均值与最优消费水平的偏离

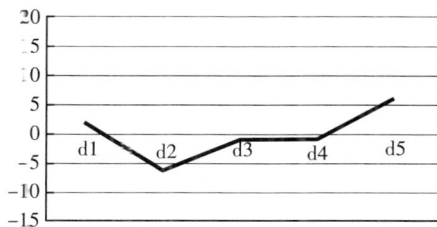

（e）实验局 T5

图 7-15　各实验局中每期消费均值与最优消费水平的偏离（续图）

结论 7.2： 在各实验局中，被试者的实际消费路径与理论预测的最优消费路径之间都存在系统性偏离，被试者在不同税收结构下的实际消费路径也有明显不同。

三、实验局效应分析

本书旨在寻求可带来更高社会福利的税制结构，本节探讨不同税收结构对居民消费路径与福利水平的影响，从这两个角度对比各个实验局中被试者的实际消费路径以及相应的福利水平。

度量每个实验局中被试者实际消费选择与理论预测选择之间的偏离度。因为本书的设置使各实验局中被试者的一生财产和总消费相等，前期过度消费必然意味着后期消费不足，所以在分析实验局效应时单独对比某一期消费水平是不合理的，应该综合分析五期的消费水平。本书借鉴 Duffy 和 Li（2019）的分析方法，使用各轮决策中的实际消费路径与最优消费路径之间的均方根偏差（Root-Mean-Square-Deviation，RMSD）来进行衡量：

$$RMSD_{ijl} = \sqrt{\frac{1}{T} \sum_{t=1}^{T} (C_{ijlt} - C_t^{opt})^2} \qquad (7-15)$$

式（7-15）中，C_{ijlt} 是指被试者 i 在实验局 j 的第 l 轮决策中的第 t 期消费，C_t^{opt} 表示基于理论预测的第 t 期最优消费水平。RMSD 值越小代表实际消费路径与最优消费路径的偏离程度越低，RMSD 值越大代表实际消费路径越偏离最优消费路径。

　　同理，在福利水平的度量方面，使用某一期的效用水平也是不合理的，要综合五期的效用水平，况且被试者的收益取决于生命期内各期效用的贴现之和，所以本节使用所有被试者在各实验局中的一生总效用度量被试者的福利水平。表7-8给出了各个实验局中所有被试者的平均福利水平与RMSD均值，因为每个实验局都重复了四次，所以各实验局的样本量是136。

表 7-8　各实验局中的平均福利水平与 RMSD 均值

实验局	财产税占比（%）	消费税占比（%）	平均福利水平	RMSDⱼ均值	样本量
T1	10	90	70.37 (4.80)	49.21 (38.44)	136
T2	30	70	68.97 (8.54)	56.69 (45.68)	136
T3	50	50	71.55 (2.43)	40.87 (28.20)	136
T4	70	30	70.99 (3.04)	45.18 (34.31)	136
T5	90	10	70.75 (6.27)	45.77 (48.04)	136

注：括号内的值为标准差。

　　由于本书的理论模型是以一生总效用最大化为目标推导出最优消费路径，所以最优消费路径下的总效用是最高的，偏离最优消费路径就必然导致实际获得的总效用偏低。从表7-8也可以看出，由于每个实验局中RMSDⱼ都显著不为0（单样本t检验的p值都小于0.000），为40.87~56.69，也就是被试者的实际消费水平都偏离了最优消费路径，使所有实验局中实际获得的平均福利水平都低于理论预测的最优福利水平72.78。实验局T2的RMSDⱼ均值最高，实验局T1次之，实验局T3的RMSDⱼ均值最低，在这个实验局中被试者的消费路径与理论预测较为接近。越接近理论预测值，可获得越高的福利水平，也就是福利水平的排序与RMSDⱼ几乎是相反的。实验局 T2 中的福利水平最小，实验局 T3、T4 和 T5 的福利水平较高，都达到了 70 以上。观察标准差可知，在实验局 T2 和 T5 中，个体层面上被试者决策的异质性更高，其消费决策的差异更大。

图 7-16 更形象地展示了这两个指标间的负相关关系，图中的柱形代表各实验局中被试者的平均福利水平，折线代表 RMSD 的均值。可以看到在实验局 T2 的税率结构（财产税占比 30%）下，被试者偏离最优消费路径的可能性更高，平均福利水平最低。综合看这两个度量指标，在实验局 T3 中，RMSD 均值最低，被试者与最优消费路径的偏离最低，平均福利水平最高。虽然目前的证据显示，在实验局 T3 的税收结构（财产税占比50%）下被试者能更好地规划消费路径，并提升居民福利，这似乎代表着最优的税收结构调整方向，但还需进行更严格的计量分析和统计检验以确保结论的稳健性。

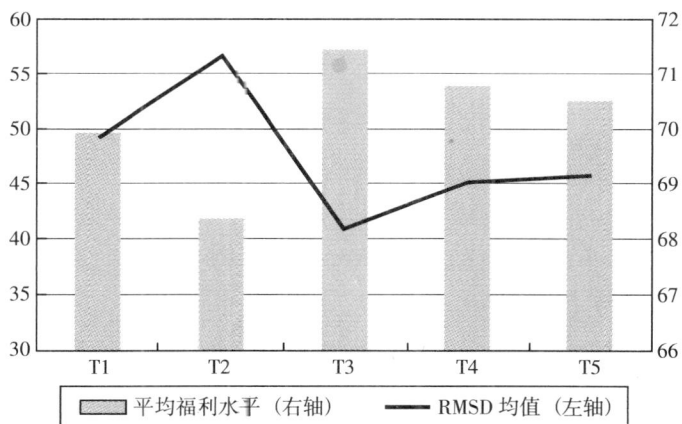

图 7-16　各实验局的平均福利水平与 RMSD 均值

从个体层面分析不同实验局对福利水平与消费路径的影响，以每位被试者在每轮决策中的一生总收益和 $RMSD_i$ 值作为因变量对各实验局的虚拟变量进行回归分析，以实验局 T2 作为基准组，实验局 T1、T3、T4 和T5 的虚拟变量作为自变量（见表 7-9）。比如，若该样本来自实验局 T3，则 T3 的虚拟变量取值 1，否则取 0，其他实验局的变量亦然。考虑到每个被试者在各实验局间的决策具有相关性，为了控制个体效应的影响，本书在基本的普通最小二乘法（OLS 回归）的基础上还进行了个体水平的固定效应面板回归。在控制了个体效应后，虽然系数没有明显变化，但是各变量的显著性有明显提高。在固定效应面板回归中，四个实验局的虚拟变量都在 5% 及以上的水平显著，同时 R^2 有所提高，证明实验局间的福利水平和 RMSD 值有显著差异。为了控制 OLS 回归中的个体效应，本书分别在有

表 7-9　各实验局对福利水平与实际消费路径的影响

	福利水平		RMSD 值	
	固定效应面板回归	OLS 回归	固定效应面板回归	OLS 回归
变量 1：实验局 T1	1.405** (0.584)	1.405** (0.665)	−7.478** (3.446)	−7.478 (4.803)
变量 2：实验局 T3	2.574*** (0.584)	2.574*** (0.665)	−15.823*** (3.446)	−15.823*** (4.803)
变量 3：实验局 T4	2.023*** (0.584)	2.023*** (0.665)	−11.507*** (3.446)	−11.507** (4.803)
变量 4：实验局 T5	1.781*** (0.584)	1.781*** (0.665)	−10.918*** (3.446)	−10.918** (4.803)
常数	68.971*** (0.413)	68.971*** (0.470)	56.690*** (2.437)	56.690*** (3.397)
N	680	680	680	680
R^2	0.033	0.025	0.035	0.018
被试者人数	34	34	34	34
p 值（变量 1=变量 2 的 F 检验）	0.0793*	0.0457	0.0157**	0.0828*
p 值（变量 1=变量 3 的 F 检验）	0.3531	0.2900	0.2428	0.4019
p 值（变量 1=变量 4 的 F 检验）	0.5720	0.5196	0.3186	0.4742
p 值（变量 2=变量 3 的 F 检验）	0.4080	0.3458	0.2108	0.3692
p 值（变量 2=变量 4 的 F 检验）	0.2338	0.1749	0.1551	0.3075
p 值（变量 3=变量 4 的 F 检验）	0.7161	0.6786	0.8643	0.9024

注：因变量分别是福利水平和 RMSD 值，自变量是各实验局（T1，…，T5）的虚拟变量，实验局 T2 为基准组。表中面板回归的 R^2 使用的是组内 R^2。***、**、* 分别表示在 1%、5%、10% 的水平下通过显著性检验。括号内是标准误差。

无控制变量（性别、专业、年级等个人特征）的情况下进行回归，回归结果发现在加入控制变量后，系数的差异不大，仅标准差和显著性水平有少许变动，为了节约篇幅，包含控制变量的回归结果仅在附录中报告（见附表 A1）。

对比各实验局变量的系数可知，实验局 T3（财产税占比 50%）的福利水平最高、RMSD 值最低，实验局 T2（财产税占比 30%）的福利水平最低、RMSD 值最高，这与表 7-8 的结论一致。在对福利水平的回归中，实验局 T3 的虚拟变量的系数最高，也就是被试者的福利水平高于基准实验局 T2 约 2.574 点，高于实验局 T1 约 1.169 点（两个虚拟变量的系数之差 2.574 - 1.405），高于实验局 T4 和 T5 约 0.551 点和 0.793 点，证明实验局 T3 的福利水平高于其他四个实验局。实验局 T1、T3、T4 和 T5 的虚拟变量的系数都显著为正，说明这四个实验局中被试者的福利水平显著高于基准实验局 T2 的福利水平 1.4~2.6 点，且在 5% 及以上的显著性水平上显著。也就是说，实验局中 T2 的被试者的福利水平最低。在对 RMSD 值的回归中，可见四个虚拟变量的系数都为负，说明实验局 T1、T3、T4 和 T5 的 RMSD 值都低于基准实验局 T2 7.478~15.823，且在 5% 及以上的显著性水平上显著，证明实验局 T2 中被试者的消费路径与最优消费间的差异最大。对比这四个自变量的系数可知实验局 T3 的系数最小，说明实验局 T3 中被试者的 RMSD 值更低，其消费路径更接近最优消费。再对比除基准实验局 T2 外的四个实验局间的差异是否显著，对两两自变量进行 F 检验后发现实验局 T1 与实验局 T3 的福利水平的差异在 10% 的水平上显著，而其他实验局相互之间的福利水平的差异不显著。在 RMSD 值方面，实验局 T1 的 RMSD 值与实验局 T3 的差异在 5% 的水平上显著，其他实验局之间的差异并不显著。

为了进一步检验被试者的福利水平在每两个实验局之间是否存在显著性差异，对各实验局中所有被试者的福利水平进行威氏符号秩次检验（Wilcoxon Signed-Rank Test），方法是将所有被试者在每两个实验局下的福利水平均值序列求取差值，然后在一定的显著性水平下检验其中的正差与负差是否在均值 0 两边呈对称分布。结果如表 7–10 所示，实验局 T3 和 T1、T2、T4 间的居民福利水平差异分别在 1% 或 10% 的水平上显著，实验局 T2 和 T3、T4、T5 的福利水平分别在 1% 或 5% 的水平上存在显著差异。再结合各实验局的平均福利水平可知，实验局 T3（财产税占比 50%）的平均福利水平显著高于其他几个实验局，实验局 T2（财产税占比 30%）的平均福利水平显著低于其他几个实验局，这意味着不同税收结构引发了福利水平变化。

表 7–10　各实验局福利水平的差异度检验

实验局	福利水平均值	T2	T3	T4	T5
T1	70.37	0.1749	0.0012***	0.4179	0.0103**
T2	68.97		0.0000***	0.0227**	0.0000***
T3	71.55			0.0189**	0.6267
T4	70.99				0.0588
T5	70.75				

注：表中第 3~6 列（T2~T5）数字为威氏符号秩次检验的 p 值。***、**、* 分别代表 1%、5%、10% 的显著性水平。

继续用威氏符号秩次检验来分析各实验局福利水平的大小关系，检验结果如表 7–11 所示。表中第 2 列给出了各实验局中的福利水平均值，但这是总体层面的平均水平，可能掩盖一些个体层面的特征。表中第 3~6 列数值表示从各行实验局和各列实验局中分别随机选取一个被试者，该行实验局被试者的福利水平大于该列实验局被试者的概率。比如第二行第三列的 54.8% 表示，从实验局 T1 和 T2 中分别随机选取一个被试者，实验局 T1 被试者福利水平大于 T2 被试者福利水平的概率是 54.8%。

表 7–11 中使用符号 "<" 和 ">" 更形象地展示实验局间的大小关系。以 50% 为界，当该行实验局样本取值大于该列实验局的概率大于 50% 时，标记为 ">"，当概率小于 50% 时，标记为 "<"。比如第二行第三列的 ">" 意味着在实验局 T1 中被试者的福利水平更有可能大于实验局 T2 被试者的。对比各个实验局间的福利水平大小，可以发现实验局 T3 中被试者

表 7-11　各实验局福利水平的大小关系

实验局	福利水平均值	T2	T3	T4	T5
T1	70.37	54.8% >	38.6% <	47.2% <	41.0% <
T2	68.97		34.1% <	42.0% <	35.8% <
T3	71.55			58.2% >	51.7% >
T4	70.99				43.4% <
T5	70.75				

注：表中第3~6列（T2~T5）数值表示从各行实验局和各列实验局中分别随机选取一个被试者，该行实验局被试者的福利水平大于该列实验局被试者的概率。当该行实验局样本取值大于该列实验局的概率大于50%时，标记为">"，当概率小于50%时，标记为"<"。下同。

的福利水平更有可能高于其他四个实验局，大于其他几组取值的概率都大于50%；实验局 T2 中被试者的福利水平更可能低于其他四个实验局，大于其他几组取值的概率都小于50%。

从各实验局实际消费与最优消费的偏离程度进行分析，对各实验局的均方根偏差 RMSD 值进行两两对比，表 7-12 对比了各实验局之间的 RMSD 值是否存在显著性差异。对各实验局中所有被试者的 RMSD 值进行威氏符号秩次检验，方法与表 7-10 类似。表 7-13 用威氏符号秩次检验来分析各实验局 RMSD 值的大小关系，方法类似表 7-11。

表 7-12　各实验局均方根偏差（RMSD）均值的差异度检验

实验局	RMSD 均值	T2	T3	T4	T5
T1	49.21	0.0755*	0.0670*	0.4917	0.1022
T2	56.69		0.0004***	0.0142**	0.0005***
T3	40.87			0.2470	0.8545
T4	45.18				0.2764
T5	45.77				

注：表中第3~6列（T2~T5）数字为威氏符号秩次检验的 p 值。***、**、*分别代表 1%、5%、10% 的显著性水平。

表 7-13   各实验局均方根偏差（RMSD）均值的大小关系

实验局	RMSD 均值	T2	T3	T4	T5
T1	49.21	43.8% <	56.4% >	52.4% >	55.7% >
T2	56.69		62.5% >	58.6% >	62.2% >
T3	40.87			45.9% <	49.4% <
T4	45.18				53.8% >
T5	45.77				

注：表中第 3~6 列（T2~T5）数值表示从各行实验局和各列实验局中分别随机选取一个被试者，该行实验局被试者的福利水平大于该列实验局被试者的概率。

从表 7-12 可清晰地看出，实验局 T2（财产税占比 30%）中 RMSD 与其他四个实验局都存在显著差异。再结合各实验局的 RMSD 均值和表 7-13 可知，实验局 T2 在 1% 的水平上显著大于实验局 T3 和 T5，且在 5% 和 10% 的水平上显著大于实验局 T4 和 T1，说明实验局 T2 的消费路径最偏离理论预测的最优消费水平。然而其他几个实验局间的 RMSD 值的差异并不显著。但是表 7-13 显示在实验局 T3 中被试者的 RMSD 值更有可能低于其他四个实验局，大于其他几组取值的概率都低于 50%。

结论 7.3：在不同的实验局（不同的税收结构）中被试者的实际福利水平和消费路径具有显著差异，直接税与间接税比例接近的税收结构可带来较高的福利水平；直接税比例较高的税收结构次之；直接税比例较低的税收结构最差。

四、学习效应分析

当微观决策者具有学习效应时，政策的制定不但需要关注其短期效应，还应注重其长期效果。根据已有研究成果可知，被试者在重复的跨期决策实验中具有一定的学习行为（Chua and Camerer，2011；Ballinger et al.，

2003）。那么，在本书的各种税收结构下被试者是否存在学习效应、由不同税收结构导致的实验局效应是否会在学习效应的作用下而消失呢？

本书设置每个实验局重复进行四次，为了避免学习效应的干扰，各种税收结构出现的次序是打乱的，具体实验顺序如表7-3所示。为了便于本节识别与分析被试者在同一种税收结构下，随着决策轮次的增加而表现出怎样的学习效应，按照各实验局在实验中出现的顺序，将其分别标记为S1、S2、S3、S4。比如实验局T1分别出现在20轮实验的第3、第7、第13和第18轮，那么第3轮实验就被记为S1，第7轮实验被记为S2，第13轮实验被记为S3，第18轮实验被记为S4，其他几个实验局同样如此。对比S1到S4这四轮生命周期的消费路径和福利水平，可以看到历史经验如何影响被试者的跨期决策。

为了合理评价被试者在实验中的表现与可能的学习效应，与上节分析实验局效应时一样，本节同样从RMSD和平均福利水平两个角度展开分析，而非着眼于某一期的消费决策或福利。

先合并所有实验局的数据，从总体上分析学习行为的影响。由于五个实验局中被试者的理论预测最优消费路径和最优福利是相同的，所以此处合并所有实验局的样本与理论预测水平进行对比是合理的。

图7-17展示了在第1~20轮生命周期实验中，所有被试者在每轮实验中的平均福利水平与RMSD均值。被试者的平均福利水平随着实验的重复而呈现出缓慢的上升趋势，RMSD均值有下降的趋势，说明即使面对不同的税收结构，总体而言，被试者在实验中的消费路径与理论预测水平的偏差依然越来越小。随着被试者逐渐学会优化自己的跨期消费决策，其一生总福利也有所上升，在后10轮实验中被试者的平均福利水平稳定在70以上。由于在20轮实验中不同税收结构对消费者的影响，福利水平和RMSD均值都并非平稳地逐期提高或降低，中间出现了些许波动。

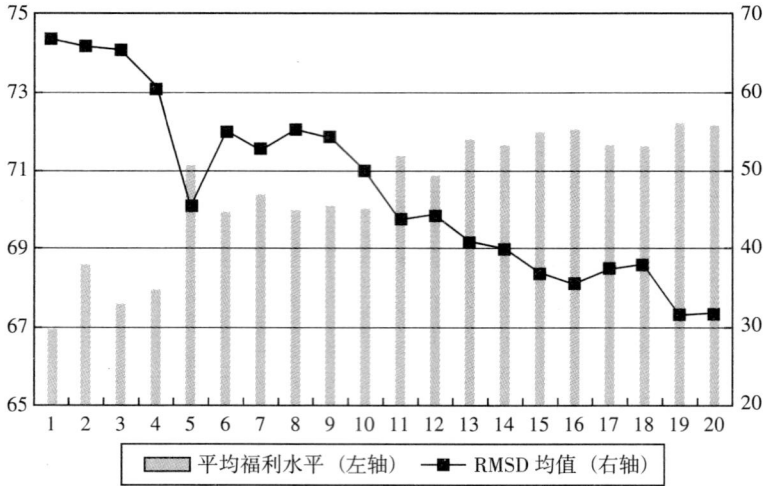

图 7-17　各轮实验 RMSD 均值和福利水平的趋势

表 7-14 对全部样本进行回归分析，自变量是实验轮数 l（1，…，20），使用最小二乘法从个体层面分析随着实验的重复，被试者的福利水平和 RMSD 如何变动。与表 7-9 一样，为了控制被试者个体效应的影响，本书同时使用普通最小二乘法和个体水平的固定效应面板回归。为了控制 OLS 回归中的个体效应，在其中加入个人特征的控制变量后再次进行回归，回归结果无显著差异，为了节约篇幅，包含控制变量的回归结果仅在附录中报告（见附表 A2）。

表 7-14　福利水平和 RMSD 均值的时间趋势检验

变量	RMSD 均值		福利水平	
	固定效应面板回归	OLS 回归	固定效应面板回归	OLS 回归
l	−2.493***	−2.493**	0.526***	0.526***
	(0.749)	(1.076)	(0.130)	(0.150)
l²	0.032	20.032	−0.014**	−0.014**
	(0.035)	(0.050)	(0.006)	(0.007)
常数项	69.180***	69.180***	66.966***	66.966***
	(3.415)	(4.908)	(0.595)	(0.683)
N	680	680	680	680

变量	RMSD 均值		福利水平	
	固定效应面板回归	OLS 回归	固定效应面板回归	OLS 回归
R²	0.0707	0.0707	0.067	0.067
被试者人数	34		34	
p 值（自变量的联合 F 检验）	0.0000***	0.0000***	0.0000***	0.0000***

注：因变量分别是福利水平和 RMSD 值。表中面板回归的 R² 使用的是组内 R²。***、**、* 分别表示在 1%、5%、10%的水平下通过显著性检验。括号内是标准误差。

回归结果也证明了学习效应的存在。在对 RMSD 的回归中，自变量 l 的系数显著为负，随着实验一轮一轮的重复，被试者与最优消费路径的偏离度 RMSD 平均会下降 2.5，且在 1%的水平上显著，在加入控制变量（性别、专业、年龄等）后系数无显著变动。在对福利水平的分析中，自变量 l 的系数显著为正，被试者的福利水平会逐轮提高约 0.53 点，且在 1%的水平上显著。两个自变量联合 F 检验的结果也显示两个变量在 1%的水平上联合显著，本书中被试者的 RMSD 值和福利水平都有显著的时间趋势。

在实验局层面进行分析，分析被试者在各实验局中的学习行为，由于五个实验局分别重复进行四轮，按实验局出现的顺序标记为 S1、S2、S3 和 S4。也就是在 S1 的五个实验局中，被试者是第一次在这种税收结构下进行消费决策；在 S4 的五个实验局中，被试者是第四次面对这类税收结构。在这种分类中，S1~S4 的样本量均为 170（34 人 × 5 轮）。

图 7-18 展示了按 S1~S4 分类下的逐期消费决策。如图 7-18 所示，在 S1 中被试者的实际消费和最优消费间有明显的差异，但是随着各类实验局的重复，从 S1 到 S4，两条趋势线越来越接近，被试者的消费路径与理论预测水平的偏离越来越小。

用非参数检验来分析 S1、S2、S3 和 S4 间的差异是否显著，结果如表 7-15 所示，表（a）是对福利水平进行的检验，表（b）是对 RMSD 进行的检验，表中的第二列为福利水平或 RMSD 的平均值，第 3~5 列是对被试者的福利水平或 RMSD 进行威氏符号秩次检验的 p 值结果，第 6~8 列中的百分比数字来自福利水平和 RMSD 大小关系的威氏符号秩次检验，">"表示该行实验局样本取值大于该列实验局的概率大于 50%，"<"则正好相反。比如第二行第六列的 42.5%表示从 S1 中随机抽取样本的取值大于 S2 中样本取值的概率是 42.5%，也就是 S2 中的大部分样本取值大于 S1 中的。

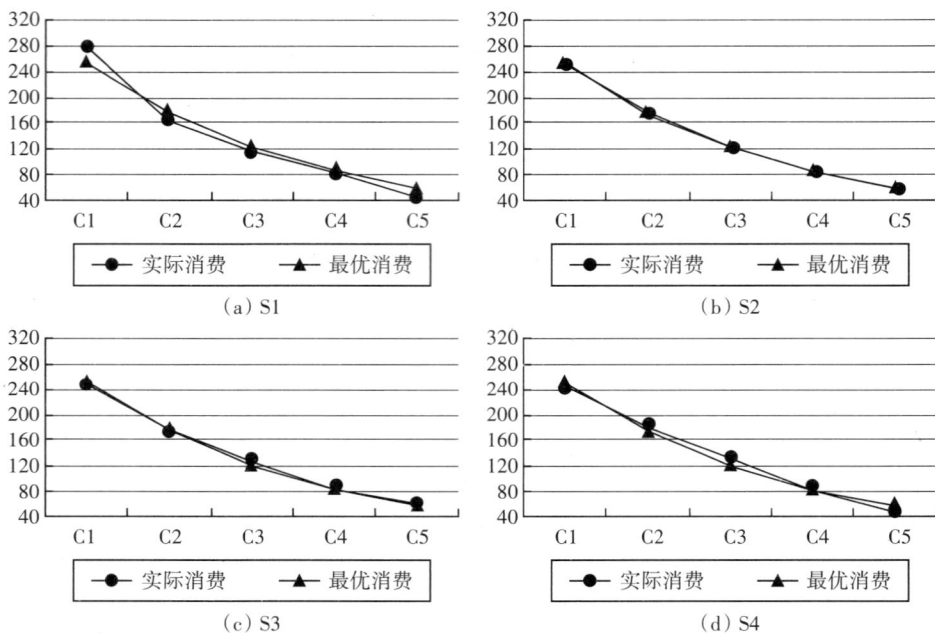

图 7-18 S1~S4 实验中被试者的实际消费决策与最优消费路径

表 7-15 S1~S4 实验中的福利水平和 RMSD 的差异度检验

	平均值	S2	S3	S4	S2	S3	S4
			(a) 福利水平				
S1	68.87	0.0165**	0.0000***	0.0000***	42.5%<	34.2%<	31.3%<
S2	70.00		0.0044***	0.0002***		42.2%<	38.2%<
S3	71.52			0.0078***			41.7%<
S4	71.72						

(b) RMSD							
	平均值	S2	S3	S4	S2	S3	S4
S1	59.73	0.0500**	0.0000***	0.0000***	56.1% >	63.2% >	67.3% >
S2	52.17		0.0206**	0.0002***		57.3% >	61.6% >
S3	41.67			0.1055			55.1% >
S4	36.61						

注：表中第 3~5 列数字为威氏符号秩次检验的 p 值，***、**、* 分别代表 1%、5%、10%的显著性
水平。表中第 6~8 列数值表示从各行实验局和各列实验局中分别随机选取一个被试者，该行实验
局被试者的福利水平大于该列实验局被试者的概率。

如表 7-15 所示，S1、S2、S3 和 S4 这四组实验两两之间的福利水平差异都是非常显著的，尤其是 S3 和 S4 与其他组之间的差异都在 1%的水平上显著。S2 和 S3、S4 实验间的 RMSD 差异在 5%及以上的水平上显著，而福利水平差异在 1%的水平上显著，说明虽然实际消费与最优消费的偏离度差异有所减弱，但是福利水平差异依旧很大。然而 S3 和 S4 的 RMSD 差异不显著，说明被试者的学习很迅速，随着实验的重复，在实验后期 RMSD 无显著差异。

图 7-19 形象地展示了 S1 到 S4 实验中的福利水平和 RMSD，可以清晰地看到，从 S1 到 S4，福利水平的均值逐渐提高，RMSD 均值逐渐下降。

再结合表 7-15 中福利和 RMSD 大小关系的概率结果可知，在最后一组实验 S4 中，与前三组相比，被试者有更高的概率做出更贴近最优路径的消费决策，并获得更高的福利水平，而在第一组实验 S1 中被试者获得高福利水平的概率较低。也就是说，随着实验从 S1 到 S4 的重复，在后期获得更高福利水平的概率总是大于前期，在后期与最优消费路径偏离程度更高的概率总是小于前期。

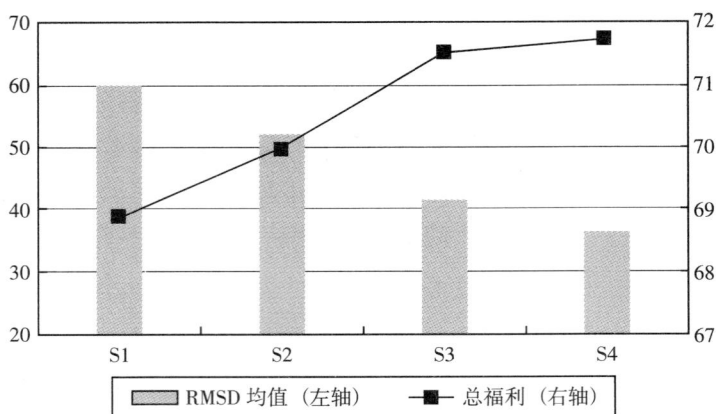

图 7-19 S1~S4 实验中的福利水平和 RMSD

表 7-16 用回归分析实验中的学习效应，因变量为每位被试者的福利水平和 RMSD 值，自变量是各组实验 S2、S3 和 S4 的虚拟变量，S1 是基准组。比如，若该样本来自 S2 分组，则 S2 的虚拟变量取值 1，否则取 0，其他组亦然。为了控制被试者个体效应的影响，此处也使用普通最小二乘法和个体水平的固定效应面板回归。为了加强结果的稳健性，加入个人特征的控制变量后再次进行 OLS 回归，回归结果无显著差异，为了节约篇幅，包含控制变量的回归结果仅在附录中报告（见附表 A3）。

表 7-16 各期消费的时间趋势检验

	RMSD		福利水平	
	固定效应面板回归	OLS 回归	固定效应面板回归	OLS 回归
变量 1：S2	−7.563** (2.971)	−7.563* (4.219)	1.126** (0.514)	1.126* (0.589)
变量 2：S3	−18.061*** (2.971)	−18.061*** (4.219)	2.654*** (0.514)	2.654*** (0.589)
变量 3：S4	−23.116*** (2.971)	−23.116*** (4.219)	2.849*** (0.514)	2.849*** (0.589)
常数项	59.730*** (2.101)	59.730*** (2.984)	68.871*** (0.364)	68.871*** (0.416)
N	680	680	680	680

续表

	RMSD		福利水平	
	固定效应面板回归	OLS 回归	固定效应面板回归	OLS 回归
R²	0.051	0.051	0.044	0.044
被试者人数	34	34	34	34
p 值（变量 1=变量 2 的 F 检验）	0.0004***	0.0131**	0.0031***	0.0096***
p 值（变量 1=变量 3 的 F 检验）	0.0000***	0.0002***	0.0009***	0.0035***
p 值（变量 2=变量 3 的 F 检验）	0.0893*	0.2313	0.7047	0.7404

注：因变量分别是福利水平和 RMSD 值，表中面板回归的 R² 使用的是组内 R²。***、**、* 分别表示在 1%、5%、10% 的水平下通过显著性检验。括号内是标准误差。

在对福利水平的回归中，与基准组实验局 S1 相比，实验局 S2、S3、S4 中的系数都为正，在 5% 及以上的水平上显著，说明被试者在后期的福利水平有显著的提高。

在控制了个人效应的面板回归中，变量的显著性水平有所提高。在加入了控制变量后，系数没有显著变动，结果是稳健的。S1 到 S4 的福利水平逐渐提高，S4 的福利水平最高。S1 到 S2、S2 到 S3 的提高幅度都较大，S3 到 S4 的提高幅度较小，而且对两两自变量进行的 F 检验，也发现 S3 与 S4 间的福利水平差异不显著，其他组实验间的差异都在 1% 的水平上显著。在 RMSD 方面，三个自变量的系数在 1% 的水平上显著为负，且从 S2 到 S4 的系数逐渐减小，说明后期消费水平越来越接近最优路径，再结合 F 检验的结果，可以发现从 S1 到 S3 的学习效应是非常显著的（1% 的显著性水平），S3 和 S4 间差异的显著性水平有所下降。说明被试者在实验中学会了更好地规划跨期消费路径，能够通过学习趋近最优的跨期消费决策（见表 7-16）。

分析不同税收结构下被试者的学习行为，在各个实验局下检验四次实验的结果，如表 7-17 和表 7-18 所示，此处使用与表 7-15 一样的方法，检验方法在此不再赘述。

表 7–17　基于福利水平的各实验局学习效应检验

		平均值	S2	S3	S4	S2	S3	S4
实验局 T1	S1	67.64	0.0084***	0.0001***	0.0002***	31.4% <	21.8% <	24.1% <
	S2	70.43		0.0816*	0.1530		37.7% <	39.9% <
	S3	71.83			0.9218			50.7% >
	S4	71.61						
实验局 T2	S1	66.99	0.1733	0.1602	0.0248**	40.4% <	40.1% <	34.2% <
	S2	67.98		0.9365	0.1999		49.4% <	41.0% <
	S3	70.02			0.2042			41.0% <
	S4	70.90						
实验局 T3	S1	71.14	0.3418	0.0631*	0.2131	43.3% <	38.4% <	36.9% <
	S2	71.36		0.3838	0.7220		43.9% <	47.5% <
	S3	72.03			0.5196			54.5% <
	S4	71.66						
实验局 T4	S1	69.93	0.6632	0.0277**	0.0009***	53.1% >	34.5% <	26.6% <
	S2	70.16		0.0149**	0.0001***		32.8% <	23.1% <
	S3	71.65			0.1478			39.8% <
	S4	72.24						
实验局 T5	S1	68.67	0.2131	0.0333**	0.0057***	41.2% <	35.0% <	30.5% <
	S2	70.06		0.3116	0.0871*		42.9% <	37.9% <
	S3	72.09			0.4147			44.2% <
	S4	72.19						

注：表中第 4~6 列数字为威氏符号秩次检验的 p 值，***、**、* 分别代表 1%、5%、10% 的显著性水平。表中第 7~9 列数值表示从各行实验局和各列实验局中分别随机选取一个被试者，该行实验局被试者的福利水平大于该列实验局被试者的概率。

表 7-18 基于均方根偏差（RMSD）的各实验局学习效应检验

		平均值	S2	S3	S4	S2	S3	S4
实验局 T1	S1	65.52	0.0977*	0.0029***	0.0021***	61.7% >	71.0% >	71.7% >
	S2	52.58		0.1410	0.1094		60.4% >	61.3% >
	S3	40.75			0.6237			53.5% >
	S4	38.00						
实验局 T2	S1	66.70	0.1620	0.2317	0.0299**	59.9% >	58.4% >	65.3% >
	S2	60.42		0.7175	0.2943		47.4% <	57.4% >
	S3	55.36			0.2223			58.6% >
	S4	44.28						
实验局 T3	S1	45.44	0.4806	0.1178	0.1602	55.0% >	61.0% >	59.9% >
	S2	43.63		0.4324	0.6150		55.5% >	53.5% >
	S3	36.83			0.9170			49.3% <
	S4	37.56						
实验局 T4	S1	55.03	0.5117	0.0965*	0.0051***	45.4% <	61.7% >	69.8% >
	S2	54.26		0.0222**	0.0007***		66.1% >	73.8% >
	S3	39.90			0.2246			58.6% >
	S4	31.54						
实验局 T5	S1	65.95	0.1753	0.0333**	0.0068***	59.6% >	65.0% >	69.1% >
	S2	49.94		0.3673	0.1122		56.4% >	61.2% >
	S3	35.50			0.4147			55.8% >
	S4	31.69						

注：表中第 4~6 列数字为威氏符号秩次检验的 p 值，***、**、* 分别代表 1%、5%、10% 的显著性水平。下同。表中第 7~9 列数值表示从各行实验局和各列实验局中分别随机选取一个被试者，该行实验局被试者的福利水平大于该列实验局被试者的概率。

结果显示在每种实验局设置下，被试者都展现出来一定的学习效应。随着每个实验局重复进行四次，被试者在每种实验局设置下的表现都有所提高。具体表现为表 7-17 中 S1 到 S4 的平均福利水平几乎是逐一提高，除了实验局 T1 和 T3 中 S3 的福利水平略大于 S4，这也与表 7-16 的结果一致，从 S1 到 S3 的学习效应非常显著，福利水平显著提高，但 S3 到 S4 间的变化并不显著。表 7-17 中的威氏符号秩次检验结果也证明了这一点，S1、S2 与 S3、S4 的差异大多在 10% 及以上的水平上显著，但 S3 和 S4 之间的福利差异全都不显著。对比实验局间的差异，实验局 T1（财产税占比 10%）的学习效应更为显著，其次为实验局 T4，实验局 T3（财产税占比 50%）中的学习效应最弱。

表 7-18 显示各实验局中 S1 到 S4 的 RMSD 几乎都是逐渐下降的，除了实验局 T3 中的 S3 和 S4 是唯一的例外，也证明了之前的结论，S3 和 S4 之间的学习效应不显著。S1、S2 与 S3、S4 间的差异大多在 10% 及以上的水平上显著，说明随着各实验局的重复进行，大约到第三轮以后被试者逐渐学会做最优的跨期消费决策。对比实验局间的差异，实验局 T4（财产税占比 70%）的学习效应最显著，其次是实验局 T1 和 T5 中，实验局 T3 中的学习效应较弱。

结论 7.4：在不同的实验局（不同的税收结构）中，被试者都表现出了学习效应，能够通过学习趋近最优的跨期消费路径并提高福利水平。

那么，不同税收结构导致的实验局效应是否会在学习效应的作用下而消失呢？下面将被试者的四轮实验分为前两轮（S1~S2）和后两轮（S3~S4），分别对其福利水平和 RMSD 均值进行威氏符号秩次检验，观察被试者在前两轮中的消费路径和福利水平差异在后两轮中是否存在，以判断学习效应是否消除了税收结构的影响。各实验局福利水平和 RMSD 的大小关系检验结果如表 7-19 和表 7-20 所示，检验方法与表 7-11 所用的方法相同，在此不再赘述。为了节约篇幅，各实验局福利水平和 RMSD 的差异度检验结果放在附录中，检验方法同表 7-10 所用的方法，结果如附表 A4 和附表 A5 所示，同时也在表 7-19 和表 7-20 中标出显著性水平的程度。

表 7-19 各实验局前两轮/后两轮福利水平的大小关系

实验局		福利水平均值	T2	T3	T4	T5
S1~S2	T1	69.03	49.9% <	33.3%*** <	48.1% <	39.2%** <
	T2	67.48		32.8%*** <	47.8% <	38.0%** <
	T3	71.25			65.3%*** >	55.8% >
	T4	70.04				49.5%** <
	T5	69.36				
S3~S4	T1	71.72	59.4%* >	43.9% <	45.7% <	42.2% <
	T2	70.46		35.1%*** <	36.1%*** <	32.9%*** <
	T3	71.84			52.0% >	47.6% <
	T4	71.95				46.4% <
	T5	72.14				

注：表中第 4~7 列数值表示从各行实验局和各列实验局中分别随机选取一个被试者，该行实验局被试者的福利水平大于该列实验局被试者的概率。

表 7-20 各实验局前两轮/后两轮 RMSD 的大小关系

实验局		RMSD 均值	T2	T3	T4	T5
S1~S2	T1	59.05	48.1% <	60.9%** >	51.3% >	56.9% >
	T2	63.56		62.4%** >	53.4% >	59.0%* >
	T3	44.54			40.3%* <	46.6% <
	T4	54.65				56.7% >
	T5	57.95				

	实验局	RMSD 均值	T2	T3	T4	T5
S3~S4	T1	39.37	39.3%** <	52.8% >	53.9% >	55.0% >
	T2	49.82		62.7%** >	64.3%*** >	65.6%*** >
	T3	37.20			51.1% >	53.0% >
	T4	35.72				50.8% >
	T5	33.60				

注：表中第 4~7 列数值表示从各行实验局和各列实验局中分别随机选取一个被试者，该行实验局被试者的福利水平大于该列实验局被试者的概率。

　　检验结果显示，在被试者经过了几轮实验的学习后，与 S1~S2 相比，S3~S4 中各实验局福利水平更高、RMSD 均值更低，但实验局之间的差异依然存在，说明不同税收结构对被试者消费路径和福利水平影响的差异性并未由于学习效应而消失。在实验前期以及后期，实验局 T3、T4 和 T5 的福利水平都更高，相应的 RMSD 均值更低[①]。结合附表 A4 和附表 A5 的差异显著性可知，在实验前期实验局 T2 的福利水平低于其他实验局，RMSD 值高于其他实验局，随着实验的重复，实验局间的这种差异变得更为显著了。综上，学习效应未能完全消除实验局效应的影响，实验局效应具有相对的稳定性。

　　结论 7.5：学习效应并未消除实验局效应，不同税收结构下被试者的消费路径和福利水平差异未受到明显影响。

---

① 在实验前期实验局 T3 的福利水平显著高于其他实验局，RMSD 值显著更低，虽然在后期福利水平均值略微低于实验局 T4 和 T5，但差异并不显著。

第八章 货币政策实验研究：以前瞻指引政策为例

在货币政策由数量型向价格型转型时，理论方面和政策方面的专家都纷纷提出要加强对公众的预期管理，所以厘清价格型货币政策的微观基础与传导机制就显得尤为重要。在实际研究中，如何识别个体对货币政策的预期是一大难点。实验方法可以清晰地识别预期到的利率冲击，通过在实验中提前告知被试者未来利率的变动来模拟前瞻指引。

本章使用实验经济学的方法研究前瞻指引这一非传统货币政策工具对经济主体的影响，并与传统货币政策进行对比。本章首先在基准实验局中分析决策者如何做出跨期的消费和储蓄决策，其次在此基础上改变名义利率水平以实施货币政策冲击。通过提前告知被试者未来利率的变动以模拟前瞻指引，分析人们在预期到利率变动后如何调整跨期消费和储蓄决策，检验被试者能否如政策制定者预期的那样对预期到的政策调整充分反应，这样有助于更好地预估政策效果。本章第一节介绍了研究背景；第二节构建理论模型，并给出政策效果预测；第三节和第四节阐述实验设计和过程；第五节介绍基准实验局中的实验结果；第六节分析前瞻指引实验局中的实验结果；第七节分析传统货币政策实验局中的实验结果，并与前瞻指引实验局中的实验结果进行对比。

第一节　研究背景

货币政策对宏观经济的影响一直是宏观经济学领域关注的焦点，我国曾多次使用价格型货币政策工具进行调控，2002~2015 年中央银行对人民币存贷款基准利率进行了 28 次调整[①]。

早在 21 世纪初，经济学家就对价格型货币政策工具的政策效果与传导机制进行了反思。20 世纪末，央行为了刺激消费、抑制储蓄、鼓励投资，曾连续七次降息，调整频率之密与幅度之大都引起了各界关注。但是，研究者发现政策效果似乎并不理想，不仅储蓄率保持高位，臧旭恒和刘大可（2003）的研究也证明这些降息政策在抑制储蓄和刺激消费方面并没有实现预期目标，简单的降息似乎无法起到刺激消费的作用。2008 年金融危机发生后，央行再次频繁使用货币政策调控，截至 2012 年年底，共调整存贷款基准利率十余次。孙俊（2013）发现此轮政策的初始基调和政策实施间存在一定偏差，货币政策工具已逐渐出现"疲于应付的窘态"。

研究者发现货币政策未能实现预期目标的一个很重要的原因在于：在制定与实施货币政策的过程中缺乏对总体经济运行机制和微观基础的思考，尤其是很少从消费者的角度分析政策传导机制，忽视了经济主体在货币政策传导过程中的重要影响（顾六宝、肖红叶，2005），没有厘清货币政策在何时、通过何种途径、在多大程度上影响宏观经济变量，而且忽略了货币政策的传导机制本身就具有非对称性，利率上升和下降对微观主体（无论是对企业还是消费者）的影响不同。然而这对于政策能否实现调控宏观经济的目标至关重要，可以说传导机制是否通畅直接决定了货币政策

[①] 中国人民银行货币政策司：《金融机构人民币贷款基准利率》，http://www.pbc.gov.cn/zhengcehuobisi/125207/125213/125440/125838/125888/2943018/index.html，2018 年 8 月 5 日。

能否生效（蒋瑛琨等，2005）。此外，由于个体的消费和投资决策直接决定了宏观经济总量，所以也必须充分重视公众对政策的可能反应，这也是影响货币政策效果的关键因素。

在货币政策由数量型向价格型转型时，随着传统货币政策有效性的下降，研究者纷纷对货币政策进行创新。前瞻指引等非传统货币政策工具开始进入大众视野，并受到广泛讨论（郭豫媚等，2016；巴曙松等，2018）。在利率体系的市场化机制不够健全时，利率的传导机制不够通畅，基准利率和其他市场利率之间难以进行有效的传导。所以，在货币政策由以数量型为主向以价格型为主转变的过渡期中，在数量型货币政策逐渐失效的同时，如果价格型货币政策未能及时进行弥补，会导致货币政策的有效性下降。货币政策对经济的调控主要通过两个渠道：一是直接调节，比如调节利率和存款准备率等；二是通过引导功能，向市场传递货币政策调整的信号，来引导经济主体的相关决策（徐亚平，2009）。2015年10月，人民银行宣布取消存款利率上限。至此，对存贷款利率的限制基本解除，在利率市场化完成后也将不再发布存贷款基准利率，这意味着货币政策调控的第一种渠道（直接调节）有所弱化。同时，央行也一再强调，不对利率浮动施加行政限制并不意味着央行不再调控利率，只会更多地利用市场化的货币政策工具与传导机制，对市场利率进行引导和间接的调控，通过提前预告等方法进行预调微调，这也就是加强货币政策调控的第二种渠道（引导功能）[①]。在此背景下，理顺货币政策传导机制，加强预期管理就显得尤为重要（王琳等，2020）。

目前的研究普遍认为通过前瞻指引来加强预期管理（Mokhtarzadeh and Petersen，2019；Cornand and M'Baye，2018），在提高货币政策效果和稳定宏观经济方面都有积极的作用。在理论方面，根据附加预期的菲利普斯曲

[①] 中国人民银行货币政策司：《央行有关负责人就降息降准以及放开存款利率上限答记者问》，http://www.pbc.gov.cn/zhengcehuobisi/125207/125213/125440/125832/2968751/index.html，2018年8月5日。

线，对市场进行预期管理，可以在降低经济通货膨胀的同时，不对产出或就业带来负面影响。在政策实践方面，目前我们处于信息时代，通过信息沟通进行预期管理的实际操作成本非常低，而且预期管理的时滞较短。传统的货币政策往往存在时滞问题，从中央银行察觉宏观经济中的问题，到开始制定并实施相应的货币政策，再到实现货币政策的目标，需要一段相对漫长的时间。然而信息沟通等预期管理手段可以通过快速传播信息来立即影响市场预期，更快地实现货币政策效果，这能帮助政策制定者和执行者缩短达到政策预期效果所需的时间成本，大幅缓解政策的滞后问题（郭豫媚等，2016）。如果市场主体能成功理解央行的政策信号，且决策行为与央行的调控目标一致，那么货币政策的传导效率将大幅提高，也有可能小幅的调整就能实现宏观调控目标，而且能削弱政策调控对经济的冲击力，促使市场平稳过渡到央行的调控目标。

还需要指出的是，本书关注前瞻指引，也就是利率预期对跨期消费行为的影响，而不是研究预期的形成。已有很多文章研究预期形成过程，比如检验被试者是适应性预期、理性预期还是异质性预期（Plott and Sunder，1982；Smith et al.，1988；Hommes，2011，2013；Glaser et al.，2007）。不同于这些文献，本书仅仅关注在形成预期后，可预期的利率变动对行为的影响是否符合理论预测。所以在实验中明确告诉被试者未来的利率变化，引导他形成确定的预期。同时也在生命周期开始时告知一生收入路径，排除不确定性的影响。

第二节　理论模型与政策效果预测

为了检验真实行为人对前瞻指引政策的反应，本章使用实验经济学的方法，用真实的行为人代替经典模型中的理性人，观察决策个体能否采取与央行调控目标相一致的行动，与传统货币政策的效果进行对比，在此基础上评估前瞻指引政策的效果。

一、基本模型与预测

本章在动态跨期消费与储蓄的框架中检验前瞻指引政策的效果。以生命周期消费模型为基础，假设居民在一生效用最大化的目标下规划自己的终身消费和储蓄路径。

经济体中有许多存活 T 期的居民，在每个生命周期开始时，居民拥有总资产 A_0，可用于各期的消费或储蓄，每一期居民都可通过对商品的消费获得正的效用，所以效用是关于消费的函数。为了确保最优消费路径是唯一的，本模型还设效用函数是一个递增的凹函数，使用不变的相对风险厌恶形式的效用函数。假设相对风险回避系数是 σ，居民在第 t 期的消费量是 C_t，各期效用函数是 $u(C_t)$，可表示为：

$$u(C_t) = \frac{C_t^{1-\sigma}}{1-\sigma}, \ \sigma > 0, \ \sigma \neq 1 \tag{8-1}$$

居民的一生效用是其 T 期效用的加权总和。假设居民对效用的时间偏好率为 η（η > 0），对效用的贴现率为 ρ = 1/(1 + η)，那么居民的一生效用函数可表示为：

$$U = \sum_{t=1}^{T} \rho^t u(C_t), \ 1 > \rho > 0 \tag{8-2}$$

在规划最优消费路径时，居民的收入来源仅包括一笔初始财富 A_0 和每期储蓄的利息收入。也就是在这一生期间无其他收入，仅可以通过储蓄获得利息收入，在第 t 期未消费完的剩余资产将自动作为储蓄，在下一期获得利率为 R_t 的利息。假设第 t 期的名义利率是 R_t，消费品价格是 P_t，那么，第 t 期的可用资产 A_t 可表示为：

$$A_t = (1 + R_{t-1})(A_{t-1} - P_{t-1} C_{t-1}) \tag{8-3}$$

本模型不允许借贷，所以居民在每一期的消费总额都不能超过当期的资产，即必须满足以下约束条件：

$$P_t C_t \leq A_t, \quad \forall t \tag{8-4}$$

居民面对的跨期最优消费问题可以表示为：

$$\text{Max} \quad U = \sum_{t=1}^{T} \rho^t u(C_t), \quad t = 1, \cdots, T$$

$$\text{S.t.} \quad A_{t+1} = (1 + R_t)(A_t - P_t C_t)$$

$$P_t C_t \leq A_t, \quad A_t \geq 0 \tag{8-5}$$

消费和储蓄行为满足跨期预算约束，通过选择每期的消费水平可得到最优消费决策的欧拉方程：

$$C_{t+1}^{-\sigma} = C_t^{-\sigma} \frac{P_{t+1}}{P_t} \left(\frac{1 + \eta}{1 + R_t} \right) \tag{8-6}$$

欧拉方程描述了消费的跨期最优路径，由式（8-6）可知，如果名义利率等于时间偏好率（$R_t = \eta$）且价格水平不变（$P_{t+1} = P_t$），那么最优消费路径也是水平的（$C_t = C_{t+1}$）。

本模型不涉及代际跨期决策问题，仅考虑居民在一个生命周期内的跨期决策。居民在生命周期结束时不留下任何遗产，因此最后一期的消费数量满足式（8-7）：

$$C_T = \frac{A_T}{P_T} \tag{8-7}$$

结合上述边界条件可以递归推导出各期最优消费：

$$C_t^* = \frac{A_0}{P_1 + \sum\limits_{t=2}^{T} \left(P_t \prod\limits_{t=2}^{t} \frac{\varphi_{t-1}^{\frac{1}{\sigma}}}{1 + R_{t-1}} \right)} \left[\frac{P_1}{P_t} \times \frac{\prod\limits_{t=2}^{T} (1 + R_{t-1})}{(1 + \eta)^{T-1}} \right]^{\frac{1}{\sigma}} \tag{8-8}$$

第 1 期的最优消费解如式（8-9）所示：

$$C_1^* = \frac{A_0}{P_1 + \sum\limits_{t=2}^{T} \left(P_t \prod\limits_{t=2}^{t} \frac{\varphi_{t-1}^{\frac{1}{\sigma}}}{1 + R_{t-1}} \right)} \tag{8-9}$$

其中，$\varphi_t = \frac{(1 + R_t) P_t}{(1 + \eta) P_{t+1}}$，式（8-9）表明当前消费不仅取决于初始资产

和当期价格，还依赖未来的价格和利率。

二、前瞻指引的引入

接下来，在此框架中研究不同货币政策下被试者的消费和储蓄决策变化，分析利率上升或下降、利率调整是否可预期时的消费路径。因此本书不关心价格等因素，为了简化模型中的无关变量及计算难度，假设在每轮生命周期中价格保持不变，$P_t = P$。代入欧拉方程式（8-6）可得：

$$C_{t+1}^{-\sigma} = C_t^{-\sigma} \frac{1+\eta}{1+R_t} \tag{8-10}$$

此时各期最优消费 C_t^* 为：

$$C_t^* = \frac{A_0}{P + \sum_{t=2}^{T} \left(P \prod_{t=2}^{t} \frac{\Psi_{t-1}^{\frac{1}{\sigma}}}{1+R_{t-1}} \right)} \left[\frac{\prod_{t=2}^{T}(1+R_{t-1})}{(1+\eta)^{T-1}} \right]^{\frac{1}{\sigma}} \tag{8-11}$$

式（8-11）中，$\Psi_t = \frac{1+R}{1+\eta}$。

参考过去的实验研究与我国的实证研究（Luhan et al., 2014；李永友、丛树海，2006），本书将利率等于时间偏好率且 T 期利率保持不变（$R_t = \eta$，$t = 1, \cdots, T$）的情况作为"基准局 B"，根据式（8-10），此时 $C_{t+1} = C_t$，最优消费路径将保持水平，如图 8-1 中的虚线所示。

根据式（8-11），每一期的消费不仅取决于初始资产和当期利率，还取决于未来的利率。那么当存在前瞻指引，理性被试者可预期到未来的利率变动时，就会提前对利率变动做出反应，调整现期消费水平以最大化一生效用。如果居民在第一期就知道未来的第 t′ 期利率会变动，那么他将从第一期开始就调整消费，而不是等到 t′ 期才进行调整。在利率变动前进行的调整被称为前瞻效应，在利率实际发生变动后的调整被称为冲击效应，前瞻指引实验局的最优消费路径如图 8-1 中的实线所示。

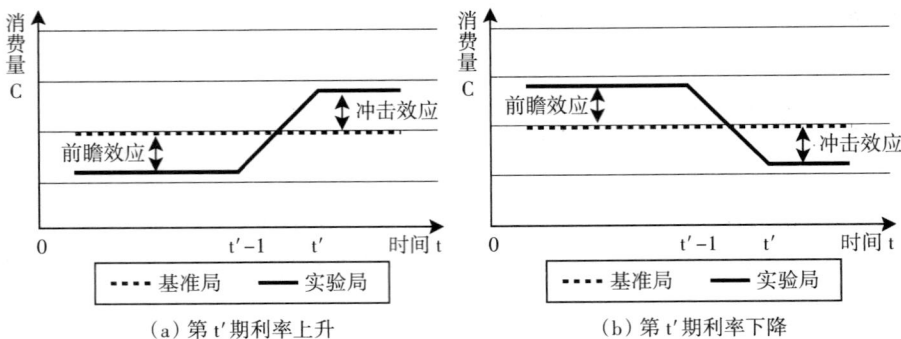

图 8-1　前瞻指引下的最优消费路径

注：生命周期共包含 T 期，第 t′ 期出现完全可预期的正向或负向货币政策冲击，T 期利率不变的实验
　　局 B 作为基准局。

水平的理论基准消费路径不仅有利于我们观察实际消费与最优消费路径的偏离，而且便于对比价格变动引起的前瞻效应和冲击效应，此时两种效应的调整方向相反，如图 8-1 所示，该图描述了当理性决策者预期到 t′ 期利率变动时的最优消费路径调整。在图 8-1（a）中，居民在第 1 期预期到未来第 t′ 期的利率（$R_{t'} > \eta$）将上升，最优决策是把消费推迟到 t′ 期之后，在利率上升的 t′ 期提高消费量（冲击效应），而前瞻效应使得居民在利率发生变化之前就开始降低消费水平（相对于利率不变的消费水平），以剩余更多的资产使居民有能力提高后期的消费。在图 8-1（b）中，居民预期到未来第 t′ 期的利率将下降，最优决策是立即提高当期消费（0~t′-1 期），在利率实际下降后（t′ 期及以后）降低消费。

第三节　实验设计

前瞻指引的效果取决于两个方面：一是在预期的形成过程中，被试者能否正确理解央行公布的调控目标，对货币政策形成正确的预期；二是取决于预期如何影响被试者的决策过程，在被试者正确形成预期后，能否按央行预期的那样调整经济决策，使货币工具达到调控目标。本书用实验分析上述第二个方面，预期对被试者跨期决策的影响，在被试者形成了对未来货币政策的正确预期后，如何调整决策，这决定了前瞻指引手段能否达到央行设定的政策目标。

一、实验任务设置

本书基于上述模型在实验室里构造实验，首先构建了跨期消费和储蓄的基准局，再在此框架中引入前瞻指引，前瞻指引对居民消费和储蓄决策有何影响、是否能提高货币政策的有效性是本章实验的重点。

被试者在实验中需要进行多轮生命周期的消费与储蓄决策，假设居民的寿命为五期，他在每个生命周期的第 1 期可获得资产 A_0，然后决定如何将资产在五期的消费和储蓄之间进行分配，在图 8-2 的五个方框中依次输

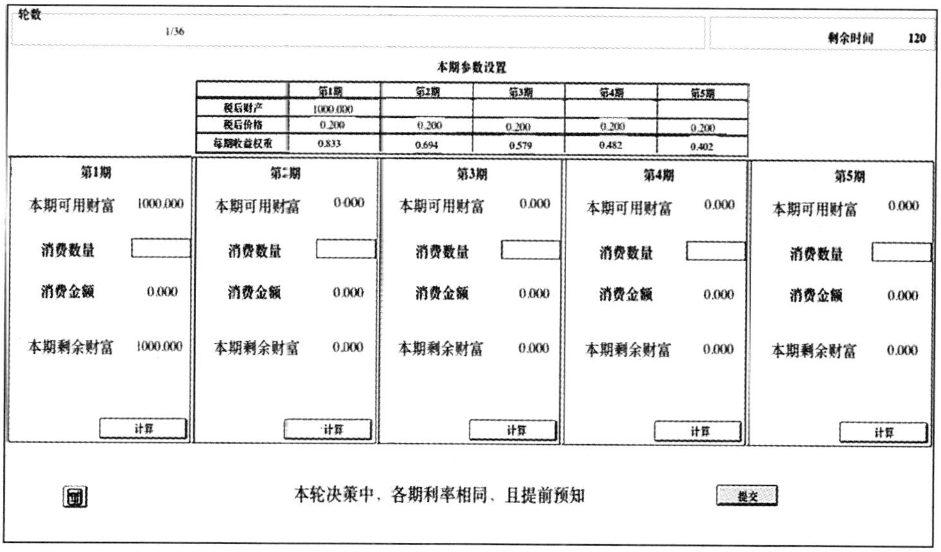

图 8-2 货币政策实验任务说明

入各期消费①。为了排除干扰因素的影响，"剥离"出被试者的跨期决策能力，本章实验使用确定性的有限期限跨期决策框架，最小化不确定性对被试者的影响以及被试者对风险的不可控态度，在每个生命周期开始时（第1期）就告诉被试者每个生命周期包括五期，重复36轮。

居民 i 的实验任务就是从第 1 期到第 5 期依次给出消费决策 C_{it}，表示以价格 P 购买 C_{it} 个消费品。请注意，五期消费的输入框是依次出现的，被试者完成一期决策后电脑才显示出下一期的输入框。比如被试者在生命周期开始时面对的第 1 期消费决策画面如图 8-3 所示，当他在输入框中输入消费数量并点击"计算"按钮后，系统将自动进入下一期，屏幕上会显示出第 2 期的消费选择框。依次类推，直至第 t 期完成整个生命周期的选择。消费决策一旦提交就不可修改。被试者在第 t 期余下的资产（$A_{it} - PC_{it}$）②自动作为第 t 期的储蓄，可按名义利率 R_t 获得利息。利息计入下一期的可用资产，所以居民 i 在第 t+1 期的可用资产是 $A_{it+1} = (1 + R_t)(A_{it} - P_{it}C_{it})$，他继续将这些资产在消费和储蓄间进行分配。为了帮助被试者理解实验规则，在实验说明中还举例进行解释。例如：你在某一期的可用财富是 500 点，商品单价为 2。如果你选择购买 100 个商品（C = 100），消费金额是 200 点（= 2 × 100），该期剩余财富是 300 点（= 500 − 200）。假设利率是 20%，你可获得 60 点利息（= 300 × 20%），那么下一期的可用财富是 360 点（= 300 + 60），附录 A 中给出了完整的实验说明。在实验中电脑会自动计算出第 t 期的剩余预算和利息收入，并在屏幕上显示第 t+1 期的可用资产。因为模型中不存在借贷，每一期的消费金额必须小于或等于本期的可用财富，否则被试者将无法提交答案，系统会弹出错误窗口提示。根据假设，居民在生命周期结束时不留遗产，各轮生命周期间的资产或消费也不可转移，因此最后一期没有消费完的资产将被清零，实验中也会给予提示。

---

① 图 8-2 仅为帮助被试者理解实验任务，并非被试者在实验中面对的屏幕画面，图 8-3 是实验屏幕截图。

② 假设居民 i 在第 t 期的可用资产是 A_{it}。

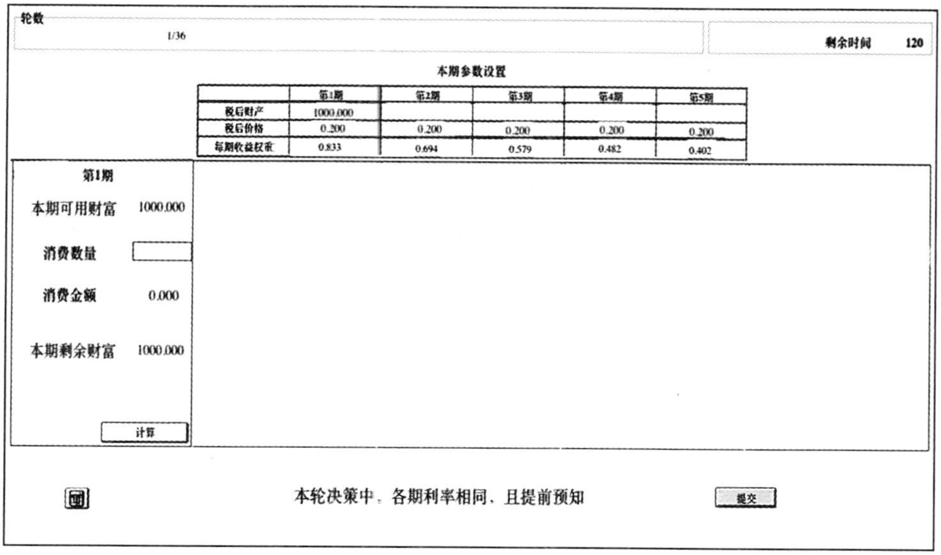

图 8-3 前瞻指引实验局的实验初始画面

被试者的决策任务其实是在当期消费和储蓄（未来消费）之间进行权衡取舍。一方面，被试者可以通过储蓄获得利息，前期减少消费能使后期有更多的资产（因为有更多的利息）用于消费。另一方面，由于一生总收益是 T 期收益的加权总和，当期的权重大于未来的权重（贴现率<1），相当于居民当期消费带来的收益大于未来消费。

在基准局实验中，生命周期内五期的利率保持不变，记为"实验局 B"。

为了使实验激励符合理论模型中的行为动机，实验报酬的收益函数即为模型中的一生效用函数，表示为：

$$Y = \sum_{t=1}^{T} \rho^t u(C_t), \ 1 > \rho > 0 \tag{8-12}$$

在实验说明中向被试者解释为每个时期的消费数量 C_t 决定了你在这一期的收益 u_t，而每一轮实验的总收益等于全部五期收益的加权总和，并给出了相应的计算示例。被试者在每个完整的生命周期决策结束后，电脑会自动计算该期的效用。

二、基本实验参数选择

在本章实验中利率是核心实验变量，其他无关变量保持不变。为了加强本书与以往研究的可比性，参考 Yamamori 等（2018）和 Luhan 等（2014）的实验研究，基本实验参数设置为：相对风险厌恶系数 $\sigma = 0.5$，时间偏好率 $\eta = 0.2$，居民对效用的贴现率 $\rho = 0.83$，初始资产 $A_0 = 1000$，价格 $P = 1$。

基准局 B 中的五期利率 $R_t = 0.2$，其他实验局使用不同的利率水平。根据式（8-11），代入以上参数，可计算出基准局 B 的最优消费水平为 $C_t^* = 278.65$（$t = 1$，2，$\cdots$，5），如图 8-4 所示，一生总效用为 99.5。

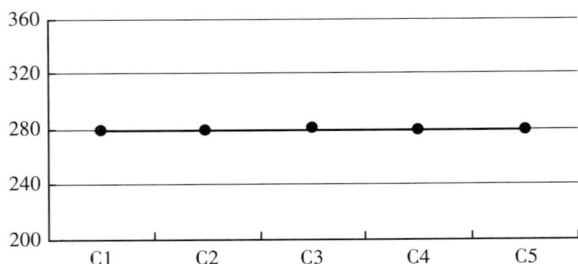

图 8-4 基准局 B（利率不变时）理论预测的最优消费路径

三、实验局设置

本实验通过改变每轮生命周期内的利率水平，达到在实验中引入货币政策的目的。被试者在实验中需要根据利率 R_t 进行多轮生命周期的消费与储蓄决策，决策任务和实验收益的计算方式都与基准局 B 相同，唯一不同之处在于利率的取值。所以除了核心变量利率 R_t 外，其他实验参数设置与基准实验局相同。

本章实验设置两种实验局，前瞻指引实验局（实验局 D 和实验局 U）和传统货币政策实验局（实验局 DN 和实验局 UN）。

在前瞻指引实验局中，假设央行通过信息沟通等方式让公众预期到未来的货币政策走势，在实验中表现为在生命周期的第 1 期就告诉被试者未来五期的利率。所以被试者在生命周期初始时就知道未来每一期的 R_t（$t =$ 1，2，…，5），在完全确定的条件下规划一生的消费路径。在初始时屏幕下方会显示提示语"本轮决策中，各期利率相同，且提前预知"（见图 8-3）。具体利率的取值如表 8-1 所示，可预期第 3 期利率上升 10% 的实验局被记为实验局 U，可预期第 3 期利率下降 10% 的实验局被记为实验局 D。本实验设置央行实施了一次前瞻指引调控，这样能隔离出单次利率调控所带来的影响，否则连续多次利率变动的影响会相互叠加，无法区分被试者对其反应的时机与程度，尤其会受到利率调控的时滞效应干扰。将利率变动安排在一个生命周期的中间阶段，是为了观察利率变动前后的消费路径变化。

表 8-1 各轮生命周期实验中利率的参数设置

单位：%

实验局	实验变量	第 1 期	第 2 期	第 3 期	第 4 期	第 5 期
B	基准局	20	20	20	20	20
D	预期下降	20	20	10	20	20
U	预期上升	20	20	30	20	20
DN	随机下降					
UN	随机上升					

在传统货币政策实验局中，假设央行未进行任何预期管理，在每一期突然公布利率变化，所以被试者提前并不知道未来的利率如何变化，可以认为对被试者而言利率是随机变动的。在初始时屏幕下方会显示提示语"在本轮决策中，利率随时会变化"。利率随机上升的实验局被记为实验局 UN，利率随机下降的实验局被记为实验局 DN。为了使前瞻指引实验局具有可比性，传统货币政策实验局中的利率水平围绕基准利率 20% 随机上升或下降，而且累计加息点数或降息点数设置为 10 个点。换句话说，在利

率预期上升的实验局 U 中，一个生命周期内的平均利率为 22%，那么相应地，在利率随机上升的实验局 UN 中，生命周期内的五期利率均值也设定为 22%。这种突然变动的利率规则是在模拟典型的传统货币政策，与前瞻指引工具的区别在于，传统货币政策是在第 t' 期突然宣布利率发生变化，而前瞻指引工具则是提前让公众预期到货币政策的走势。

为了检验可能的学习效应，基准实验局的生命周期重复进行四次，观察被试者能否通过重复学习来优化消费路径。为了避免学习效应的干扰，本实验打乱各类实验局出现的顺序，各类实验局（基准局 B，实验局 D、DN、U 和 UN）在实验中的顺序是随机交错排列的。

将基本实验参数代入式（8–10），可得到理论预测的最优消费路径：

$$C_{t+1}^* = C_t^* \left(\frac{1 + R_t}{1.2} \right)^2 \tag{8-13}$$

这意味着，与基准局 B（利率保持 20% 不变）中的水平消费路线相比，当实验局 U 中预期第 t 期利率上升（相对于基准利率 20%），下一期消费水平也将上升（$C_{t+1}^* > C_t^*$）；当实验局 D 中预期第 t 期利率下降（相对于基准利率 20%），下一期消费水平将下降（$C_{t+1}^* < C_t^*$）。

在前瞻指引的实验局 U 和实验局 D 中，面对可预期的利率调整，根据式（8–11），被试者最优消费路径如图 8–5 所示。当被试者在实验局 U 的第 1 期开始时就预期到第 3 期利率上升，不仅会提高下一期消费，而且会在利率变动发生前就提前调整。也就是从第 1 期开始就改变消费路径，

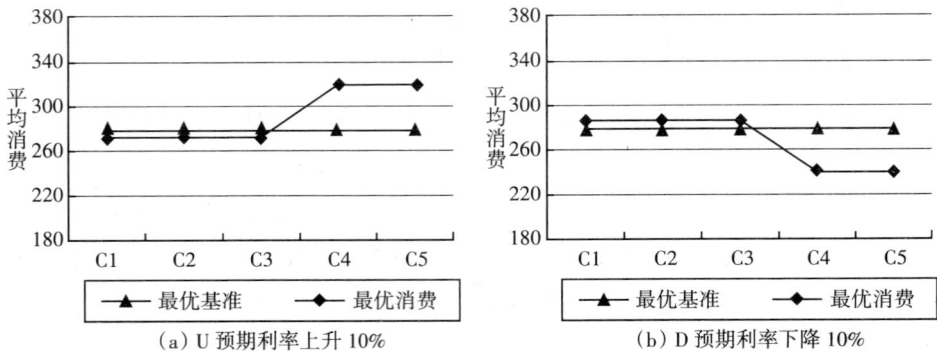

（a）U 预期利率上升 10%　　　（b）D 预期利率下降 10%

图 8–5　理论预测的最优消费路径

降低消费，提高储蓄，然后在利率变动发生后的第 4 期到第 5 期提高消费。实验局 D 中的决策则正好相反。

这两个实验局的利率水平设置包含两重对称性，不仅利率水平的正向和负向变动幅度 ΔR 相等（基准利率 0.2 上升或下降 0.1），而且此时消费调整幅度 ΔC* 也近似相等。比如在前瞻指引实验局中，对比实验局 U 和实验局 D，第 3 期利率分别从基准水平的 20% 提高或降低了 10%，理论预测前三期的消费水平也分别从基准水平降低或提高 7 左右，后两期分别从基准水平提高或降低 39 左右（见图 8-5）。在这种设置下，如果发现实验中真实行为人在实验局 U 和实验局 D 中的消费调整幅度有显著差异，就可以判断被试者对预期到的利率上升和利率存在差异化反应，即不同方向的前瞻指引对被试者的消费与储蓄行为产生了非对称性的影响。

第四节　实验过程

一、实验执行

本章实验使用 Z-Tree 软件（Fischbacher，2007）进行编程，于 2018 年 10 月在南开大学经济学院的宏观经济与政策实验室开展实验，招募了 36 位学生参与实验。

被试者在到达实验室后便由实验助理引导入座，在实验过程中禁止被试者之间进行沟通和交流。待全部被试者入座后，由实验者发放并宣读实验说明，向被试者解释实验操作的具体过程和规则，告诉被试者需要进行哪些决策以及他们的决策如何影响他们获得的实验收益。实验说明如附录 C 所示，在所有被试者理解实验说明后，开始运行实验。本实验用练习实验代替了实验说明中的理解练习题，在实验正式开始前设计了三轮生命周期的练习实验来帮助被试者正确理解实验规则和激励被试者。在练习实验中的数据既不算入被试者的实验收益，也不用于本书的实验结果分析。

正式实验结束后电脑会随机选择一个生命周期，根据被试者在这个生命周期中的收益来支付报酬，这样可以激励被试者在每轮实验中都努力获得更高的收益点数。实验说明如附录 C 所示，实验问卷如附录 D 所示。实验大约持续两个半小时，结束后根据被试者的决策发放现金报酬（现金兑换率是每 10 点收益 = 4 元人民币），平均 39 元。

二、实验说明

向实验参与者说明了实验规则，在实验开始前由实验主持者宣读，在实验中发给被试者的实验说明详见附录 C[①]。

在实验结束后，要求参与者在 Z-Tree 实验平台上填写问卷。问卷包括基本个人特征问题，包括性别、年龄、专业等，以及若干开放性问题，详细内容如附录 D 所示。

第五节　基准实验局结果分析

一、跨期消费行为特征分析

本节先观察被试者在基准实验局中的消费行为，表 8-2 对比了基准局 B 四个生命周期中所有被试者的各期平均消费与最优消费水平。

---

① 实验在实际开展过程中是货币政策的一系列综合实验，包含多个实验局（即多种货币政策），本章的实验仅涉及其中的一部分实验局。

表 8-2　基准局 B 的各期平均消费

	第 1 期	第 2 期	第 3 期	第 4 期	第 5 期
C_t^{opt}	278.65	278.65	278.65	278.65	278.65
$\overline{C}_t$	377.81	274.10	229.92	207.99	214.45
C_t^{max}	1000	1200	1200	600	1429
C_t^{min}	0	0	0	0	0
p 值	0.000***	0.659	0.000***	0.000***	0.001***
$1/n \sum\limits_{i=1}^{n}(|D_t|)$	139.85	62.56	77.29	110.06	158.89
$1/n \sum\limits_{i=1}^{n}(D_t)$	99.16	-4.55	-48.73	-70.66	-64.20

注：p 值表示单样本 t 检验的显著性水平，原假设是各期平均消费等于最优消费。***、**、* 分别表示在 1%、5%、10% 的水平下通过显著性检验。

C_t^{opt} 表示被试者在第 t 期的理论最优消费，$\overline{C}_t$ 表示所有被试者在第 t 期的平均消费，C_t^{max} 表示在实验中被试者在第 t 期的最高消费，C_t^{min} 表示在实验中被试者在第 t 期的最低消费。第 t 期的消费偏差为 $D_t = C_t - C_t^*$，度量实际消费与最优消费的偏离方向，其绝对值为 $|D_t|$，度量实际消费与最优消费的偏离幅度。

观察各期的平均消费水平，可以发现被试者在规划一生的消费路径时，前期的消费水平高于后期，也就是消费水平几乎逐期下降（除了第 5 期略有上升，在第 5 期被试者必须消费掉所有的剩余财富），从第 1 期的 377.81 点降低至第 5 期的 214.45 点。

图 8-6 形象地展示了这一趋势，柱形图表示四个生命周期中所有被试者在各期的平均消费，水平的直线代表最优的消费路径，我们可以清晰地看到消费水平逐期递减。$1/n \sum\limits_{i=1}^{T}(D_t)$ 的符号也表明，与最优消费水平（278.7）相比，被试者在第 1 期消费过度（符号为正），被试者的消费水平显著大于理论预测的最优值；第 2 期的消费水平略低于最优消费，且在非参数检验下并不显著；第 3、第 4、第 5 期显著消费不足（符号为负）。

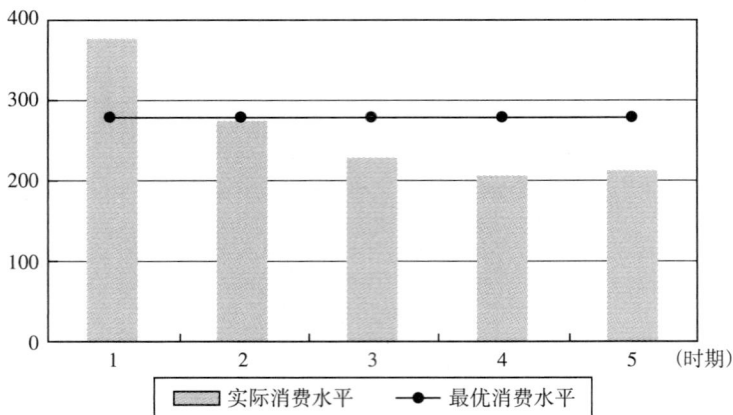

图 8-6 基准局 B 的各期平均消费

进一步做统计性检验，观察 p 值（平均消费等于最优消费的单样本 t 检验的显著性水平）可发现第 1 期和第 3 期、第 4 期、第 5 期的平均消费都与最优消费水平间存在显著差异，在 1% 的显著性水平上拒绝了各期平均消费等于最优消费的原假设。第 1、第 4 和第 5 期中的 $1/n \sum\limits_{i=1}^{T} (|D_t|)$ 也最大，说明这两期中实际消费与最优消费的平均偏离幅度较大。

结论 8.1：总体来说，被试者的跨期消费行为与理论最优消费水平间存在一定的偏差，被试者表现出前期消费过度、后期消费不足的跨期决策特征。

以上是从总体层面对平均消费水平进行分析，这有助于我们了解被试者的一般行为特征，但也在一定程度上掩盖了个体异质性。虽然整体呈现出递减的消费路径，但也许仍存在部分被试者能做出跨期最优决策。

接下来从个体层面分析有多少被试者的行为满足最优跨期假说，对最优消费的偏离是少数个体大幅偏离最优水平导致的，还是因为多数个体都无法做到最优决策呢？了解有多少比例的被试者能做到最优决策可以帮助研究者理解跨期决策行为特征。

由于最优消费路径是水平的，检验被试者的消费决策是否随时间变化，对每位被试者的各期消费进行回归，结果如表 8-3 所示。样本量包括被试者在四个生命周期中的全部决策，自变量是线性的和二次的时间趋势项，同时用 F 检验分析两个时间趋势项的系数是否联合显著不为零。结果显示，有 10 个回归不能拒绝原假设，说明这八位被试者的消费路径不随

表 8-3　基准局 B 中各期消费的时间趋势检验

被试者	（1）	（2）	（3）	（4）	（5）	（6）	（7）	（8）
t	−45.02	−377.30	−168.71	−52.54**	−163.09***	−400.52***	3.81	−275.93*
t^2	−3.82	94.14	26.99	0.33	19.21**	44.23***	−7.29	34.77
常数	431.5***	432.27	484.32**	414.35***	538.5***	943***	329.95***	698.14***
p 值	0.0162**	0.0160**	0.4969	0.0000***	0.0004***	0.0000***	0.0038***	0.0495**

被试者	（9）	（10）	（11）	（12）	（13）	（14）	（15）	（16）
t	−409.00***	−23.92	10.54	−21.85	−138.96**	−357.60***	−276.00***	−129.71**
t^2	47.70***	1.07	−5.91	−5.25	13.14	41.29***	29.96***	24.39**
常数	934.6***	332.24***	303.35***	382.95***	528.7***	855.81***	741.12***	400.96***
p 值	0.0000***	0.4386	0.0055***	0.0000***	0.0000***	0.0000***	0.0000***	0.0297**

被试者	（17）	（18）	（19）	（20）	（21）	（22）	（23）	（24）
t	−72.55	−39.07	84.73**	−38.95**	31.35	−79.99**	−358.62**	−58.08***
t^2	4.25	7.02	−19.82***	2.31	0.25	7.17***	46.31*	8.13***
常数	432.35***	319.42***	231.05***	360.92***	193.55	426.12***	813.88***	359.75***
p 值	0.0027***	0.8567	0.0001***	0.0000***	0.1780	0.0000***	0.0123**	0.0005***

被试者	（25）	（26）	（27）	（28）	（29）	（30）	（31）	（32）
t	66.50*	−406.41	−311.57	−71.07	−315.64*	−152.87	−520.00***	−224.75***
t^2	−19.35***	73.13*	29.02	18.93	41.99	9.48	68.95***	20.71**
常数	274.99***	632.06*	843.40**	298*	738.85***	597.95***	1019.1***	687.97***
p 值	0.0000***	0.2009	0.0281**	0.1265	0.0420**	0.0150**	0.0004***	0.0000***

被试者	（33）	（34）	（35）	（36）				
t	−82.75***	76.91*	103.54	38.19				
t^2	11.74***	−11.79*	−26.86	−2.76				
常数	392.80***	180.3***	243.45*	202.29**				
p 值	0.0000***	0.1408	0.0093***	0.2503				

注：因变量是每位被试者的各期消费 C_{it}。使用最小二乘法进行回归。p 值来自 F 检验，检验时间趋势项 t 与 t^2 是否联合显著不为零。***、**、* 分别表示在 1%、5%、10%的水平下通过显著性检验。

时间显著变动。其他被试者的消费路径非常显著地随时间变动，大部分自变量 t 的系数显著为负，说明大多被试者前期消费过多，后期消费不足。

对于这八位被试者，再来检验他们的平均消费水平是否接近最优，也就是回归中的常数项是否在［200，360］区间内。此处适当放松了最优消费的检验标准，检验水平的实际消费是否落入最优消费的临近区间内，而非检验实际消费是否等于最优消费 278.65。因为后者的检验太为严苛，对被试者的计算能力要求非常高，事实证明也没有被试者能做到每期消费278.65，包括其他研究者的类似实验中（Anderhub et al.，2000；Carbone and Duffy，2014；Yamamori et al.，2018），都发现没有被试者能做出与最优消费完全相等的消费决策。

所以在个体检验时对最优消费的判断标准适当放松，如果被试者能做到近似最优的水平消费路径，即认为该被试者有进行跨期最优决策的能力。［200，360］是一个粗略估计的最优区间，如果不计储蓄利息，在生命周期的五期中平均分配初始资产 1000 点，那么各期消费为 200 点，这可以视为下限。如果忽略复利，简化利息的计算，假设初始资产在第 1 期至第 4 期都以 20% 的利率产生 200 点利息，那么整个生命周期的预算就有1800 点，再在生命周期内平均分配，每期消费就是 360 点。这两种计算方法当然都是不对的，但可以大概估计最优消费的区间，而且最优消费（278.65）几乎就是这个区间的中值。

在上述八位消费路径水平的被试者中，有四个被试者（被试者 10、18、28、36）的常数项在［200，360］内，即接近水平的最优消费路径。以上证明被试者的行为存在异质性，少数被试者（约 11%，36 人中有四个）能做出最优的跨期决策，大多数被试者偏离最优路径。

结论 8.2：被试者的行为存在异质性，少数被试者能做出最优的跨期决策，大多数被试者偏离最优路径。

虽然在总体层面上，消费者的决策偏离了最优路径，但我们也看到，微观主体的决策能力差异很大，存在 20% 的被试者能做到最优跨期决策。近年来很多学者尝试用异质性个体假设来修正动态一般均衡模型的微观基础，比如许志伟等（2015）假设 80% 被试者的宏观预期呈现出适应性特征，20% 的居民采用理性预期，卞志村和杨源源（2016）假设 70% 的居民受流动性约束，30% 的居民不受流动性约束，修正后的宏观经济模型能更好地解释我国经济状况。结论 8.2 可以帮助研究者从跨期决策能力的角度进一步修正宏观模型的微观基础，并引入我国被试者的行为特征。

二、学习效应分析

基准局 B 的生命周期重复进行了四轮[①]，对比四轮生命周期的消费路径，可以检验历史经验是否影响被试者的跨期决策。图 8-7 展示了所有被试者在四轮生命周期中的平均消费，随着实验的重复进行，消费路径越来越接近。虽然在第 4 轮生命周期中消费路径仍然是递减的，但明显比第一个周期更平坦。

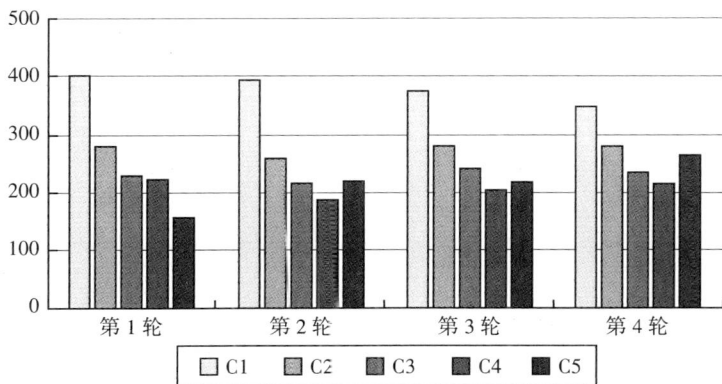

图 8-7　基准局 B 四个生命周期的各期平均消费

图 8-7 直观地反映了学习行为的作用后，进一步计算实际消费与最优消费量的偏离，表 8-4 展示了偏离幅度的绝对值和平均值。观察平均偏离

[①] 基准局 B 分别安排在 20 轮生命周期实验的第 1、第 8、第 14 和第 20 轮，在本节分析中分别将其称为第 1、第 2、第 3、第 4 轮。

幅度可知，四个生命周期的消费水平都是逐渐降低（第 1、第 2 期的平均偏离符号几乎都为正，第 3、第 4、第 5 期的平均偏离符号都为负）。从第 1 轮到第 4 轮，第 1 期至第 4 期的绝对偏离水平都有所下降，消费水平越来越接近最优路径。

表 8-4   实际消费与最优消费量的偏离

	生命周期	第 1 期	第 2 期	第 3 期	第 4 期	第 5 期
$\frac{1}{n}\sum_{i=1}^{n}(|D_i|)$	第 1 轮	176.44	109.86	124.82	154.37	162.73
	第 2 轮	170.17	69.16	78.42	117.63	184.00
	第 3 轮	116.06	35.93	50.87	92.19	145.86
	第 4 轮	96.71	35.29	55.05	76.06	142.94
$\frac{1}{n}\sum_{i=1}^{n}(D_i)$	第 1 轮	122.04	0.93	−50.73	−55.29	−121.30
	第 2 轮	113.04	−20.57	−61.37	−90.47	−59.89
	第 3 轮	94.21	1.13	−37.34	−74.46	−59.39
	第 4 轮	67.35	0.32	−45.46	−62.42	−16.22

再结合 $\bar{S} = 1/n \sum_{i=1}^{n} s_i$ 度量消费路径的水平度，其中 s_i 表示被试者 i 在一个生命周期内五期消费水平的标准差。四轮生命周期的 $\bar{S}$ 逐渐降低（$\bar{S}_1 = 188.00$，$\bar{S}_2 = 151.57$，$\bar{S}_3 = 114.15$，$\bar{S}_4 = 106.63$），也证明消费路径越来越平坦。观察被试者的收益，对比四轮生命周期中被试者的平均一生效用（$\bar{Y}_1 = 90.32$，$\bar{Y}_2 = 91.06$，$\bar{Y}_3 = 96.64$，$\bar{Y}_4 = 96.57$），被试者的一生效用以及相应的实验收益都随着实验的重复而逐渐提高，证明被试者存在学习行为，在实验中学会了更快、更好地规划跨期消费路径，能够通过学习趋近最优的跨期消费决策。

结论 8.3：被试者存在学习行为，能够通过学习趋近最优的跨期消费决策。

三、中外行为差异分析

本节对中西方被试者的跨期决策行为进行对比，分析其异同之处，找到了三个类似的跨期消费储蓄实验，分别是 Luhan 等（2014）基于德国大学生被试者的实验、Duffy 和 Li（2019）基于美国大学生被试者的实验、Fehr 和 Zych（2008）基于奥地利大学生被试者的实验。但是因为各个实验的具体环境设置和参数选择不完全一致，所以只能选取其中的部分实验局，通过对比趋势图来观察不同的消费路径走势和行为偏好，无法进行准确的定量对比。

Luhan 等（2014）在跨期消费储蓄实验中研究未来价格和利率对消费路径的影响，他们的基准实验局与本实验类似，生命周期设置为五期，初始禀赋为 1000 点，理论预测的最优消费路径是水平的，被试者是来自德国波鸿鲁尔大学的学生。在实验中，德国被试者的消费水平从第一期到第四期逐渐下降，第五期的消费水平略有上升，第一期实际消费水平高于理论预测的最优水平（89 点），第二期到第五期实际消费水平都低于理论预测的最优水平（−22 点，−33 点，−71 点，−59 点），展现出前期过度消费、后期消费不足的特征。图 8-8 展示了本书实验中各期实际消费与最优消费水平的偏差，与西方被试者的消费路径相比，我国被试者的消费变动趋势与之非常相似，五期实际消费与理论预测最优水平的偏离程度分别为

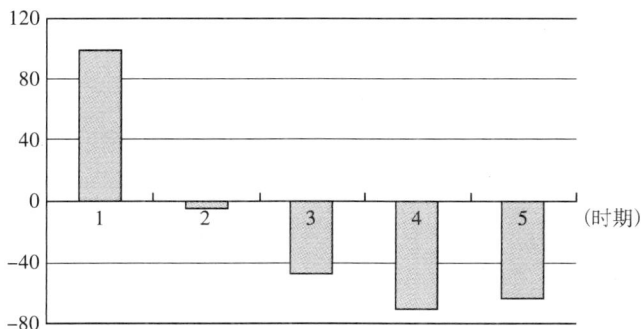

图 8-8 各期消费与最优消费水平的偏差（D_t）

99 点、−5 点、−49 点、−71 点、−64 点，在第一期都表现出过度消费，在后期表现为消费不足。但不同在于，我国被试者是从第三期开始展现出明显的消费不足特征，第二期的实际消费水平非常接近理论预测的最优水平，在第三期后实际消费水平才大幅低于理论预测的最优水平。

Duffy 和 Li（2019）在跨期消费储蓄框架下研究不同收入方式的影响，他们的实验局 LS 与本实验的基准局 B 设置类似，被试者只在生命周期的第一期获得一笔总财富，且不允许借贷，每一期银行都会根据被试者的剩余财富向被试者支付储蓄利息，他们的被试者是来自美国加州大学的本科生。但是实验设置的区别在于，Duffy 和 Li（2019）的实验中生命周期更长（t = 25），且设置贴现率 ρ 为 1，效用函数为 0.2ln（0.01c + 1）。本书的生命周期为五期，效用贴现率为 0.83，效用函数为 $2\sqrt{c_t}$。这意味着在 Duffy 和 Li 的实验中被试者从后期消费与当前消费获得的效用值的权重是相等的，而在本书的实验中，由于贴现率小于 1，被试者从当期消费中获得的加权效用更高，从后期消费中获得的效用更低，这会激励被试者在早期进行更多的消费。Duffy 和 Li（2019）设置的利率更低（10%），从剩余资产中获得的利息更低，本实验的基准实验局中利率更高（20%），可以从剩余资产中获得更多的利息，这又会激励被试者在晚期进行更多的消费。Duffy 和 Li 设置的初始禀赋数值更高（4644 点），本实验的初始禀赋仅为 1000 点，所以在数值上，Duffy 和 Li 的理论预测最优消费水平也更高。在各方面的综合影响下，本书实验的理论预测最优消费路径是水平的（278.65 点），而 Duffy 和 Li 实验的理论预测最优消费路径是逐期递增的（大约从 10 点增长到 2300 点）。在对比这两个实验时，本书不使用实际消费水平的绝对值变化，仅对比消费路径的变化趋势。

图 8-9 展示了本书实验中基准局 B 的最优消费路径偏差（D_t）的置信区间。虽然两个实验中消费水平的数值和置信区间有明显差异，但平均消费路径与最优消费路径偏差的变化趋势基本相似。观察 Duffy 和 Li（2019）的美国被试者在各期的平均消费水平，即使在贴现率为 1 的情况下（即后期消费与当前消费带来的加权效用水平相同），他们也表现出当前消费过

度（$D_t > 0$，平均消费水平高于最优消费路径），后期由于积累的资产过少而消费不足（$D_t < 0$），这与本书实验中的消费路径特征相似。但区别在于，美国被试者在生命周期过半后（在生命周期的第十七期）才开始表现出消费不足，而我国被试者较早（在生命周期的第二期）出现消费不足的行为。

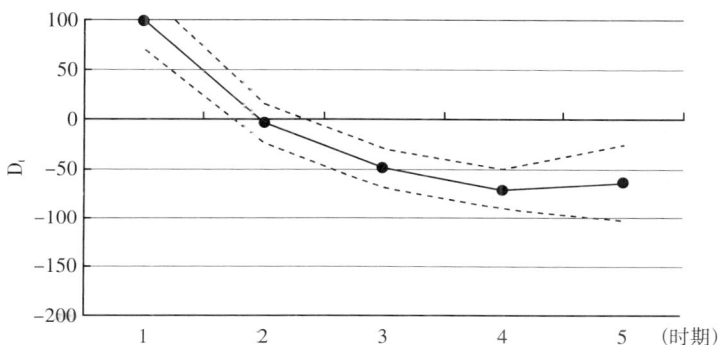

图 8-9　最优消费路径偏差（D_t）的置信区间

注：图中折线表示与最优消费路径的偏差（D_t）的平均值，虚线表示 95% 的置信区间。

Fehr 和 Zych（2008）用实验研究习惯形成下的跨期决策行为，他们的被试者是来自奥地利维也纳大学企业管理专业的 25 位本科生，实验设置与本书也略有差异，比如生命周期的长度为 30 期，理论预测的最优消费路径是逐渐递增的（大约从 1 点增长到 50 点）；而本书的生命周期长度更短（五期），理论预测的最优消费路径是水平的（278.65 点）。在对比两个实验时，同样不使用实际消费路径的绝对值，仅对比消费不足和过度消费的次数比例。在 Fehr 和 Zych（2008）的实验中，被试者总共做出了 1500 个消费决策（被试者人数 25 × 生命周期数 30 × 重复轮数 2），其中消费不足（实际消费低于理论预测最优消费水平）的占比为 18%，69% 的决策（1036 个）是过度消费，也就是说 69% 人次的实际消费高于理论预测的最优消费水平。在整个生命周期中，被试者的大部分消费决策都是消费过度的，在生命周期的前期（第 1~12 轮），过度消费的决策占比逐渐上升，约从 60% 升到 80%，在后期（第 13~29 轮）这一占比下降到 60% 左右。图

8-10 展示了本书实验中不同类型消费行为的占比，其中每一个柱形的两种颜色（从下到上）分别表示本期实验中过度消费和消费不足的被试者比例。在总共 720 个消费决策中（被试者人数 36 × 生命周期数 5 × 重复轮数 4），有 43% 的决策是过度消费，低于 Fehr 和 Zych（2008）的结果，且本书中过度消费的被试者比例在生命周期的后期大幅下降，在第三期以后过度消费的占比低于 30%。此外，本书实验中的被试者都未能达到理论预测的最优消费水平，最优消费的占比为 0，而 Fehr 和 Zych（2008）实验中被试者达到最优消费的比例（13%）显著高于本实验，虽然这一比例随着生命周期的推进也有所降低（大约从 20% 下降到 10%）。

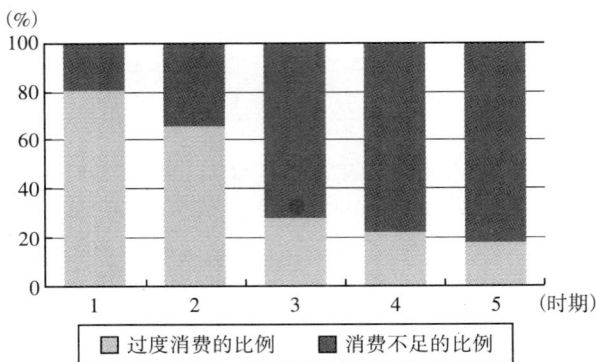

图 8-10　各类行为特征的被试者比例

　　对比外国的类似研究，西方被试者的过度消费倾向更强。这无疑与消费文化有关，众所周知，中西方的消费文化与消费行为有显著差异。东亚国家消费文化主要表现为节俭和谨慎消费，居民消费不足；欧美国家的消费文化更多地表现为超前消费，居民消费过度。相关实证研究也证明国家因素（如风俗、文化等）能解释约 79% 的消费行为（叶德珠等，2012）。

　　这种差异也可能是由于中西方的教育水平差异，或者说是个人计算能力差异。本书的实验在生命周期消费的框架下检验跨期最优假说，所以被试者的决策不仅与消费文化相关，还与被试者的计算能力密切相关，能否准确计算出跨期最优解尤为重要。叶德珠等（2012）曾用教育水平表示居民进行理性决策的能力，基于全球 48 个国家和地区的实证结果表明，一个国家理性消费者的占比越低（居民教育水平越低），消费行为偏差越严重，也就是消费者后期的实际消费与早期的消费计划偏离更大，表现为消费异常程度与教育水平显著负相关。考虑到我国消费者的基本特征与西方消费者不同，在使用西方经典理论分析我国现实问题时要特别注意适用性问题，不能照搬国外的研究结论与经验，应在模型中加入我国被试者的行为特征，建立符合我国基本国情的宏观模型和消费理论。

结论 8.4：中西方被试者行为存在差异，我国被试者过度消费的倾向更低，可能是由于消费文化与教育水平（尤其是个人计算能力）的影响。

第六节 前瞻指引实验局结果分析

根据理论模型的预测，前瞻指引工具发挥政策效果是因为被试者具有前瞻性，也就是预期会影响被试者的整体决策过程。那么当真实的被试者预期到未来利率会变动时，能否真的按央行预期的那样调整经济决策，使货币工具达到调控目标呢？本节将从调整方向、调整幅度、调整时机三个方面检验被试者是否如理论预测的那样对消费规划做出调整，这在很大程度上决定了前瞻指引手段能否达到央行设定的政策目标。

一、消费路径调整分析

通过图 8-11 中的折线图观察被试者在预期到第 3 期货币政策冲击后会如何调整消费路径。实验局 D 发生在本次实验中的第 2 轮，实验局 U 发生在本次实验的第 7 轮。图 8-11 展示了实验局中被试者的实际消费水平 C_t（黑色实线）与理论预测的消费水平 C_t^*（灰色实线）及其相应的基准局。加入基准局 B 中的基线路径是为了方便观察消费路径的调整，也就是在利率水平不变时被试者的实际消费水平（黑色虚线）与理论预测消费水平（灰色虚线）。

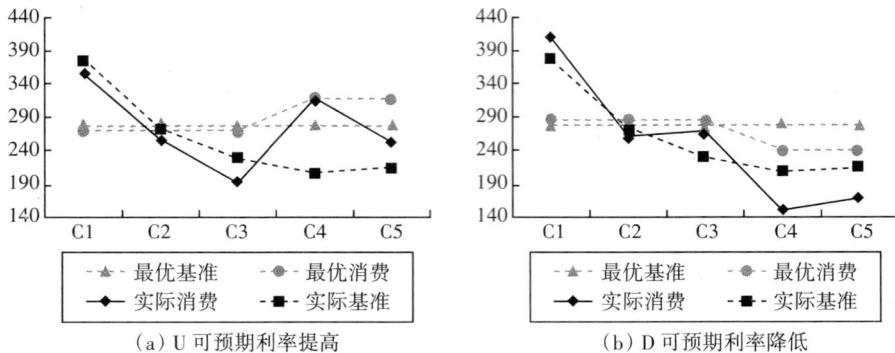

(a) U 可预期利率提高　　　　　　　(b) D 可预期利率降低

图 8-11　前瞻指引实验局的消费路径

注：灰色虚线表示基准局 B（利率不变时）中被试者的最优消费决策，黑色虚线表示基准局 B 中被试者的真实消费决策。灰色实线表示前瞻指引实验局 U 和实验局 D（预期利率上升或降低）中被试者的最优消费决策，黑色实线表示前瞻指引实验局 U 和实验局 D 中被试者的真实消费决策。

在基准局 B（利率不变）的设置下，理论预测的最优消费路径是水平的，将之称为"理论基准"水平，具体取值为 278.65，那么理论预测的第 t 期消费调整幅度为 $\Delta C_t^{opt} = C_t^{opt} - 278.65$。

考虑到被试者在基准局中就已经偏离了水平的最优路径，即在实验局 B 中的实际消费水平就不符合理论预测，为了分离出被试者对预期利率变动的反应与调整，所以在度量实际消费调整幅度时不使用理论基准水平 278.65，而使用被试者自己在基准局中的表现作为参照，称之为"实际基准"水平。被试者 i 在第 t 期的实际消费调整幅度就等于被试者 i 在第 t 期的实际消费水平减去实际基准水平，即 $\Delta C_{it} = C_{it} - \overline{C}_{it}$。因为在实验局 B 的参数设置下分别进行了四轮生命周期，实际基准水平 $\overline{C}_{it}$ 取四轮生命周期的平均值，等于被试者 i 在四轮生命周期第 t 期的平均消费水平。

通过观察图 8-11，我们可以直观地看到，第一，总体层面上，实际消费水平与理论预测水平间存在差异，黑色实线与灰色实线间存在明显差异。第二，观察消费路径的变化趋势，实际消费路径的变化趋势与理论预测路径的相似，调整方向基本符合理论预测的调整方向。虽然利率变动实际发生在第 3 期，但是可以明显地看到，被试者在预期到未来的利率变动后、利率实际发生变化前，就提前调整了消费路径，从第 1 期开始消费水平就不同于实际基准水平。

二、前瞻效应分析

前瞻效应反映了被试者是否会对预期到的未来利率变动提前做出反应。通过图 8-11 可以直观地看到，在利率提高的实验局 U 中决策者明显提前调整了自己的消费和储蓄决策，从第 1 期开始就降低消费且提高储蓄，在利率变动发生之后才增加消费。在利率下降的实验局 D 中，被试者在第 1 期提高了消费水平，在利率变动后降低了消费，调整方向基本符合理论预期[①]。也就是说，平均消费水平的变化趋势反映出，当中央银行提前告知消费者未来的货币政策调整时，被试者提前做出了反应。

总体平均水平可能会掩盖一些行为特征，下面再从个体的角度观察被试者的消费路径调整是否符合理论预测。首先是调整方向，如表 8-5 中的第一行指标展示了消费调整方向符合预测（也就是 ΔC_{it} 与 ΔC_t^{opt} 符号一致）的被试者比例。与水平的基准消费路径相比，利率变动引起的前瞻效应和冲击效应的调整方向相反（见图 8-1）。当被试者在第 1 期预期到未来第 3 期的利率将下降时，理论预测他会在第 1 期到第 3 期提高消费（与基准局相比），即前瞻效应；第 4 期到第 5 期降低消费（与基准局相比），即冲击效应。表 8-5 中的样本包括前瞻指引实验局 U 和实验局 D 中的所有被试者决策，结果显示面对利率变动，消费的提前调整方向基本符合预测，58% 以上的被试者消费调整方向符合理论预测。说明前瞻指引政策在一定程度上有效，大部分被试者预期到未来的利率变动后会提前调整消费决策。

---

① 虽然在第二期消费又有所下降。面对利率上升和下降，被试者的反应似乎有所差异。

表 8-5　前瞻指引实验局中被试者的消费路径调整符合理论预测的程度

	前瞻效应			冲击效应	
	第 1 期	第 2 期	第 3 期	第 4 期	第 5 期
消费调整方向符合预测的被试者比例	60%	58%	64%	67%	67%
实际消费调整幅度 $|\Delta C_{it}|$	123.95	55.68	95.59	142.38	144.89
理论消费调整幅度 $|\Delta C_t^{opt}|$	6.71	6.71	6.71	40.5	40.5
$|\Delta C_{it}|>|\Delta C_t^{opt}|$ 的被试者比例	100%	95%	100%	85%	88%

注：消费调整方向符合预测的被试者比例表示有百分之多少的被试者实际消费变动方向符合理论预测方向。

如表 8-5 所示，从消费调整的幅度进行分析，分别展示了实际调整幅度 $|\Delta C_{it}|$ 与最优调整幅度 $|\Delta C_t^{opt}|$ 的平均值。可以看到各期的实际调整幅度几乎都显著大于最优调整幅度。表 8-5 中展示了实际调整幅度大于最优调整幅度（$|\Delta C_{it}|>|\Delta C_t^{opt}|$）的被试者比例，在第 1 期至第 3 期大部分消费者（95%~100%）的消费调整幅度过大，在第 4 期至第 5 期调整幅度过大的被试者人数有所下降，但仍在 85% 以上。说明面对可预期的利率变动，被试者的反应过大。

接下来用回归分析被试者是否以及何时对预期到的利率变动做出反应，用各期消费对利率变动进行回归。根据上述理论模型，每期的最优消费水平都是关于未来利率的函数，如式（8-11）所示，本书将它近似看为线性的回归，因变量分别是被试者第 1 期到第 5 期的消费。由于利率在第 3 期发生变化，所以第 3 期的利率 R_3 作为自变量。各期的回归结果如表 8-6 所示。

表 8-6　各期消费水平对 R_3 的回归结果

变量	C_1	C_2	C_3	C_4	C_5
R_3	−267.92 (193.17)	−27.5 (89.41)	−389.72[*] (202.89)	847.08[***] (243.39)	426.27[*] (214.33)
常数项	438.18[***] (43.20)	264.72[***] (19.99)	308.39[***] (45.37)	64.87 (54.42)	125.50[**] (47.93)

续表

变量	C_1	C_2	C_3	C_4	C_5
N	72	72	72	72	72
R^2	0.0267	0.0013	0.0501	0.1475	0.0535

注：***、**、* 分别表示在 1%、5%、10%的水平下通过显著性检验；括号内是标准误。

理论预测当被试者知道第 3 期的利率将上升时，他会在第 1 期到第 3 期降低消费（回归系数为负），第 4 期到第 5 期提高消费（回归系数为正）；当预期第 3 期的利率下降时，他会在第 1 期到第 3 期提高消费（回归系数为负），第 4 期到第 5 期降低消费（回归系数为正）。

在所有回归中，各期消费对利率变动的回归系数符号都正确，即 R_3 的系数符号都符合理论预测，前三期消费的回归中 R_3 的系数为负，后两期的系数为正。这意味着被试者在原则上都理解他们应该如何对利率调控做出正确的反应，若第 3 期利率提高，则在第 1 期至第 3 期降低消费，提高储蓄，第 4 期至第 5 期提高消费。虽然第 1 期到第 2 期的系数都不显著，似乎显示被试者没有对预期到的利率变动做出显著调整，但是这些回归中的 R^2 很低，预期到的利率变动几乎无法解释这几期消费水平的变化。在第 4 期的回归中 R^2 略微提高，而且第 4 期的系数在 1%的水平上显著，证明在面对可预期的货币政策调整时存在明显的冲击效应。

综合上文的分析，可以发现被试者对预期到的利率变动会提前反应，调整方向基本符合利率预测，冲击效应的影响比前瞻效应更显著。

结论 8.5：当被试者预期到未来利率变动后，会提前调整消费路径，且调整方向基本符合理论预测，证实存在前瞻效应。

三、实验局效应分析

本节进一步检验前瞻指引实验局中利率上升和下降的两种情况，也就是实验局 U 和实验局 D。表 8-7 检查了前瞻指引实验局 U 和实验局 D 中被试者的消费调整方向是否符合预测（也就是 ΔC_{it} 与 ΔC_t^{opt} 的符号是否一致），表 8-7 中的数字表示消费调整方向符合理论预测的被试者比例。

表 8-7　消费调整方向符合理论预测的被试者比例

实验局	前瞻效应			冲击效应		
	预测符号	第 1 期	第 2 期	预测符号	第 4 期	第 5 期
U 利率提高	–	61%	53%	61%	+	67%	56%
D 利率降低	+	58%	64%	67%	–	67%	78%

注：预测符号是指理论预测消费水平相对于基准实验局 B 是减少（–）还是增加（+）。表中的数值表示有百分之多少的被试者实际消费变动方向符合理论预测方向。

在前瞻效应方面，理论预测利率下降会导致前期消费提高，58%以上的被试者消费调整方向符合理论预测；而利率上升会使前期消费量下降，53%以上消费调整方向符合理论预测。也就是在预期到利率下降时，53%以上的被试者会提前做出调整，第 1 期开始就有 61%的被试者在发现变动时及时提高本期消费，后期降低消费。利率下降的实验局中，58%以上的被试者提前对利率变动做出了正确反应。

虽然图 8-11 显示第 2 期的平均消费水平低于基准水平，但是表 8-7 证明依然有 64%的被试者消费高于基准水平，可能是因为这部分被试者的消费提高幅度较小，所以在总体均值上反映不出来，整体消费水平下降。再观察冲击效应，可以看到消费对利率实际变动的反应。在利率实际发生变化后，调整方向符合理论预测的被试者比例有所提高，各期都在 56%以上。利率上升时有 56%的被试者后期消费提高，利率下降时有更多的（67%）被试者后期消费量降低。

表 8-8 展示了实际调整幅度 $|\Delta C_{it}|$ 与最优调整幅度 $|\Delta C_t^{opt}|$ 的平均值，可以看到实验局 U 与实验局 D 的各期最优调整幅度都近似相等，理论上利率下降与利率上升对消费的影响应该是对称的。再看实际消费调整幅度，前三期实验局 D 的调整幅度大于实验局 U，后两期小于实验局 U，表示在预期到未来利率变动并进行提前调整的过程中人们对利率下降更为敏感，在利率实际发生变动后，人们对利率上升更为敏感，通过观察倍数（实际调整幅度是最优调整幅度的多少倍）也可以得到一样的结论。同时

倍数还显示前三期的倍数大于后两期的倍数，也就是在冲击发生前理论与实际消费调整幅度的差异更大，前瞻效应下的消费调整幅度大于冲击效应下的调整幅度。

表8-8　理论与实际消费调整幅度的平均值

生命周期	实验局 U			实验局 D		
	$|\Delta C_{it}|$	$|\Delta C_t^{opt}|$	倍数	$|\Delta C_{it}|$	$|\Delta C_t^{opt}|$	倍数
第 1 期	113.37	6.71	16.9	134.53	6.71	20.0
第 2 期	50.59	6.71	7.5	60.78	6.71	9.1
第 3 期	73.62	6.71	11.0	117.55	6.71	17.5
第 4 期	172.95	40.50	4.3	111.80	40.50	2.8
第 5 期	154.07	40.50	3.8	135.71	40.50	3.4

注："倍数"表示实际调整幅度是最优调整幅度的多少倍。

表8-9展示了实际调整幅度大于最优调整幅度的（$|\Delta C_{it}| > |\Delta C_t^{opt}|$）被试者比例，当被试者在第 1 期预期到未来的利率变动时，利率上升会引起更多的被试者过度调整。在利率上升实验局 U 中更多被试者（97%以上）的实际调整幅度大于最优调整幅度，而利率下降实验局 D 中，这一比例为 92%以上。对比前瞻效应与冲击效应的影响，实验局 U 中前瞻效应使更多被试者（97%~100%）的实际调整幅度过大，冲击效应下只有 86%以上的被试者消费调整幅度过大，实验局 D 中两种效应的影响也是类似的。

表8-9　实际调整幅度大于最优调整幅度的被试者比例

实验局	前瞻效应			冲击效应	
	第 1 期	第 2 期	第 3 期	第 4 期	第 5 期
U	100%	97%	100%	86%	89%
D	100%	92%	100%	83%	86%

第七节　传统货币政策实验局结果分析

一、与基准实验局对比

本节先分析被试者在不可预期利率变动的传统货币政策实验局中的表现。为了避免利率随机变动实验局中出现极端取值的特例情况，利率随机上升与下降的实验局分别重复四轮，本节在分析时取四轮的平均值。图8-12展示了在传统货币政策实验局中被试者的消费路径，被试者的实际消费水平 C_t（黑色实线）及其相应的基准局，再加入基准局 B 中的基线路径以便于观察消费路径的调整，也就是在利率水平不变时被试者的实际消费水平（灰色实线）与理论预测消费水平（灰色虚线）。

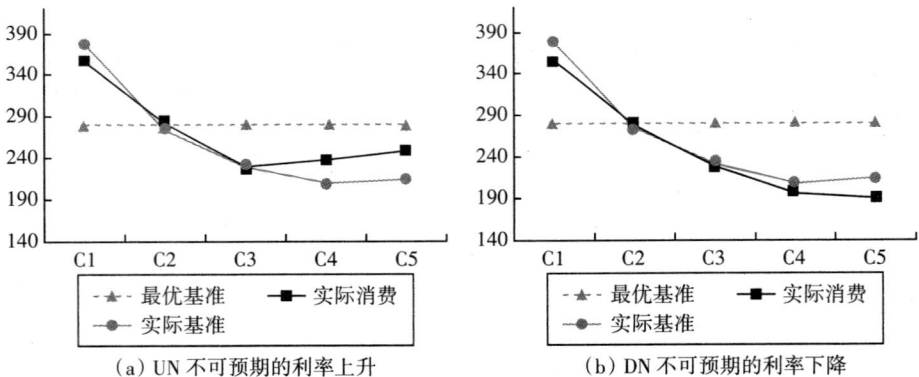

（a）UN 不可预期的利率上升　　　　（b）DN 不可预期的利率下降

图 8-12　传统货币政策实验局的消费路径

注：灰色虚线表示基准局 B（利率不变时）中被试者的最优消费决策，灰色实线表示基准局 B 中被试者的真实消费决策，黑色实线表示传统货币政策实验局 UN 和实验局 DN 中被试者的真实消费决策。

由于被试者在基准局 B 中就已经偏离了水平的最优路径，所以本节在度量实际消费调整幅度时也使用被试者自己在基准局中的表现作为基准，即 $\Delta C_{it} = C_{it} - \overline{C}_{it}$，实际基准水平 $\overline{C}_{it}$ 取实验局 B 中四轮生命周期的平均值。观察图 8-12 中消费路径的变化趋势，可以发现与无利率变动的稳定环境（实验局 B）相比，在利率随机下降或上升的实验局 DN 和实验局 UN 中消费路径出现波动。而且可以看出，在利率随机上升时，消费路径的波动幅度显著更大。在利率随机下降的实验局 DN 中，面对突然出现的利率上升，消费水平未见明显降低。

二、与前瞻指引实验局对比

在前瞻指引实验局中，被试者面对的是可预期的货币政策冲击；在传统货币政策实验局中，被试者面对的是未预期到的货币政策冲击。在两个实验局的单个生命周期内利率的累计变动点数相同。本部分将对比这两种货币政策冲击对被试者消费路径的影响。

表 8-10 展示了与基准实验局相比的平均消费调整幅度。在利率降低的实验局中，两个实验局间的被试者消费调整幅度差异更大且更显著，前瞻指引实验局中被试者的消费调整幅度大于传统货币政策实验局，与基准实验局中的消费路径偏离更大，这意味着经济波动更大。然而利率上升的情况下，并未发现这种明显差异。

表 8-10　与基准实验局相比的平均消费调整幅度

实验局	第 1 期	第 2 期	第 3 期	第 4 期	第 5 期	平均
U	113.37	50.59	73.62	172.95	154.07	112.92
UN	109.39	57.09	75.54	94.80	133.33	94.03
D	134.53	60.78	117.55	111.8	135.71	112.07
DN	100.12	44.97	59.82	81.80	100.71	77.48

注：U 和 D 指前瞻指引实验局，UN 和 DN 指传统货币政策实验局。

综合分析两种政策对被试者五期总消费与福利水平的综合影响。使用

被试者的一生总效用和总消费进行度量，并进行威氏符号秩次检验，结果
如表 8-11 所示。观察福利水平和总消费的均值，可以发现无论是扩张性
货币政策冲击还是紧缩性货币政策冲击，前瞻指引实验局（U 和 D）中的
一生总消费都要高于传统货币政策实验局（UN 和 DN），但是总福利水平
并无显著提高。威氏符号秩次检验的结果显示这种差异在统计上并不显
著，而且从前瞻指引实验局中随机选取一个被试者，该被试者的福利水平
大于相应的传统货币政策实验局被试者的概率在 50% 左右，这从侧面证明
前瞻指引政策的效果较弱。

表 8-11　实验局 U（D）和 UN（DN）的福利和消费水平的差异度检验

实验局	福利水平			一生总消费		
	平均值	UN	UN	平均值	UN	UN
U	91.48	0.7968	51.4% >	1260.49	0.5492	53.2% >
UN	94.13			1245.26		
	平均值	DN	DN	平均值	DN	DN
D	95.44	0.7940	48.6% <	1378.05	0.2914	55.7% >
DN	96.54			1353.34		

注：表中第 3、第 6 列数字为威氏符号秩次检验的 p 值，***、**、* 分别代表 1%、5%、10% 的显著
　　性水平。表中第 4、第 7 列数值表示从各行实验局和各列实验局中分别随机选取一个被试者，该
　　行实验局被试者的福利水平大于该列实验局被试者的概率。当该行实验局样本取值大于该列实验
　　局的概率大于 50% 时，标记为 ">"，当概率小于 50% 时，标记为 "<"。

结论 8.6：与无法预期利率变动的传统货币政策实验局相比，前瞻指
引实验局的政策效果并不显著，未减弱市场波动。

第九章　研究结论与政策建议

　　本章对本书的研究结论和政策建议进行了总结，首先报告本书得到的主要研究结论，包括对实验宏观经济学理论发展的总结，以及相关宏观经济政策的实验研究结论；其次分别从税收结构调整方面和前瞻指引政策方面给出了政策建议。

第一节　主要研究结论

一、实验宏观经济学理论发展总结

　　传统的实证研究通常使用来自现实世界的观测数据进行大样本研究，现实数据基于众多经济主体的真实行为决策，保证了真实性，但也存在一些局限性。首先，很多重要的变量数据无法直接观测或难以获取精确的度量值，比如预期，这使我们无法检验或回答一些基本的经济问题，也很难在现有理论或不同的替代理论间进行取舍。比如央行发布的货币政策执行报告会如何影响人们对未来经济走势和货币政策的预期，他们的预期形成机制是符合理性预期还是适应性预期？现实数据无法帮我们进行解答。其次，数据缺乏可控性和可重复性，很难排除其他变量的干扰，不利于研究者识别清晰的因果关系。因为对生成数据的环境不可控，所以任何表面的相关关系都可能具有欺骗性，可能是由同时发生变动的第三个变量引起的。虽然计量技术能帮助我们排除一些扰动项，但在选取控制变量和分析方法的过程中，数据的可得性和研究者的主观价值判断都在其中起了很大的作用，处理方式的不同甚至会导致对同一经济理论完全相反的认识（Falk and Heckman，2009）。

在此背景下，实验方法为宏观经济学研究带来了新的思路。在理论层面，实验宏观经济学可以检验有微观基础的宏观经济学理论，有助于行为宏观经济学重构其微观基础。同时，高度可控的经济学实验不仅能通过控制单一变量来排除干扰因素的影响，加强研究结果的内部有效性，而且能够很好地再现抽象的宏观理论模型，弥补了理论研究与实证研究的不足，尤其在对因果关系的剖析与辨别上（Harrison and List，2004）。

但是，早期的经济学家认为经济学乃至社会科学和天文学一样是不可实验的科学（Friedman et al.，1953），直到 20 世纪初期，实验研究都没有出现在任何经济学文献中。早期的经济学研究从主观推理和逻辑演绎开始构建了一系列经济假设，并在此基础上建立起经济学的理论大厦。他们坚信经济学是一门不可实验的科学，尤其是宏观经济学。因为他们研究的经济现象无法在实验室中获得，宏观经济活动的规模将大部分受控的实验室实验都排除在外，而且为了收集研究数据而操控经济体和相关政策机制也是不可能的，有悖基本的伦理道德。所以，直到 20 世纪中期经济学家仍认为他们无法像化学家或物理学家那样进行重复可控的实验来支持或否定互相对立的理论，只能根据自然发生的经济活动收集真实数据，在理论分析的基础上利用真实经济数据进行实证检验。

然而，一门学科的可实验性并不是天生的，它会随着相关学科理论和研究范式的发展而改变。例如，在 2000 多年前的亚里士多德时代，物理也被认为是不可实验的学科，直到 400 多年前伽利略等革新者创建了在可控条件下开展实验的方法，物理乃至化学实验才成为可能；生物学同样也曾被认为是天生不可实验的，因为它研究的对象是有生命的个体，直到 19 世纪门德尔和巴斯德等将新的实验方法引入了生物学，如今生物学已理所当然成为一门实验性科学。这些发展经验说明，只有当开创者为进行实验而发展出一些方法时，或是当该学科中的一些关键变量可服从实验控制时，这门学科才变得可以实验。

随着经济学研究范式的变化，对实验研究的态度也有所转变。自 20世纪以后，人们开始普遍接受波普尔的可证伪性原则为科学分界的标准，经济学家也开始使用自然数据和计量技术检验经济理论。但是由于产生自然数据的现实环境往往不符合经济模型中严格而抽象的理论假设，自然数据和计量技术的局限性使经济学家很难直接证伪或证实一些特定的经济学理论或模型。因而经济学家开始将目光投向了自然科学中最常见的证伪方法——实验（Smith，1982b）。在自然科学发展过程中，实验是科学家检验科学真理、解释世界的重要工具，也是科学理论的源泉。实验能控制自然环境中存在的干扰并消除来自那些干扰的影响，在受控实验中获得相关证据确认或者推翻理论假设。

20 世纪 60 年代，经济学已逐渐发展成为可实验的学科，实验方法开始广泛应用于市场理论、博弈论、公共经济学、产业组织理论等诸多领域的研究，相比之下，宏观领域的实验研究发展迟缓，直到 20 世纪 80 年代才刚刚起步。

为什么在实验方法被经济学界接受的十几年中，经济学家都几乎没有使用实验方法研究宏观经济问题呢？为何实验宏观经济学这么晚才兴起呢？剖析早期宏观经济学实验研究发展滞后的原因有助于我们深入理解宏观经济学实验的可行性与科学性。

为了回答实验方法为何能够应用于宏观经济学研究，本书结合 20 世纪下半叶宏观经济学研究范式的转变和实验经济学学科的发展进行剖析，找出是由于哪些契机的出现或条件的改变才使宏观经济学实验成为可能。

在宏观层面开展实验的巨大困难曾一度使研究者质疑经济学能否成为一门实验科学，但随着宏观经济学微观基础的建立，研究者发现"为建立宏观经济学的实验基础而做的实验并不需要在宏观水平上进行"（Friedman et al.，1994）。宏观经济学实验之所以成为可能，首先是因为经济学的理论架构和研究范式发生了重大变化。由于凯恩斯主义的总量模型无法解释"滞胀"等宏观经济现象,经济学家开始构建宏观经济学的微观基础。经济学家实现了对微观基础的建模,才使宏观问题的实验研究成为可能(Heinemann and Noussair,2015)。

伴随着现代宏观经济学的发展和研究范式的转变,宏观经济学家对微观基础愈发重视,并逐渐发现宏观经济学研究与以微观情境为主要实验背景的经济学实验并非不可兼容。一方面,宏观模型微观基础的建立使经济学家能够招募真实的被试者在实验室市场中扮演消费者和厂商进行消费和生产决策,用所有被试者的决策行为加总来表示宏观经济结果。另一方面,动态随机一般均衡模型也为实验室内构造多市场互动提供了基础,实验者能够依据该模型构造产品市场、劳动力市场和资本市场互动的实验环境。这两点为实验宏观经济学的发展带来了契机,研究者不仅能够在实验室内模拟各种宏观理论中的市场环境和运行机制,使用实验方法检验宏观经济学理论,还能任意施加政策冲击或改变市场结构,观察微观主体行为的反应与总体经济结果的变动,为宏观经济学研究提供了新的方法。

经过一代代开创者的努力,实验方法逐渐完善和规范化,实验经济学也一步步发展成熟,现已成为经济学研究中不可或缺的研究方法。得益于信息科技的快速发展,过去许多貌似不可行的实验都得以实现。经济学家不仅可以在实验室环境中为新兴的行为宏观经济学提供直接的证据支持,帮助其从个体决策的角度重构宏观模型的微观基础,还能构造并检验新兴古典、新凯恩斯主义的模型;反过来,真实行为人在实验中的行为表现又能给行为宏观经济学家以新的理论启示,他们相互促进发展。

随着研究者对实验结果外部有效性与内部性的认识愈加深刻,也得益于实验方法与技术的进步,实验经济学的实验方法根据被试者的类型(学生被试者或非学生群体)、实验环境(实验室环境或现实环境)与实验方式(被试者是否知道自己身处于实验中、实验变量是研究者施加的干预措施或自然的外生冲击等),可分为实验室实验、实地实验和自然实验。

通过梳理实验宏观经济学的发展历程,本书发掘其早期发展缓慢的原因、兴起背景与后期发展的动力。在实验经济学发展的早期阶段，与微观经济学领域的实验研究相比，宏观领域的实验研究发展较慢，其发展阻力来自不可实验的总量研究框架，当它占据宏观经济学研究体系的主导地位时，实验研究是不可行的。至 20 世纪 60 年代，实验经济学刚刚兴起时，在西方宏观经济学领域占据主流地位的正是立足于总量模型的凯恩斯主义。当这个主导研究范式受到挑战而契合实验研究的有微观基础的范式得以发展时，实验宏观经济学兴起的契机就来了。同时得益于实验经济学逐渐被主流经济学体系所认可，实验方法在一代代实验经济学家的努力下走向规范化和科学化，其已经成为经济学中不可或缺的研究工具和数据来源。所以，宏观经济学研究范式的转变和实验经济学的发展，共同为实验宏观经济学的兴起奠定了基础。

虽然在上述前提条件出现后，宏观经济学实验成为可能，但是推动它进一步发展的动力是什么呢？为何能在如此短的时间内，就从零星的宏观经济学实验研究发展成为一门独立的学科（实验宏观经济学）？推动它进一步发展的动力是来自理论和实践两方面的需求。在理论层面，行为宏观经济学需要重构宏观模型的微观基础，实验方法能够为其提供有效的证据支持与检验。在现实层面，政策制定者需要对宏观调控政策的效果进行预先评估并分析其中的微观传导机制，宏观经济学实验为此提供了很好的试验平台。

实验方法并非可用于所有宏观经济学的研究，明确实验方法的适用条件和应用边界有助于研究者正确地使用该方法开展研究。在何种条件下可使用实验方法研究宏观经济学问题，即实验方法可用于研究哪些问题。本书梳理了实验宏观经济学的最新研究进展，根据研究侧重点与实验设置的不同，拟将宏观经济实验研究的应用场景分为三类：

（1）宏观模型的微观基础研究。研究被试者行为是否以及在多大程度上符合现代宏观模型的微观假设，比如决策行为是否与跨期最优决策的假设相一致，并检验其行为对总体经济结果的影响。

（2）宏观经济理论检验。用实验检验宏观理论，关注理论预测和实验数据的匹配程度。研究者在实验室内尽力完整且忠实地再现宏观模型，而不是复制任何现实经济体，所以实验设置尽可能地贴近理论假设，再通过对比真实行为人的实验结果与理论预测来评价理论是否成功。

（3）宏观经济政策研究。研究宏观政策对个体预期、经济决策以及总体经济的影响，分析冲击是否会带来经济衰退与失业，以及在经济波动后政府干预能否帮助市场恢复平稳，再根据实验结果给出相应的政策建议。

二、宏观经济政策的实验研究结论

结合我国亟须解决的宏观政策实践问题，本书分别针对财政政策和货币政策开展了宏观政策实验，以期为我国税收结构的优化调整和前瞻指引政策的实施提出建议。

在研究税收结构优化的财政政策实验中，本书基于跨期消费和储蓄的框架构建实验，在总税负不变的前提下，通过改变财产税与消费税占总税收的相对比例来调整各实验局中的税收结构，分析不同的税收结构会怎样影响微观主体的跨期消费路径和福利水平。本实验发现无论是在总体层面，还是在各实验局中，被试者的实际消费路径与理论预测的最优消费路径之间都存在系统性偏离，被试者在不同税收结构下的实际消费路径也有明显不同。虽然被试者的平均消费水平接近理论最优值，但是存在较大的个体异质性，个体跨期消费行为与理论最优消费水平间存在一定的偏差。在不同的实验局，也就是不同的税收结构下被试者的实际福利水平和消费路径具有显著差异，在实验局 T3（财产税占比 50%）中被试者的福利水平显著更高，在实验局 T4 和 T5（财产税占比 70% 或 90%）中福利水平居中，实验局 T1 和 T2（财产税占比 10% 和 30%）的福利水平显著更低，消费路径与理论预测值间的偏离度显著更高。同时，在各实验局（不同的税收结构）下，被试者都表现出了学习效应，能够通过学习趋近最优的跨期消费路径并提高福利水平。但即便如此，不同税收结构下的消费路径并没有完全收敛于最优消费水平，福利水平的差异格局依然保持不变，也就是学习效应未能完全消除税收结构的影响。

在检验前瞻指引这种新型货币政策工具的实验中，本书在跨期消费的框架中实施货币政策冲击，通过在实验中提前告知被试者未来利率的变动来模拟前瞻指引。本书先在利率保持不变的基准局实验中分析决策者如何做出跨期的消费和储蓄决策，发现被试者的跨期决策有以下几个特征：总体来说，被试者的跨期消费行为与理论最优消费水平间存在一定的偏差；且微观个体的行为存在异质性，少数被试者能做出最优的跨期决策，大多数被试者偏离最优路径；被试者存在学习行为，能够通过学习趋近最优的跨期消费决策；中西方被试者行为存在差异，我国被试者过度消费的倾向更低，可能是由于消费文化与教育水平（个人计算能力）的影响。在此基础上再分析货币政策如何影响居民的消费和储蓄决策，在前瞻指引实验局中发现当被试者预期到未来利率变动后，会提前调整消费路径，且调整方向基本符合理论预测，证实存在前瞻效应。与无法预期利率变动的传统货币政策实验局相比，前瞻指引实验局的政策效果并不显著，未减弱市场波动。

在本书的宏观政策实验中，着重对不同的政策效果进行对比分析，未对被试者的行为特征进行更深入的讨论，可以作为下一步的研究方向。特别是，从被试者跨期决策能力的角度进一步修正宏观模型的微观基础，并在模型中引入被试者的行为特征。近年来研究者已经从异质性预期的角度探讨了 DSGE 模型中的异质性问题，（许志伟等，2015；杨源源等，2017），但是 DSGE 模型的微观基础，消费者（企业）的效用（利润）最大化假设一直保持不变，这在一定程度上限制了模型的解释力。行为经济学研究已经证明，行为偏好、有限理性等因素都会干扰决策者的经济决策，使其无法做到效用（利润）最大化决策（Gabaix et al.，2006）。但是如何打开决策过程这个"黑箱"并将它纳入理论模型的推导中，是经济学家们希望解决而长期未能解决的难题。本书的实验也已经证明人的决策能力有限，被试者不是同质的理性经济人，而是异质的。在现实世界中，决策者的个人能力、知识背景和人生经历都存在显著的差异，对信息的处理能力与计算能力更是天差地别，尤其是对于众多的普通家庭。他们的计算和决策能力难以和专业经济分析师或有专家团队的企业相比，即使他们的决策目标确实是最大化一生效用，但其是否有能力在跨期的决策中做出最优选择以最大化终身效用，这仍有待探究。如果实验中的大学本科生在没有学习的情况下都无法解决复杂的跨期消费的数学模型，那么我们就更不可相信社会中的普通消费者能得出这些最优解。所以，当研究者构建具有微观基础的宏观经济模型时，考虑到微观主体的行为差异与能力限制也是十分必要的，有助于未来进一步修正宏观模型的微观基础，并构建适用于我国的理论模型。

第二节　政策建议

本书的两个实验有针对性地研究和发展宏观调控政策，实验结果具有现实意义，为在财政、货币政策与微观主体之间构建合理的政策机制提供了实验依据。

一、税收结构调整方面

在财政政策方面，在供给侧结构性改革的背景下，税制结构的调整和优化是构建现代税收制度的关键所在，党的十八届三中全会已明确提出我国要"深化税收制度改革"并"逐步提高直接税比重"。本书的财政政策实验以财产税作为直接税的代表，以消费税作为间接税的代表，发现在不同的实验局（即在不同的税收结构下）中，被试者的实际福利水平和消费路径具有显著差异。直接税比重与居民福利间存在一种倒 U 形的关系，也就是过低的或过高的直接税占比都不利于居民的长期福利，直接税与间接税比例接近的税收结构可带来较高的福利水平。当前我国的直接税占比约为 36%，与世界主要国家相比偏低，且尚有一定的调整空间。同时，在税收结构优化过程中还要注意直接税比重的提升幅度，将其维持在与间接税比重大体相当的比例范围内，以提高居民的长期福利水平。

但是，本书的实验结论在其他被试者群体中是否依然成立，实验室内的结果能否推广到实验室外还有待进一步检验。本书的被试者群体是大学生，虽然由于便利性、实验成本等因素，大学生是实验宏观经济学，乃至实验经济学中最普遍使用的被试者群体。但是被试者的代表性问题，以及由之而来的实验结果的外部有效性问题也一直使实验研究备受争议。可以通过扩大被试者群体、重复实验等方式增强结果的有效性。在财政政策实验的设置上也还有能改进之处，可以从不同的角度进行变形来检验结果的稳健性，或是分析新的影响因素。比如延长生命周期的长度，或是让被试者在生命周期中的每一期获得收入，而不是在初始时拥有一笔总财富，这虽然会加大被试者进行跨期决策的难度，但是更能模拟现实中的收入情况。

二、前瞻指引政策方面

在货币政策方面，本书发现了一些证据证明被试者会对预期到的未来利率变动提前做出反应，也就是存在前瞻效应。尽管只是在一定程度提前调整消费和储蓄决策，未能如标准理论模型预测的那样充分反应，但央行也能够通过这种非传统的政策措施对公众预期和消费决策进行一些指引。比如增加央行和公众沟通的渠道和内容，使货币政策的透明度逐步提升，让公众在形成政策预期时可利用的信息更多，提高信息的对称性。对于未来一段时期内重要的货币政策操作，及时向社会发布有关的消息，降低政策的滞后效应，特别是要防止市场主体对政策目标进行错误的解读。央行和公众沟通的渠道可以是多样化的，包括发布每季度的货币政策研究报告、发言人的新闻发布与政策解读、央行研究人员的论文成果等。这些信息可以体现央行对于我国未来短期与长期经济走势的判断，尤其是对未来一段时期内的货币政策取向，不仅要在货币政策操作之前增加与公众的沟通，也要在货币政策实施之后加强解释，明确政策调控的意图，尽量避免公众对政策的解读出现偏误。适度地减少货币政策调控的目标，保证预期的稳定性，有利于公众形成理性判断。提高央行自身的研究水平，作为预期管理的执行者，较强的研究能力是提高预期管理有效性的重要保证。与公众相比，央行不仅本身具有更加专业的研究水平和研判能力，而且具有绝对的信息优势，所以能对中国未来一段时间的经济形势做出更加准确的判断，这也是为什么预期管理理论一直强调央行要加强与公众之间的沟通。

第十章 实验宏观经济学在我国的发展前景

本章展望了实验宏观经济学在我国的未来发展前景。本章首先结合我国现实情况，分析实验宏观经济学在我国的重要机遇。其次，根据实验宏观经济学的发展以及近些年实验经济学在我国的应用，对实验宏观经济学在我国研究应用中可能面临的问题进行思考，避免实验研究方法的滥用或误用。最后，以此为基础给出相应的建议和展望，辩证看待实验宏观经济学的科学性与局限性。

第一节 重要机遇

我国的经济体制有其自身特点，特别是正处于经济体制加速变革时期，如何设计适合我国国情的模型和政策就尤为关键。我们既需要借鉴西方成熟市场的经验，但同时也一定要避免生搬硬套（林毅夫，2017）。当市场处于新兴加转轨的过程中时，不仅缺乏足够的理性个体决策者，相关政策也在不断改进，要维护总体市场的稳定发展，这些问题都需要理论研究者和市场实践者进行不断的探索。要充分考虑到我国的经济体制的独有特征，比如，政策调控能力强、资本市场还不够完善等，这都导致了西方经典理论对中国经济现实问题的解释力不够。研究者已经证明，在不同的市场化水平下决策者的异质性预期会带来不同的市场结果（贺京同等，

2016)，朱信凯和骆晨（2011）、卞志村和杨源源（2016）也指出与西方国家相比，我国的消费信贷还有一定的差距，所以在用动态随机一般均衡模型分析我国问题时，有必要将居民分为受流动性约束的非李嘉图居民和不受流动性约束的李嘉图居民[①]，他们对财政政策的不同反应会影响整体政策效果。

这意味着，西方经典理论模型或西方国家的经验是否适合我国国情还有待进一步的检验（Henrich et al.，2010；崔丽媛、洪永淼，2017）。实验宏观经济学有助于研究者在"移植"西方经验或理论前，先在模拟我国经济环境的实验室内进行检验。在构建实验环境时加入我国现阶段的市场和社会制度特征，分析被试者在特定环境下对政策的反应。

自 21 世纪初起，我国学者就开始使用经济学实验研究决策主体的行为特征，目前大多实验研究以微观实验为主，关注个体间的互动（周业安，2017）。现有的实验经济学研究表明，我国市场中的交易者并不是完全理性的，而是有限理性的自然人，具有社会偏好、认知偏误和行为偏误等（高鸿桢、林嘉永，2005；周业安等，2012；宗计川等，2017；王也，2019；何浩然等，2020），所以在预估政策效果和完善经济制度时考虑异质性的被试者特征是非常必要的。现有研究更多是以学生或金融从业者为被试者分析我国投资者的认知理性和行为范式，以及伦理环境和外生冲击对其交易行为的影响（王擎、周伟，2013），较少分析其中宏观经济变量的冲击，比如微观主体的行为如何传导至宏观经济变量，或如何对宏观政策做出反应等。杨筝等（2017）的研究在这方面做出了突破，把我国利率的市场化改革作为自然实验来分析利率市场化如何影响企业的投资决策与投资效率。我国利率市场化采取的是缓慢渐进式改革的方式，中央银行在 2004 年与 2013 年先后取消了贷款利率的上限和下限，杨筝等将此作为自

---

① 两类居民（非李嘉图居民和李嘉图居民）都进行理性决策，但是面临的预算约束不同。李嘉图居民可通过资本和债券投资获得红利收入，非李嘉图居民不可进行投资，每期的消费金额不可超过该期的税后可支配收入和政府转移支付之和。

然实验的外生冲击，以非金融类的上市公司作为实验样本，使用两次冲击前后的微观企业数据分析利率市场化对微观企业投资决策和资本配置效率的影响，发现利率市场化能通过改变融资环境进而提升公司的投资价值效应，对非效率投资有一定的抑制作用，为利率市场化对企业投资和总体市场的积极影响提供了证据。

在新常态的背景下，我国经济增速逐渐回落，寻找适应新经济形势的宏观政策刻不容缓。传统的宏观经济模型大多使用典型个体行为的加总来代替总体，忽略了异质性的个体差异与个体间的互动，经济学实验方法有助于解决这些问题。结合我国亟须解决的宏观政策实践问题，本书已经以税收结构优化和前瞻指引工具为例，针对货币政策和财政政策分别开展了宏观政策实验，努力为在宏观政策与微观主体间构建合理的政策机制提供一定的科学基础。

第二节　可能存在的问题

根据实验宏观经济学的发展以及近些年实验经济学在我国的研究应用，本书认为实验宏观经济学在推广应用中可能面临如下挑战。

一、对实验研究方法仍有疑虑

如今，自然科学研究中常用的实验方法已然延伸到社会科学中，包括心理学、经济学等。尽管如此，对于实验方法在社会科学研究中的应用仍存有争议，依然有一些学者质疑经济学研究中实验方法的合理性与可靠性，认为社会经济现象是"不可实验的"。实验经济学本身在我国起步较晚，虽然它兴起于 20 世纪六七十年代，但 20 世纪末国内才开始出现实验经济学研究（汪丁丁，1994）。虽然近年来发展较快，越来越多的研究者使用实验方法研究我国的经济问题，许多大学也都成立了经济学实验室并积极开展经济学实验，但是学界对实验方法的合理性与实验结果的有效性仍存争议（杜宁华，2017），一些质疑是针对实验经济学的方法论，另一些是因为实验经济学仍在不断发展完善的过程中（朱富强，2016；杜宁华，2017；朱富强，2018）。

二、实验研究方法的滥用与误用

实验宏观经济学在推广应用中最容易遇到的极端问题是对实验方法的滥用与误用，将其牵强地套用在所有问题中，认为其无所不能。由于忽略了实验方法的局限性，对实验方法的盲目崇拜或无限偏爱都会导致一般经济研究中实验方法的应用错误，在实际应用时不仅不能充分发挥实验方法的优势，还会使研究的科学性和学术价值令人存疑。可能得到错误或有偏差的结论，误导后续研究者，也使实验方法的适用性受到其他研究者的进一步质疑。

三、实验执行或分析方法不当

实验设计不当，包括实验变量的设计和实验环境的设置不当，可能导致遗漏重要变量，得到错误的实验结论。这是因为没有正确且全面地理解实验方法论，设计出的实验难以保证科学性和可靠性。即使实验设计合理，在实验执行过程中也可能出现问题，尤其是在实地实验中。因为在很多情况下实地实验的具体执行人并非研究者本人，所以在数据的收集和整合过程中更易出现不当行为，使数据存在噪声。

实验数据分析方法不当，也就是不考虑数据特征，直接代入数据进行定量分析，使用计量经济学和统计学的一般方法来分析实验变量之间的数量关系。但是实验数据与宏观经济学研究常用的经济社会统计数据相比，在数据来源和数据性质上都有很大的差异，这就意味着过去分析非实验数据的常规统计方法和计量回归不一定适用于实验数据（巴德斯利等，2015）。Moffatt（2015）出版了专门的著作讨论实验经济学研究的计量技术——实验计量经济学方法（Experimetrics），总结了适用于实验数据分析的计量方法。

四、联系现实不够紧密

不同于微观经济学的实验研究，在宏观经济学实验中很重要的一点就是和现实经济问题的结合。目前在对实验结果的分析中存在的一个问题是单纯地用统计检验来分析因果关系，忽略了实验结果的经济意义，并认为通过统计检验后就是有意义的，忽略了经济学意义。有时候数据间的相关关系仅是统计意义上的，而非经济意义上的。实验宏观经济学实质是经济学研究，不同于物理、化学等自然科学，不能仅用数学或统计的语言来表述实验结果，在解读结果时要进行价值判断，更重要的是通过对实验变量的数据分析获得它所代表的经济变量间可能的相关关系。

第三节　研究展望

在实际研究中，很多问题的根本起因是对实验宏观经济学的方法论缺乏足够的理解。对此，本节提出以下研究展望。

一、强化对实验方法论的反思和推广

提高实验宏观经济学研究的科学性，正确认识实验方法在宏观经济学研究中的作用，以及它能用于研究哪些问题，不过度推崇，也不盲目否认。毫无疑问，近年来实验方法在经济学研究中的地位越来越重要。从实验宏观经济学的兴起与发展过程中可见实验方法对宏观经济学研究的贡献，其已经在许多领域都发挥了重要作用。实验方法结合计量技术，将成为经济研究领域重要的研究方法之一。研究者在实践应用中逐渐加深对实验宏观经济学的认识，进而正确使用实验方法研究宏观经济学问题。

对于一门新兴学科来说，对方法论的认识与反思是非常重要的。回顾实验经济学的发展过程，经济学家不断重新审视实验方法，包括实验的激励、实验中各种因素对实验结果的影响、外部有效性和内部有效性问题等。弗农·史密斯自经济学实验研究出现后就一直积极地思考实验方法论问题，其在1982年发表于《美国经济评论》的论文为实验方法的合理性奠定了基础（Smith，1982a）。

随着实验经济学的发展和实验方法的提高，研究者不断更新对实验方法论的认识（Friedman et al.，1994；Guala，2005；罗卫东、范良聪，2010；范良聪、张新超，2015），这不仅推动了学科的发展，也提升了实验研究结论的可靠性。在新的实验方法——实地实验出现后，研究者从学科的发展历程和失败的经验等角度对方法论进行反思，以期启迪后续研究者（Levitt and List，2009；陆方文，2017；卡尔兰、阿佩尔，2018）。伴随实验方法越来越多地应用于宏观经济学研究，实验宏观经济学的发展也引起了学界的重视（Amano et al.，2014；Cornand and Heinemann，2019）。

二、辩证看待实验宏观经济学的科学性与局限性

由于宏观模型中很多变量难以量化，实验方法可以将规范化的概念引入到数量分析中。在经济学实验中，研究者在设置不同实验局时每次仅改变一个变量，保持其他条件不变，这样就可以消除无关因素的干扰。实验室实验允许极其简单的设置，明确分析变动量和观测结果间的因果关系，或分离并检验单一变量对经济决策和总体市场的影响，更便于进行非常明确的推论。在非实验条件下获得的现实数据中很难做到这一点，也就无法有效识别因果关系。

即便实验方法对经济学研究的贡献不可否认，但也应认识到没有一门科学是适用于所有条件的。实验室实验的高度可控性设置使人们能对实验变量和环境的因果关系做出清晰明确的推论，而无须求助于复杂的计量方法来过滤掉其他无关变量的干扰，保证了内部有效性，但是也由此带来了对外部有效性的质疑，实验室内的行为和结论能在多大程度上被推广到实验室外的真实世界呢？

实验方法是有局限性的，并不适用于所有环境和条件，其研究方法是有侧重性的，更适用于检验有微观基础的宏观模型，研究现实中无法观测的变量。实验方法虽有一定的局限性，但却优于其他经济分析方法，在一些问题的研究上（比如与预期、信息有关的问题）是不可替代的。实验方法可用于度量"不可观测"的变量，检验宏观模型的微观基础、检验抽象的宏观理论、模拟政策变动和经济外生冲击，解决多重均衡情况下的均衡选择问题。在不同的框架和设置下重复实验可以检验实验结果的稳健性，提高外部有效性。因此，研究者不应仅在相同的框架内重复实验，也需要进行直接针对外部有效性的研究，如对实验室实验、实地实验和实证研究进行系统的对比研究。

三、规范宏观实验的设计与执行过程

要确保实验研究的科学性，关键是要保证实验设计的正确性。实验宏观经济学的一大挑战就是如何设计合适的实验，实验设计是宏观经济学实验研究的基础，要在符合模型假设的条件下检验宏观经济模型，或是遵照现实经济情况设计宏观政策实验，保证其经济上有意义。在实验变量设计时要充分考虑其经济意义，正确地分析推断且以可靠的数据为出发点。只有保证实验数据生成过程的科学性，才能使实验结果分析具有坚实的研究基础，保证研究的科学性和可靠性。

要保证实验数据可靠性的关键点在于实验执行过程，只有在正确执行的基础上，才能获得可靠的数据进行科学分析。在开展实验（尤其是实地实验）前要与合作机构（从领导到执行的一线员工）和研究助理进行充分的沟通和必要的培训，明确各方的角色与职责。为了保证他们一直积极地参与实验，也可以阐明这项研究可能为其带来的利益，甚至在实验设计时将他们的需求纳入其中。

四、加强实验设计与宏观政策的紧密结合

从实验设计到结果分析都要保证经济意义上的有效性，尤其对宏观政策的研究要结合现实问题，但这也不是说要完全再现现实经济体的每个特征。由于目前并不存在一套完善且被普遍接受的一般的宏观实验方法，还需要实验宏观经济学家、政策制定者和理论研究者之间进行更多的互动，共同商定如何对理论预测和政策措施进行可接受的检验。这种互动也能促进宏观模型的发展，以实验结果为依据对模型进行修正或拓展。核心问题是要考虑到可观测的异质性和策略不确定性，已经有一些模型是基于劳动经济学领域的实验结果，但是在货币和财政政策领域的还较少。在宏观模型中融入实验经济学的发现是很有挑战的工作，也是未来值得更多关注的研究方向。

附　　录

附录 A　辅助证明

附表 A1　各实验局对福利水平与实际消费路径的影响

	福利水平		RMSD 值	
实验局 T1	1.405**	1.405**	−7.478	−7.478
	(0.659)	(0.665)	(4.650)	(4.803)
实验局 T3	2.574***	2.574***	−15.823***	−15.823***
	(0.659)	(0.665)	(4.650)	(4.803)
实验局 T4	2.023***	2.023***	−11.507**	−11.507**
	(0.659)	(0.665)	(4.650)	(4.803)
实验局 T5	1.781***	1.781***	−10.918**	−10.918**
	(0.659)	(0.665)	(4.650)	(4.803)
常数	69.141***	68.971***	49.903***	56.690***
	(0.647)	(0.470)	(4.565)	(3.397)
N	680	680	680	680
R²	0.048	0.025	0.084	0.018
控制变量	有	无	有	无

注：表中的回归使用普通最小二乘法，因变量分别是福利水平和 RMSD 值，自变量是各实验局（T1，…，T5）的虚拟变量，实验局 T2 为基准组。***、**、* 分别表示在 1%、5%、10%的水平下通过显著性检验。括号内是标准误差。

　　附表 A1 类似正文的表 7-9，为了加强结果的稳健性，在表 7-9 的回归中加入控制变量（性别、专业、年级等个人特征）。回归结果发现在加入控制变量后，原结论依旧成立，有无控制变量时系数的差异不大，仅标准差和显著性水平有少许变动，如在对 RMSD 的回归中实验局 T4 的显著性水平有所提高。

附表 A2　福利水平和 RMSD 的时间趋势检验

	RMSD		福利水平	
l	−2.493**	−2.493**	0.526***	0.526***
	(1.076)	(1.040)	(0.150)	(0.148)
l²	20.032	20.032	−0.014**	−0.014**
	(0.050)	(0.048)	(0.007)	(0.007)
常数项	69.180***	62.393***	66.966***	67.136***
	(4.908)	(5.648)	(0.683)	(0.806)
控制变量	无	有	无	有
N	680	680	680	680
R²	0.071	0.137	0.067	0.090
p 值（自变量的联合 F 检验）	0.0000***	0.0000***	0.0000***	0.0000***

注：表中的回归使用普通最小二乘法，***、**、* 分别表示在 1%、5%、10%的水平下通过显著性检验；括号内是标准误差。

附表 A2 类似正文的表 7-14，为了加强结果的稳健性，在表 7-14 的 OLS 回归中加入控制变量（性别、专业、年级等个人特征）。回归结果发现有无控制变量时系数的差异不大，仅标准差和常数项有细微变动，且 R² 有所提高，不影响原结论。

附表 A3　各期消费的时间趋势检验

	RMSD		福利水平	
S2	−7.563*	−7.563*	1.126*	1.126*
	(4.079)	(4.219)	(0.583)	(0.589)
S3	−18.061***	−18.061***	2.654***	2.654***
	(4.079)	(4.219)	(0.583)	(0.589)
S4	−23.116***	−23.116***	2.849***	2.849***
	(4.079)	(4.219)	(0.583)	(0.589)

	RMSD		福利水平	
常数项	52.943*** (4.239)	59.730*** (2.984)	69.040*** (0.605)	68.871*** (0.416)
N	680	680	680	680
R^2	0.117	0.051	0.067	0.044
控制变量	有	无	有	无

注：表中的回归使用普通最小二乘法，***、**、* 分别表示在 1%、5%、10% 的水平下通过显著性检验；括号内是标准误差。

附表 A3 类似正文的表 7-16，为了加强结果的稳健性，在表 7-16 的 OLS 回归中加入控制变量（性别、专业、年级等个人特征）。回归结果发现加入控制变量后，R^2 有所提高，回归中各变量的显著性水平没有显著变化，主要变量的系数差异不大，仅标准差和常数项有所变动，不影响原结论。

附表 A4　各实验局前两轮/后两轮福利水平的差异度检验

实验局	实验局	福利水平均值	T2	T3	T4	T5
S1~S2	T1	69.03	0.9896	0.0008***	0.7066	0.0292**
	T2	67.48		0.0005***	0.6539	0.0158**
	T3	71.25			0.0020***	0.2426
	T4	70.04				0.0346**
	T5	69.36				
S3~S4	T1	71.72	0.0580*	0.2181	0.3828	0.1166
	T2	70.46		0.0028***	0.0053***	0.0006***
	T3	71.84			0.6856	0.6352
	T4	71.95				0.4713
	T5	72.14				

注：表中第 4~7 列数字为威氏符号秩次检验的 p 值。***、**、* 分别代表 1%、5%、10% 的显著性水平。

附表 A5　各实验局前两轮/后两轮 RMSD 的差异度检验

	实验局	RMSD 均值	T2	T3	T4	T5
	T1	59.05	0.6985	0.0286**	0.7990	0.1650
	T2	63.56		0.0126**	0.4917	0.0689*
S1~S2	T3	44.54			0.0502*	0.4999
	T4	54.65				0.1808
	T5	57.95				
	T1	39.37	0.0314**	0.5775	0.4283	0.3095
	T2	49.82		0.0104**	0.0041***	0.0017***
S3~S4	T3	37.20			0.8209	0.5495
	T4	35.72				0.8669
	T5	33.60				

注：表中第 4~7 列数字为威氏符号秩次检验的 p 值。***、**、* 分别代表 1%、5%、10%的显著性水平。

附录 B　财政政策实验的实验说明

　　欢迎你参加本次实验！从现在开始，请不要与其他参与者交谈，只能使用电脑上已开启的实验软件，不要擅自打开其他软件。

　　在本次实验中，我们将根据你在实验中的收益向你支付一定的现金报酬。我们将在下文向你说明如何在实验中赚取收益，请认真阅读，这有助于你获得更多现金报酬。我们会匿名处理实验数据，不会涉及与你身份有关的任何信息。你在实验中的选择和现金报酬也只有你本人知道，不会被公开。

一、实验的基本规则

1. 实验任务

在本次实验中，你的任务是充当一名需要纳税的消费者。

你一共需要进行 20 轮决策，每一轮决策由五个时期组成。

你在每一轮都需要对五个时期的消费量进行规划，同时缴纳一定的税收。

2. 关于消费

在每轮决策开始时，你都会获得一笔财产用于五个时期的消费，以"金币"为单位。

只有一种商品可供消费，价格为：1 金币可购买 1 单位商品，且一直保持不变。

所以当你消费商品时，你的财产就会减少。

比如你想在某个时期消费 100 单位商品，那么你需花费 1 × 100 = 100 金币。

你可以自由决定每一期是否消费，以及消费多少。

如果你在某一期没有花费完你的财产，那么剩余的财产可在下一期继续使用。

但是，在每轮最后一期（也就是第 5 期）消费后，如果你仍有剩余财产，则将被计算机自动收回，不能累计到下一轮使用。

等到下一轮决策开始时，你将重新获得一笔财产用于五个时期的消费。

3. 关于纳税

在每轮决策中，你都会面临两种税收：

（1）财产税。

是指对你的初始财产按一定的税率直接征收一笔税。

所以你实际可支配的财产是扣除财产税之后的剩余财产。

具体的计算方式：假设你获得的初始财产是 1000 金币，财产税率是

10%。

则你实际可支配的财产是 $1000 \times (1 - 10\%) = 900$ 金币，缴纳的财产税是 $1000 \times 10\% = 100$ 金币。

由于每轮的财产税率不同，所以请注意每轮开始时电脑屏幕下方公布的财产税率。

（2）消费税。

是指你每消费一单位商品，除了需要支付价格，还需要按一定的税率缴纳一笔税。

具体的计算方式：由于每单位商品的价格是 1 金币，现在假设消费税率是 10%，你消费的商品数量为 100 单位，则你总共需要花费 $100 \times 1 \times (1 + 10\%) = 110$ 金币，其中缴纳的消费税是 $100 \times 1 \times 10\% = 10$ 金币。

由于每轮的消费税率不同，所以也请注意每轮开始时电脑屏幕下方公布的消费税率。

二、怎样在实验中获得收益

在本实验中，你在每一轮决策中所获得的总收益，取决于你怎样将财产用于五个时期的消费。

具体而言：

（1）在每一轮的五个时期中，每个时期的收益 u_t 取决于这一期消费的商品量 C_t，$t = 1，2，3，4，5$。

具体的计算方式为：

$$u_t = 2\sqrt{C_t}$$

其中，收益 u_t 的单位用点数表示。

可见，你在某个时期消费的商品量越多，该期收益的点数就越高。

但请注意，随着消费量的上升，收益的增加会越来越慢。比如：

你在某期的消费量为 100 单位，你这一期的收益将是 $2 \times \sqrt{100} = 20$ 点；

如果某期的消费量为 200 单位，你这一期的收益是 $2 \times \sqrt{200} = 28$ 点；

如果消费量为 300 单位，则收益为 $2 \times \sqrt{300} = 35$ 点。

（2）每一轮决策的总收益 U 等于这一轮中五个时期收益的加权之和。

其中，越是靠前的时期，权重也较大；越是靠后的时期，权重就越小。具体的计算方式为：

$$U = 0.83 \times u_1 + 0.69 \times u_2 + 0.58 \times u_3 + 0.48 \times u_4 + 0.40 \times u_5$$

可见，如果你在五个时期中每一期的收益都是 100 点，那么你在本轮中的总收益将是：

$$0.83 \times 100 + 0.69 \times 100 + 0.58 \times 100 + 0.48 \times 100 + 0.40 \times 100 = 298 \text{ 点}$$

（3）当你完成全部 20 轮决策后，计算机将随机选出其中一轮，并把该轮的总收益兑换成现金发放给你。

具体的兑换率如下：

10 点收益 = 4.5 元人民币，即 1 元人民币 = 2.2 点收益。

可见，如果你在任何一轮都力争更高的收益点数，那么你最终就越可能获得更多的现金报酬。

三、实验界面说明

附图 B1 展示了每一轮决策的完整电脑界面。

在屏幕的左上角，你可以看到你目前处于第几轮决策。

屏幕的下方会显示本轮的财产税率和消费税率，屏幕上方的"本期参数设置"将显示本轮决策中五个时期的可用财产、税后价格和各期收益的权重。请注意，每轮决策的财产税率和消费税率都可能不同。

在每一轮决策开始时，屏幕只展示第 1 期的输入框。请在方框中输入第 1 期的消费量，点击"计算"按钮后，电脑会自动算出你在本期花费的金额和剩余的财产，同时出现下一期的输入框。这时，你可输入下一期的消费量。如果你对前几期选择的消费量不满意，你可以随时点击屏幕下方的"重置"按钮，这样就可重新从第 1 期开始选择各期的消费量。

附图 B1　财政政策实验的屏幕截图示例

请注意，你输入的消费量必须是大于或等于 0 的整数，并且每一期花费的金币（消费量×税后价格）必须小于或等于本期的可用财产。否则，当你点击"计算"按钮时就会弹出如附图 B2 所示的窗口。此时，请点击提示窗口中的"明白"按钮，重新修改消费量之后再点击"计算"按钮。

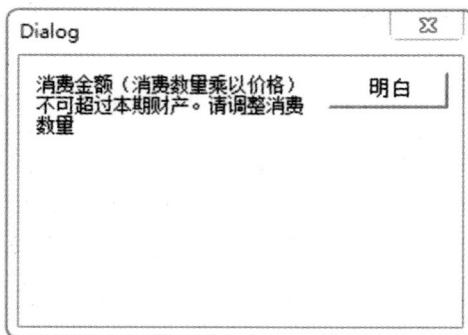

附图 B2　财政政策实验的提示窗口示例

当你输入了全部五期的消费量之后，请点击屏幕右下方的"提交"按钮，就确认了本轮的决策，你的本轮总收益将自动显示在下一个屏幕上。

注意：你每轮的决策时间是 2 分钟，屏幕右上方会显示剩余时间（以秒为单位），请在规定时间内提交。若超过 2 分钟，系统会自动提交，此时未消费的剩余财产将被清零。

如果你需要计算器，你可以单击屏幕左下角的图标来打开 Windows 计算器。

实验开始后会先进行三轮决策作为练习，这三轮的收益不计入实验，只是帮助大家熟悉实验操作。

在 20 轮正式实验结束后，我们会为每个人发放报酬。你会被邀至隔壁房间单独领取报酬。

附录 C　货币政策实验的实验说明

欢迎参加本次实验！从现在开始，请不要与其他人交谈，只能使用电脑上已开启的实验软件，不要擅自打开其他软件。

在本次实验中，我们将根据你在实验中的收益向你支付一定的现金报酬。我们将在下文向你说明如何在实验中赚取收益，请认真阅读，这有助于你获得更多现金报酬。我们会匿名处理实验数据，不会涉及与你身份有关的任何信息。你在实验中的选择和现金报酬也只有你本人知道，不会公开。

一、实验的基本规则

1. 实验任务

在本次实验中，你的任务是充当一名消费者。

你一共需要进行 36 轮决策，每一轮决策由五个时期组成。

你在每一轮都需要对五个时期的消费量进行规划。

2. 关于消费

在每轮决策开始时，你都会获得一笔财富用于五个时期的消费，以金币为单位。

只有一种商品可供消费，价格为 1 个金币可购买 1 单位商品，且一直保持不变。

所以当你消费商品时，你的财富就会减少。

比如你想在某个时期消费 100 单位商品，那么你需花费 $1 \times 100 = 100$ 金币。

你可以自由决定每一期是否消费，以及消费多少。

3. 关于储蓄

如果你在某一期没有花费完你的财富，那么剩余的财富将变为储蓄并可获得利息，利息计入下一期的可用财富。假设利率是 R，那么：

某一期的剩余财富 $\times (1 + R)$ = 下一期的可用财富

例如：你在某一期的可用财富是 500 金币，商品价格为 1 金币。如果你购买 200 个商品，则消费金额是 $1 \times 200 = 200$ 金币，该期剩余财富是 $500 - 200 = 300$ 金币。假设利率是 20%，则你可获得的利息是 $300 \times 20\% = 60$ 金币，于是下一期的可用财富将是 $300 + 60 = 360$ 金币。依此类推，每一期的剩余财富都将获得利息并计入下一期的可用财富。

但是，在每轮最后一期（也就是第 5 期）消费后，如果你仍有剩余财富，则将被计算机自动收回，不能留存到下一轮使用。

等到下一轮决策开始时，你将重新获得一笔财富用于五个时期的消费。

4. 关于利率

在实验的每一轮中，五个时期的利率都可能发生变化，且共有五种变化方式：

方式一：五个时期的利率始终相同，并且在第 1 期开始时即可全部提前知晓；

方式二：五个时期的利率各不相同，并且在第 1 期开始时即可全部提前知晓；

方式三：五个时期的利率在每一期都会随机变化，并且只能逐期让你知晓；

方式四：五个时期的利率只在第3期发生随机变化，所以除了第3期，其他各期都可提前知晓；

方式五：五个时期的利率可能是逐渐升高的，也可能是逐渐下降的，并且只能逐期让你知晓。

由于每一轮的利率变化方式都不同，所以请务必注意每轮开始时电脑屏幕下方的提示。

二、怎样在实验中获得收益

在本实验中，你在每一轮决策中所获得的总收益，取决于你怎样将财富用于五个时期的消费。

具体而言：

（1）在每一轮的五个时期中，每个时期的收益 u_t 取决于这一期消费的商品量 C_t，$t = 1$，2，3，4，5。

具体的计算方式为：

$$u_t = 2\sqrt{C_t}$$

其中，收益 u_t 的单位用点数表示。

可见，你在某个时期消费的商品量越多，该期收益的点数就越高。

但请注意，随着消费量的上升，收益的增加会越来越慢。比如：

你在某期的消费量为 100 单位，你这一期的收益将是 $2 \times \sqrt{100} = 20$ 点；

如果某期的消费量为 200 单位，你这一期的收益是 $2 \times \sqrt{200} = 28$ 点；

如果消费量为 300 单位，则收益为 $2 \times \sqrt{300} = 35$ 点。

（2）每一轮决策的总收益 U 等于这一轮中五个时期收益的加权之和。

其中，越是靠前的时期，权重也较大；越是靠后的时期，权重就越小。具体的计算方式为：

$$U = 0.83 \times u_1 + 0.69 \times u_2 + 0.58 \times u_3 + 0.48 \times u_4 + 0.40 \times u_5$$

可见：如果你在五个时期中每一期的收益都是 100 点，那么你在本轮中的总收益将是：

$$0.83 \times 100 + 0.69 \times 100 + 0.58 \times 100 + 0.48 \times 100 + 0.40 \times 100 = 298 \text{ 点}$$

（3）当你完成全部 36 轮决策后，计算机将随机选出其中一轮，并把该轮的总收益兑换成现金发放给你。

具体的兑换率如下：

10 点收益 = 4 元人民币，即 1 元人民币 = 2.5 点收益。

可见，如果你在任何一轮都力争更高的收益点数，那么你最终就越可能获得更多的现金报酬。

三、实验界面说明

附图 C1 展示了每一轮决策的完整电脑界面：

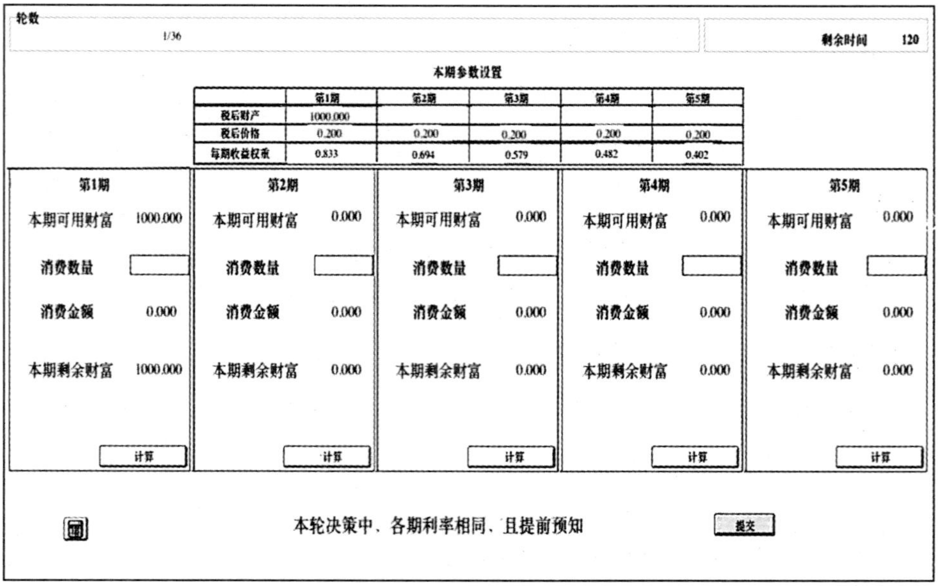

附图 C1　货币政策实验的屏幕截图示例

在屏幕的左上角，你可以看到你目前处于第几轮决策。屏幕上方的本轮参数设置将显示本轮决策中五个时期的利率、价格和各期收益的权重。

请注意，每轮决策的利率变化方式都可能不同。在每轮决策开始时，屏幕下方都会提示本轮的利率变化方式，比如"本轮决策中，各期利率相同，且提前预知"或者"本轮决策中，各期利率随时会变化"等。另外，如果某一轮中的利率会逐期变化，则在变化前都会在本轮参数设置中给出一个默认利率。

在每一轮决策开始时，屏幕只展示第 1 期的输入框。请在方框中输入第 1 期的消费量，点击计算按钮后，电脑会自动算出你在本期的消费金额和剩余财富，同时出现下一期的输入框。请注意，你输入的消费量必须是大于或等于 0 的整数，并且每一期的消费金额不能超出本期的可用财富。否则，当你点击计算按钮时就会弹出如附图 C2 所示的窗口。此时，请点击提示窗口中的明白按钮，重新修改之后再点击计算按钮。

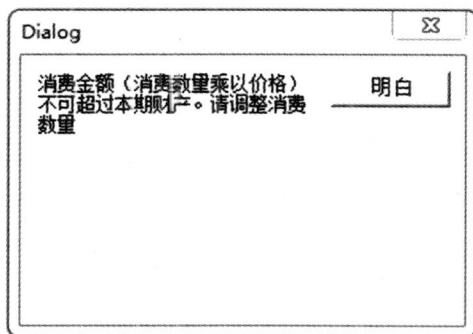

附图 C2　财政政策实验的提示窗口示例

当你输入了全部五期的消费量之后，请点击屏幕右下方的提交按钮，就确认了本轮的决策，你的本轮总收益将自动显示在下一个屏幕上。注意：你每轮的决策时间是 2 分钟，屏幕右上方会显示剩余时间（以秒为单位），请在规定时间内提交。若超过 2 分钟，系统会自动提交，此时未消费的剩余财富将被清零。

如果你需要计算器，你可以当击屏幕左下角的图标来打开 Windows 计算器。

实验开始后会先进行两轮决策作为练习，这两轮的收益不计入实验，只是帮助大家熟悉实验操作。

在正式的 36 轮实验结束后，我们会为每个人计算现金报酬。出于隐私考虑，你的报酬只会告知你本人，并直接打入你的学子卡中。

附录 D　实验问卷

（1）请填写以下问卷，以下个人信息会严格保密。

性别（A. 男　　B. 女）

年龄（　　）

年级（　　）

专业（　　）

（2）是否独生子女？（A. 是　　B. 否）

（3）你高考中的数学分数？（　　）

（4）大学期间，你是否学过数学相关的课程（包括微积分、高等数学、高等代数等）？（A. 是　　B. 否）

（5）你是否学过经济学相关的课程？（A. 是　　B. 否）

（6）过去是否参加过类似的经济学实验？（A. 是　　B. 否）

（7）你在进行决策的过程中，会考虑哪些因素？（　　）

参考文献

Abdallah, Chadi S. and William D. Lastrapes, "Home Equity Lending and Retail Spending: Evidence from a Natural Experiment in Texas", *American Economic Journal: Macroeconomics*, Vol. 4, No. 4, 2012, pp. 94–125.

Abel, Andrew B., "Asset Prices Under Habit Formation and Catching Up with the Joneses", *American Economic Review*, Vol. 80, No. 2, 1990, pp. 38.

Adam, Klaus, "Experimental Evidence on the Persistence of Output and Inflation", *The Economic Journal*, Vol. 117, No. 520, 2007, pp. 603–636.

Adji, Artidiatun, James Alm and Paul J. Ferraro, "Experimental Tests of Ricardian Equivalence with Distortionary Versus Nondistortionary Taxes", *Economics Bulletin*, Vol. 29, No. 4, 2009, pp. 2556–2572.

Agarwal, Sumit and Wenlan Qian, "Consumption and Debt Response to Unanticipated Income Shocks: Evidence from a Natural Experiment in Singapore", *The American Economic Review*, Vol. 104, No. 12, 2014, pp. 4205–4230.

Agarwal, Sumit, Chunlin Liu and Nicholas S. Souleles, "The Reaction of Consumer Spending and Debt to Tax Rebates –Evidence from Consumer Credit Data", *Journal of Political Economy*, Vol. 115, No. 6, 2007, pp. 986–1019.

Akerlof, George A, "The Missing Motivation in Macroeconomics", *The American Economic Review*, Vol. 97, No. 1, 2007, pp. 3–36.

Akerlof, George A., "Behavioral Macroeconomics and Macroeconomic Behavior", *The American Economic Review*, Vol. 92, No. 3, 2002, pp. 411–433.

Alekseev, Aleksandr, Gary Charness and Uri Gneezy, "Experimental Methods: When and Why Contextual Instructions are Important", *Journal of Economic Behavior and Organization*, Vol. 134, 2017, pp. 48–59.

Alevy, Jonathan E., Michael S. Haigh and John A. List, "Information Cascades: Evidence from a Field Experiment with Financial Market Professionals", *The Journal of Finance*, Vol. 62, No. 1, 2007, pp. 151–180.

Alm, James and Asmaa El-Ganainy, "Value-Added Taxation and Consumption", *International Tax and Public Finance*, Vol. 20, No. 1, 2013, pp. 105–128.

Alvin, E. Roth, "Laboratory Experimentation in Economics", *Economics and Philosophy*, Vol. 2, No. 2, 1986, pp. 245–273.

Amano, Robert, Jim Engle-Warnick and Malik Shukayev, "Price-Level Targeting and Inflation Expectations: Experimental Evidence", Bank of Canada Review, https://www. econstor. eu/handle/10419/53961, 2011.

Amano, Robert, Oleksiy Kryvtsov and Luba Petersen, "Recent Developments in Experimental Macroeconomics", Bank of Canada Review, https://econpapers. repec. org/ paper/ sfusfudps/ dp14-08. htm, 2014.

Anderhub, Vital, Werner Güth and Wieland Müller et al., "An Experimental Analysis of Intertemporal Allocation Behavior", *Experimental Economics*, Vol. 3, No. 2, 2000, pp. 137–152.

Ando, Albert and Franco Modigliani, "The 'Life Cycle' Hypothesis of Saving: Aggregate Implications and Tests", *American Economic Review*, Vol. 53, No. 1, 1963, pp. 55–84.

Baeriswyl, Romain and Camille Cornand, "Reducing Overreaction to Central Banks Disclosure: Theory and Experiment", *Journal of the European Eco-*

nomic Association, Vol. 12, No. 4, 2014, pp. 1087–1126.

Baker, Scott R. and Nicholas Bloom, "Does Uncertainty Reduce Growth? Using Disasters as Natural Experiments", National Bureau of Economic Research, https://www.nber.org/papers/w19475, 2013.

Ballinger, T. Parker, Eric Hudson and Leonie Karkoviata et al., "Saving Behavior and Cognitive Abilities", *Experimental Economics*, Vol. 14, No. 3, 2011, pp. 349–374.

Ballinger, T. Parker, Michael G. Palumbo and Nathaniel T. Wilcox, "Precautionary Saving and Social Learning Across Generations: An Experiment", *The Economic Journal*, Vol. 113, No. 490, 2003, pp. 920–947.

Bao, Te, Cars Hommes and Tomasz Makarewicz, "Bubble Formation and (in) Efficient Markets in Learning to Forecast and Optimise Experiments", *Social Science Electronic Publishing*, Vol. 127, No. 605, 2014, pp. 577–585.

Bao, Te, John Duffy and Cars Hommes, "Learning, Forecasting and Optimizing: An Experimental Study", *European Economic Review*, Vol. 61, 2013, pp. 186–204.

Benartzi, Shlomo and Richard H. Thaler, "Myopic Loss Aversion and the Equity Premium Puzzle", *The Quarterly Journal of Economics*, Vol. 110, No. 1, 1995, pp. 73–92.

Bergstrom, Theodore and John Miller, *Experiments With Economic Principles: Microeconomics*, New York: McGraw-Hill, 2000.

Bernanke, Ben S., *The Federal Reserve and the Financial Crisis*, Princeton: Princeton University Press, 2013.

Bernard, John C., Mount T. D. and Schulze W. D., "Alternative Auction Institutions for Electric Power Markets", *Agricultural & Resource Economics Review*, Vol. 27, No.2, 1998, pp. 125–131.

Bernasconi, Michele, Oliver Kirchkamp and Paolo Paruolo, "Do Fiscal Variables Affect Fiscal Expectations? Experiments with Real world and Lab Data", *Journal of Economic Behavior and Organization*, Vol. 70, No. 1, 2009, pp. 253-265.

Blanchard, Olivier J., "The Lucas Critique and the Volcker Deflation", *The American Economic Review*, Vol. 74, No. 2, 1984, pp. 211-215.

Blinder, Alan S. and John Morgan, "Leadership in Groups: A Monetary Policy Experiment", *International Journal of Central Banking*, Vol. 4, No. 4, 2008, pp. 117-150.

Bloomfield, Robert and Robert Libby, "Market Reactions to Differentially Available Information in the Laboratory", *Journal of Accounting Research*, Vol. 34, No. 2, 1996, pp. 183-207.

Boeters, Stefan, Christoph Böhringer and Thiess Büttner et al., "Economic Effects of VAT Reforms in Germany", *Applied Economics*, Vol. 42, No. 17, 2010, pp. 2165-2182.

Bosch-Domènech, Antoni and Joaquim Silvestre, "Credit Constraints in General Equilibrium: Experimental Results", *The Economic Journal*, Vol. 107, No. 444, 1997, pp. 1445-1464.

Brown, Alexander L., Zhikang Eric Chua and Colin F. Camerer, "Learning and Visceral Temptation in Dynamic Saving Experiments", *The Quarterly Journal of Economics*, Vol. 124, No. 1, 2009, pp. 197-231.

Cadsby, Charles Bram and Murray Frank, "Experimental Tests of Ricardian Equivalence", *Economic Inquiry*, Vol. 29, No. 4, 1991, pp. 645-664.

Camerer, Colin, "Rules for Experimenting in Psychology and Economics, and Why They Differ", in *Understanding Strategic Interaction*, Berlin, Heidelberg: Springer, 1997, pp. 313-327.

Capra, C. Monica, Tomomi Tanaka and Colin F Camerer, et al., "The Impact of Simple Institutions in Experimental Economies With Poverty Traps", *The Economic Journal*, Vol. 119, No. 539, 2009, pp. 977-1009.

Carbone, Enrica and John D. Hey, "The Effect of Unemployment on Consumption: An Experimental analysis", *The Economic Journal*, Vol. 114, No. 497, 2004, pp. 660-683.

Carbone, Enrica and John Duffy, "Lifecycle Consumption Plans, Social Learning and External Habits: Experimental Evidence", *Journal of Economic Behavior and Organization*, Vol. 106, 2014, pp. 413-427.

Carroll, Christopher D., "A Theory of the Consumption Function, With and Without Liquidity Constraints", *Journal of Economic Perspectives*, Vol. 15, No. 3, 2001, pp. 23-45.

Castro, Lucio and Carlos Scartascini, "Tax Compliance and Enforcement in the Pampas Evidence From a Field Experiment", *Journal of Economic Behavior and Organization*, Vol. 116, 2015, pp. 65-82.

Chamberlin, Edward H., "An Experimental Imperfect Market", *Journal of Political Economy*, Vol. 56, No. 2, 1948, pp. 95-108.

Chapman, David A., "Habit Formation and Aggregate Consumption", *Econometrica*, Vol. 66, No. 5, 1998, pp. 1223-1230.

Chen, Daniel L., Martin Schonger and Chris Wickens, "oTree—An Open-Source Platform for Laboratory, Online, and Field Experiments", *Journal of Behavioral and Experimental Finance*, Vol. 9, 2016, pp. 88-97.

Chetty, Raj, Adam Looney and Kory Kroft, "Salience and Taxation: Theory and Evidence", *The American Economic Review*, Vol. 99, No. 4, 2009, pp. 1145-1177.

Chua, Zhikang and Colin F Camerer, "Experiments on Intertemporal Consumption With Habit Formation and Social Learning", https: //authors. library. caltech. edu/22010/, 2011.

Chytilova, Helena, "Experimental Macroeconomics, a Challenge for the Future?", *European Scientific Journal*, Vol. 10, No. 10, 2014, pp. 243-251.

Cipriani, Marco and Antonio Guarino, "Herd Behavior in Financial Markets: An Experiment With Financial Market Professionals", *Journal of the European Economic Association*, Vol. 7, No. 1, 2009, pp. 206-233.

Cochrane, John H., "What do the VARs Mean? Measuring the Output Effects of Monetary Policy", *Journal of Monetary Economics*, Vol. 14, No. 2, 1998, pp. 277-300.

Cook, Thomas D., Donald Thomas Campbell and Arles Day, *Quasi-Experimentation: Design and Analysis Issues for Field Settings*, Boston: Houghton Mifflin Company, 1979.

Cornand, Camille and Cheick Kader M'Baye, "Does Inflation Targeting Matter? An Experimental Investigation", *Macroeconomic Dynamics*, Vol. 2, 2018, pp. 362-401.

Cornand, Camille and Frank Heinemann, "Experiments in Macroeconomics: Methods and Applications", in *Handbook of Research Methods and Applications in Experimental Economics*, Cheltenham: Edward Elgar Publishing, 2019.

Croson, Rachel, "The Use of Students as Participants in Experimental Research", Behavioral Operations Management Discussion Forum, http://www.informs.org/ Community/ BOM/ Discussion-Forum, 2010.

Cummings, Ronald G., Jorge Martinez-Vazquez and Michael McKee et al., "Tax Morale Affects Tax Compliance: Evidence from Surveys and an Artefactual Field Experiment", *Journal of Economic Behavior and Organization*, Vol. 70, No. 3, 2009, pp. 447-457.

Davis, Douglas D. and Charles A. Holt, *Experimental Economics*, Princeton University Press, 1993.

De Grauwe, Paul, "Animal Spirits and Monetary Policy", *Economic Theory*, Vol. 47, 2011, pp. 423-457.

Deaves, Richard, Erik Lüders and Guo Ying Luo, "An Experimental Test of the Impact of Overconfidence and Gender on Trading Activity", *Review of Finance*, Vol. 13, No. 3, 2008, pp. 555-575.

Di Laurea, Davide and Roberto Ricciuti, "An Experimental Analysis of two Departures from Ricardian Equivalence", *Economics Bulletin*, Vol. 8, No. 11, 2003, pp. 1-11.

Duffy, John and Yue Li, "Lifecycle Consumption under Different Income Profiles: Evidence and Theory", *Journal of Economic Dynamics and Control*, Vol. 104, 2019, pp. 74-94.

Duffy, John, "Experimental Macroeconomics", in Durlauf S. N. and Blume L. E., eds., *Behavioural and Experimental Economics*, London: Palgrave Macmillan, 2010, pp. 113-119.

Duffy, John, "Experimental Macroeconomics", in *The New Palgrave Dictionary of Economics 2nd Ed.*, London: Palgrave Macmillan, 2008.

Duffy, John, "Macroeconomics: A Survey of Laboratory Research", in Plott C. and Smith V., eds. *The Handbook of Experimental Economics*, Vol. 2, Princeton: Princeton University Press, 2015, pp. 1-90.

Duffy, John, "Monetary Theory in the Laboratory", Federal Reserve Bank of St. Louis Review, https://research.stlouisfed.org/publications/review/1998/09/01/monetary-theory-in-the-laboratory/, 1998.

Duffy, John, *Experiments in Macroeconomics*, Bingley: Emerald Group Publishing, 2014.

Dwenger, Nadja, Henrik Kleven and Imran Rasul et al., "Extrinsic and Intrinsic Motivations for Tax Compliance: Evidence from a Field Experiment in Germany", *American Economic Journal: Economic Policy*, Vol. 8, No. 3, 2016, pp. 203-232.

Dwyer, Gerald P. Jr, Arlington W. Williams and Raymond C. Battalio et al., "Tests of Rational Expectations in a Stark Setting", *The Economic Journal*, Vol. 103, No. 418, 1993, pp. 586-601.

Eggertsson, Gauti and Michael Woodford, "The Zero Bound on Interest Rates and Optimal Monetary Policy", *Brookings Papers on Economic Activity*, Vol. 34, No. 1, 2003, pp. 139–211.

Engle–Warnick, Jim and Nurlan Turdaliev, "An Experimental Test of Taylor–Type Rules With Inexperienced Central Bankers", *Experimental Economics*, Vol. 13, No. 2, 2010, pp. 146–166.

Falk, Armin and James J. Heckman, "Lab Experiments are a Major Source of Knowledge in the Social Sciences", *Science*, Vol. 326, 2009, pp. 535–538.

Fehr, Ernst and Jean–Robert Tyran, "Does Money Illusion Matter?", *The American Economic Review*, Vol. 91, No. 5, 2001, pp. 1239–1262.

Fehr, Ernst and Jean–Robert Tyran, "Money Illusion and Coordination Failure", *Games and Economic Behavior*, Vol. 58, No. 2, 2007, pp. 246–268.

Fehr, Ernst and Peter K. Zych, "Intertemporal Choice under Habit Formation", in Plott C. and Smith V., eds., *Handbook of Experimental Economics Results*, New York: Elsevier, 2008, pp. 923–928.

Fellner, Gerlinde and Matthias Sutter, "Causes, Consequences, and Cures of Myopic Loss Aversion: An Experimental Investigation", *The Economic Journal*, Vol. 119, No. 537, 2009, pp. 900–916.

Feltovich, Nick and Ourega–Zoé Ejebu, "Do Positional Goods Inhibit Saving? Evidence from a Life–Cycle Experiment", *Journal of Economic Behavior and Organization*, Vol. 107, 2014, pp. 440–454.

Fenig, Guidon, Mariya Mileva and Luba Petersen, "Asset Trading and Monetary Policy in Production Economies", Simon Fraser University Department of Economics Working Paper, http://www.sfu.ca/econ –research/RePEc/sfu/sfudps/dp13–08.Pdf, 2013.

Fischbacher, U., "Z–Tree: Zurich Toolbox for Ready–Made Economic Experiments", *Experimental Economics*, Vol. 10, No. 2, 2007, pp. 171–178.

Friedman, Daniel and Shyam Sunder, *Experimental Methods: A Primer for Economists*, Cambridge: Cambridge University Press, 1994.

Friedman, Daniel, "On the Efficiency of Experimental Double Auction Markets", *The American Economic Review*, Vol. 74, No. 1, 1984, pp. 60–72.

Friedman, Milton and Marilyn Friedman, *Essays in Positive Economics*, Chica-go: University of Chicago Press, 1953.

Fuchs-Schündeln, Nicola and Tarek Alexander Hassan, "Natural Experiments in Macroeconomics", in Taylor J. B. and Uhlig H., eds. *Handbook of Macroeconomics*, New York Elsevier, 2016, pp. 923–1012.

Gabaix, Xavier, David Laibson and Guillermo Moloche et al., "Costly Information Acquisition: Experimental Analysis of a Boundedly Rational Model", *The American Economic Review*, Vol. 96, No. 4, 2006, pp. 1043–1068.

Galor, Oded and Joseph Zeira, "Income Distribution and Macroeconomics", *The Review of Economic Studies*, Vol. 60, No. 1, 1993, pp. 35–52.

Glaser, Markus, Thomas Langer and Martin Weber, "On the Trend Recognition and Forecasting Ability of Professional Traders", *Decision Analysis*, Vol. 4, No. 4, 2007, pp. 176–193.

Green, Leonard and John H Kagel, *Advances in Behavioral Economics*, Vol. 3. Substance Use and Abuse. New Jersey: Ablex Publishing Corporation, 1996.

Greenwald, Bruce C. and Joseph E. Stiglitz, "Keynesian, New Keynesian, and New Classical Economics", *Oxford Economic Papers*, Vol. 39, No. 1, 1987, pp. 119–133.

Greiner, Ben, "Subject Pool Recruitment Procedures: Organizing Experiments with ORSEE", *Journal of the Economic Science Association*, Vol. 1, No. 1, 2015, pp. 114–125.

Guala, Francesco, *The Methodology of Experimental Economics*, Cambridge: Cambridge University Press, 2005.

Haigh, Michael S. and John A. List, "Do Professional Traders Exhibit Myopic Loss Aversion? An Experimental Analysis", *The Journal of Finance*, Vol. 60, No. 1, 2005, pp. 523−534.

Harrison, Glenn W. and John A. List, "Field Experiments", *Journal of Economic Literature*, Vol. 42, No. 4, 2004, pp. 1009−1055.

Heer, Burkhard and Mark Trede, "Efficiency and Distribution Effects of a Revenue−Neutral Income Tax Reform", *Journal of Macroeconomics*, Vol. 25, No. 1, 2003, pp. 87−107.

Heinemann, Frank and Charles Noussair, "Macroeconomic Experiments", *Journal of Economic Studies*, Vol. 42, No. 6, 2015, pp. 930−942.

Heiner, Ronald A., "Experimental Economics: Comment", *The American Economic Review*, Vol. 75, No. 1, 1985, pp. 260−263.

Henninger, Felix, Pascal J. Kieslich and Benjamin E. Hilbig, "Psynteract: A Flexible, Cross−Platform, Open Framework for Interactive Experiments", *Behavior Research Methods*, Vol. 49, No. 5, 2017, pp. 1605−1614.

Henrich, Joseph, Steven J. Heine and Ara Norenzayan, "Most People are not WEIRD", *Nature*, Vol. 466, 2010, pp. 29.

Hey, John D. and Valentino Dardanoni, "Optimal Consumption Under Uncertainty: An Experimental Investigation", *The Economic Journal*, Vol. 98, No. 390, 1988, pp. 105−116.

Hommes, Cars, "The Heterogeneous Expectations Hypothesis: Some Evidence from the Lab", *Journal of Economic Dynamics and Control*, Vol. 35, No. 1, 2011, pp. 1−24.

Hommes, Cars, *Behavioral Rationality and Heterogeneous Expectations in Complex Economic Systems*, Cambridge, UK: Cambridge University Press, 2013.

Isaac, R. Mark and Charles R. Plott, "Price Controls and the Behavior of Auction Markets: An Experimental Examination", *The American Economic Review*, Vol. 71, No. 3, 1981, pp. 448–459.

Jiménez-Buedo, Maria and Luis M. Miller, "Why a Trade-Off? The Relationship between the External and Internal Validity of Experiments, Theoria, Revista de Teoría", *Historiay Fundamentos de la Ciencia*, Vol. 25, No. 3, 2010, pp. 301–321.

Kagel, John H. and Alvin E. Roth, eds., *The Handbook of Experimental Economics*, Princeton: Princeton University Press, 1995.

Kagel, John H. and Alvin E. Roth, eds., *The Handbook of Experimental Economics Volume 2*, Princeton: Princeton University Press, 2015.

Karlan, Dean and Jacob Appel, *Failing in the Fieldpp. What We can Learn When Field Research goes Wrong*, Princeton: Princeton University Press, 2016.

Karlan, Dean and Jonathan Zinman, "Observing Unobservables: Identifying Information Asymmetries with a Consumer Credit Field Experiment", *Econometrica*, Vol. 77, No. 6, 2009, pp. 1993–2008.

Keynes, John Maynard, *The General Theory of Employment, Interest and Money*, New York: Macmillan, 1936.

Kirchler, Erich and Boris Maciejovsky, "Simultaneous Over-and Underconfidence: Evidence from Experimental Asset Markets", *Journal of Risk and Uncertainty*, Vol. 25, No. 1, 2002, pp. 65–85.

Königsheim, Christian, Moritz Lukas and M. Nöth, "Individual Preferences and the Exponential Growth Bias", *Journal of Economic Behavior and Organization*, Vol. 145, 2018, pp. 352–369.

Kotlikoff, Laurence J., William Samuelson and Stephen Johnson, "Consumption, Computation Mistakes, and Fiscal Policy", *The American Economic Review*, Vol. 78, No. 2, 1988, pp. 408–412.

Kryvtsov, Oleksiy and Luba Petersen, "Expectations and Monetary Policy: Experimental Evidence", Bank of Canada, https://www.econstor.eu/handle/10419/95695, 2013.

Kübler, Dorothea and Georg Weizsäcker, "Limited Depth of Reasoning and Failure of Cascade Formation in the Laboratory", *The Review of Economic Studies*, Vol. 71, No. 2, 2004, pp. 425-441.

Kurokawa, Hirofumi, Tomoharu Mori and Fumio Ohtake, "A Choice Experiment on Tax: Are Income and Consumption Taxes Equivalent?", https://papers.ssrn.com/sol3/papers.cfm?abstract_id=2755864, 2016.

Leeper, Eric M., Todd B. Walker and Shu-Chun Susan Yang, "Fiscal Foresight and Information Flows", *Econometrica*, Vol. 81, No. 3, 2013, pp. 1115-1145.

Lei, Vivian and Charles N. Noussair, "An Experimental Test of an Optimal Growth Model", *The American Economic Review*, Vol. 92, No. 3, 2002, pp. 549-570.

Lei, Vivian and Charles N. Noussair, "Equilibrium Selection in an Experimental Macroeconomy", *Southern Economic Journal*, Vol. 74, No. 2, 2007, pp. 448-482.

Levitt, Steven D. and John A. List, "Field Experiments in Economics: The past, the Present, and the Future", *European Economic Review*, Vol. 53, No. 1, 2009, pp. 1-18.

Levy, Matthew and Joshua Tasoff, "Exponential-Growth Bias and Lifecycle Consumption", *Journal of the European Economic Association*, Vol. 14, No. 3, 2016, pp. 545-583.

Levy, Matthew and Joshua Tasoff, "Exponential-Growth Bias and Overconfidence", *Journal of Economic Psychology*, Vol. 58, 2017, pp. 1-14.

Lian, Peng and Charles R. Plott, "General Equilibrium, Markets, Macroeconomics and Money in a Laboratory Experimental Environment", *Economic*

Theory, Vol. 12. No. 1, 1998, pp. 123–146.

Lucas, Robert E., "Econometric Policy Evaluation: A Critique", *Journal of Monetary Economics*, Vol.1, 1976, pp. 19–46.

Luhan, Wolfgang J., Michael W. M. Roos and Johann Scharler, "An Experiment on Consumption Responses to Future Prices and Interest Rates", in Duffy, John, eds., *Experiments in Macroeconomics*, London, UK: Emerald Group Publishing Limited, 2014, pp. 139–166.

Marimon, Ramon and Shyam Sunder, "Expectations and Learning under Alternative Monetary Regimes: An Experimental Approach", *Economic Theory*, Vol. 4, No. 1, 1994, pp 131–162.

Masclet, David, Youenn Lohear and Laurent Denant–Boèmont et al., "Group and Individual Risk Preferences: A Lottery–Choice Experiment with Self-Employed and Salaried Workers", *Journal of Economic Behavior and Organization*, Vol. 70, No. 3. 2009, pp. 470–484.

McCannon, Bryan C., Colleen Tokar Asaad and Mark Wilson, "Financial Competence, Overconfidence, and Trusting Investments: Results from an Experiment", *Journal of Economics and Finance*, Vol. 40, No. 3, 2016, pp. 590–606.

Meissner, Thomas, "Intertemporal Consumption and Debt Aversion: An Experimental Study", *Experimental Economics*, Vol. 19, No. 2, 2016, pp. 281–298.

Milani, Fabio and John Treadwell, "The Effects of Monetary 'Policy News' and 'Surprises'", *Journal of Money, Credit and Banking*, Vol. 44, No. 8, 2012, pp. 1667–1692.

Mishkin, Frederic S., "Does Anticipated Monetary Policy Matter? An Econometric Investigation", *Journal of Political Economy*, Vol. 90, No. 1, 1982, pp. 22–51.

Moffatt, Peter G., *Experimetrics: Econometrics for Experimental Economics*,

New York: Macmillan International Higher Education, 2015.

Mokhtarzadeh, Fatemeh and Luba Petersen, "Coordinating Expectations Through Central Bank Projections", https://ssrn.com/abstract=2915814, 2019.

Mülle, Wieland, "Strategies, Heuristics, and the Relevance of Risk-Aversion in a Dynamic Decision Problem", *Journal of Economic Psychology*, Vol. 22, No. 4, 2001, pp. 493–522.

Murphy, James J., Ariel Dinar and Richard E. Howitt et al., "The Design of 'Smart' Water Market Institutions Using Laboratory Experiments", *Environmental and Resource Economics*, Vol. 17, No. 4, 2000, pp. 375–394.

Noussair, Charles and Kenneth Matheny, "An Experimental Study of Decisions in Dynamic Optimization Problems", *Economic Theory*, Vol. 15, No. 2, 2000, pp. 389–419.

Noussair, Charles N., Charles R. Plott and Raymond G. Riezman, "An Experimental Investigation of the Patterns of International Trade", *The American Economic Review*, Vol.85, No.3, 1995, pp. 462–491.

Noussair, Charles N., Charles R. Plott and Raymond G. Riezman, "Production, Trade, Prices, Exchange Rates and Equilibration in Large Experimental Economies", *European Economic Review*, Vol. 51, No. 1, 2007, pp. 49–76.

Noussair, Charles N., Charles R. Plott and Raymond G. Riezman, "The Principles of Exchange Rate Determination in an International Finance Experiment", *Journal of Political Economy*, Vol. 105, No. 4, 1997, pp. 822–861.

Noussair, Charles N., Damjan Pfajfar and Janos Zsiros, "Persistence of Shocks in an Experimental Dynamic Stochastic General Equilibrium Economy", in Duffy, John, eds., *Experiments in Macroeconomics*, London, UK: Eme-rald Group Publishing Limited, 2014, pp. 71–108.

Noussair, Charles N., Damjan Pfajfar and Janos Zsiros, "Pricing Decisions in an Experimental Dynamic Stochastic General Equilibrium Economy", *Journal of Economic Behavior and Organization*, Vol. 109, 2015, pp. 188－202.

Ochs, Jack, "Coordination Problems", in Kagel J. H., and Roth A. E., eds., *The Handbook of Experimental Economics*, Princeton: Princeton University Press, 1995, pp. 195－252.

Parker, Jonathan A., Nicholas S. Souleles and David S. Johnson et al., "Consumer Spending and the Economic Stimulus Payments of 2008", *The American Economic Review*, Vol. 103, No. 6, 2013, pp. 2530－2553.

Petersen, Luba, "Do Expectations and Decisions Respond to Monetary Policy?", *Journal of Economic Studies*, Vol. 42, No. 6, 2015, pp. 972－1004.

Pettit, James, Daniel Friedman and Curtis Kephart et al., "Software for Continuous Game Experiments", *Experimental Economics*, Vol. 17, No. 4, 2014, pp. 631－648.

Pfajfar, Damjan and Blaž Žakelj, "Experimental Evidence on Inflation Expectation Formation", *Journal of Economic Dynamics and Control*, Vol. 44, 2014, pp. 147－168.

Pfajfar, Damjan and Blaž Žakelj, "Inflation Expectations and Monetary Policy Design: Evidence from the Laboratory", *Macroeconomic Dynamics*, Vol. 22, No. 4, 2018, pp. 1035－1075.

Plosser, Charles I., "Forward Guidance", https: //www.philadelphiafed. org/-/media/publications/speeches/Plosser/2013/02－12－13_siepr.pdf, 2013.

Plosser, Charles I., "Understanding Real Business Cycles", *Journal of Economic Perspectives*, Vol. 3, No.3, 1989, pp. 51－77.

Plott, Charles R. and Shyam Sunder, Sunder S., "Efficiency of Experimental Security Markets with Insider Information: An Application of Rational－Expectations Models", *Journal of Political Economy*, Vol. 90, No. 4, 1982, pp. 663–698.

Plott, Charles R. and Shyam Sunder. Plott, Charles R., "Rational Expectations and the Aggregation of Diverse Information in Laboratory Security Markets", *Econometrica*, Vol. 56, No. 5, 1988, pp. 1085–1118.

Plott, Charles R. and Vernon L. Smith, "An Experimental Examination of two Exchange Institutions", *The Review of Economic Studies*, Vol. 45, No. 1, 1978, pp. 133–153.

Plott, Charles R., "A Computerized Laboratory Market System for Research Support Systems for the Multiple Unit Double Auction", https://authors. library.caltech.edu/44434/1/sswp783.pdf, 1991.

Plott, Charles R., "Externalities and Corrective Policies in Experimental Markets", *The Economic Journal*, Vol. 93, No. 369, 1983, pp. 106–127.

Ricciuti, Roberto, "Bringing Macroeconomics into the Lab", *Journal of Macroeconomics*, Vol. 30, No.1, 2008, pp. 216–237.

Riedl, Arno and Frans Van Winden, "An Experimental Investigation of Wage Taxation and Unemployment in Closed and Open Economies", *European Economic Review*, Vol. 51, No. 4, 2007, pp. 871–900.

Riedl, Arno and Frans Van Winden, "Does the Wage Tax System Cause Budget Deficits a Macro–Economic Experiment", *Public Choice*, Vol. 109, No.3–4, 2001, pp. 371–394.

Roe, Brian E. and David R. Just, "Internal and External Validity in Economics Research: Tradeoffs Between Experiments, Field Experiments, Natural Experiments, and Field Data", *American Journal of Agricultural Economics*, Vol. 91, No. 5, 2009, pp. 1266–1271.

Romer, Paul, "The Trouble with Macroeconomics", *The American Economist*, Vol. 20, 2016, pp. 1–20.

Rotemberg, Julio J., "The New Keynesian Microfoundations", *NBER Macroeconomics Annual, Vol. 2, No. 2, 1987, pp. 69-104.

Roth, Alvin E., "Laboratory Experimentation in Economics", *Economics and Philosophy*, Vol. 2, No. 2, 1986, pp. 245-273.

Sargent, Thomas J. and Neil Wallace, "'Rational' Expectations, the Optimal Monetary Instrument, and the Optimal Money Supply Rule", *Journal of Political Economy*, Vol. 83, No. 2, 1975, pp. 241-254.

Sauermann, Heinz and Reinhard Selten, "Ein Oligopolexperiment", *Zeitschrift für Die Gesamte Staatswissenschaft*, Vol. 115, 1959, pp. 427-471.

Schram, Arthur, "Artificiality: The Tension Between Internal and External Validity in Economic Experiments", *Journal of Economic Methodology*, Vol. 12, No. 2, 2005, pp. 225-237.

Smith, Vernon L., "An Experimental Study of Competitive Market Behavior", *Journal of Political Economy*, Vol. 70, No.3, 1962, pp. 322-323.

Smith, Vernon L., "Experimental Auction Markets and the Walrasian Hypothesis", *Journal of Political Economy*, Vol. 73, No. 4, 1965, pp. 387-393.

Smith, Vernon L., "Experimental Economics: Induced Value Theory", *The American Economic Review*, Vol. 66, No. 2, 1976, pp. 274-279.

Smith, Vernon L., "Markets as Economizers of Information: Experimental Examination of the 'Hayek Hypothesis'", *Economic Inquiry*, Vol. 20, No. 2, 1982b, pp. 165-179.

Smith, Vernon L., "Microeconomic Systems as an Experimental Science", *The American Economic Review*, Vol. 72, No. 5, 1982a, pp. 923-955.

Smith, Vernon L., Gerry L. Suchanek and Arlington W. Williams, "Bubbles, Crashes, and Endogenous Expectations in Experimental Spot Asset Markets", *Econometrica*, Vol. 56, No. 5, 1988, pp. 1119-1151.

Song, Changcheng, "Financial Illiteracy and Pension Contributions: A Field Experiment on Compound Interest in China", *The Review of Financial Studies*, Vol. 33, No. 2, 2020, pp. 916-949.

Stango, Victor and Jonathan Zinman, "Exponential Growth Bias and Household Finance", *The Journal of Finance*, Vol. 64, No. 6, 2009, pp. 2807–2849.

Summers, Lawrence H., "Capital Taxation and Accumulation in a Life Cycle Growth Model", *The American Economic Review*, Vol. 71, No. 4, 1981, pp. 533–544.

Sunder, Shyam, "Experimental Asset Markets: A Survey", in Kagel J. H., and Roth A. E., eds., *The Handbook of Experimental Economics*, Princeton: Princeton University Press, 1995, pp. 445–500.

Taylor, John B. and Harald Uhlig, eds., *The Handbook of Macroeconomics Volume 2*, New York: Elsevier, 2016.

Torgler, Benno, "Moral Suasion: An Alternative Tax Policy Strategy? Evidence from a Controlled Field Experiment in Switzerland", *Economics of Governance*, Vol. 5, No. 3, 2004, pp. 235–253.

Van Huyck, John B., Joseph P. Cook and Raymond C. Battalio, "Selection Dynamics, Asymptotic Stability, and Adaptive Behavior", *Journal of Political Economy*, Vol. 102, No. 5, 1994, pp. 975–1005.

Walsh, Carl E. "Using Monetary Policy to Stabilize Economic Activity", *Financial Stability and Macroeconomic Policy*, Vol. 245, 2009, pp. 245–296.

Weber, Matthias, John Duffy and Arthur Schram, "An Experimental Study of Bond Market Pricing", *The Journal of Finance*, Vol. 73, No. 4, 2018, pp. 1857–1892.

Weintraub, E. Roy, "The Microfoundations of Macroeconomics: A Critical Survey", *Journal of Economic Literature*, Vol. 15, No. 1, 1977, pp. 1–23.

Woodford, Michael, "Methods of Policy Accommodation at the Interest Rate Lower Bound", https://econpapers.repec.org/article/fipfedkpr/y_3a2012_

3ap_3a185-288. htm，2012.

Yamamori，Tetsuo，Kazuyuki Iwata and Akira Ogawa，"Does Money Illusion Matter in Intertemporal Decision Making?"，*Journal of Economic Behavior and Organization*，Vol. 145，No. 1，2018，pp. 465-473.

Yamamori，Tetsuo，Kazuyuki Iwata，Akira Ogawa，et al.，"An Experimental Study of Money Illusion in Intertemporal Decision Making"，*Journal of Behavioral Economics and Finance*，Vol. 7，2014，pp. 71-74.

Yang，Xiaolan and Li Zhu，"Ambiguity vs Risk：An Experimental Study of Overconfidence，Gender and Trading Activity"，*Journal of Behavioral and Experimental Finance*，Vol. 9，2016，pp. 125-131.

Zeldes，Stephen P.，"Consumption and Liquidity Constraints：An Empirical Investigation"，*Journal of Political Economy*，Vol. 97，No. 2，1989，pp. 305-346.

［美］巴德斯利等：《实验经济学：反思规则》，贺京同、柳明、付婷婷译，中国人民大学出版社 2015 年版。

巴曙松、曾智、王昌耀：《非传统货币政策的理论、效果及启示》，《国际经济评论》2018 年第 2 期。

包特、王国成、戴芸：《面向未来的实验经济学：文献述评与前景展望》，《管理世界》2020 年第 7 期。

［英］保罗·德·格洛瓦：《行为宏观经济学：一个教程》，贺京同、刘倩译，中国人民大学出版社 2016 年版。

卞志村、高洁超：《适应性学习、宏观经济预期与中国最优货币政策》，《经济研究》2014 年第 4 期。

卞志村、杨源源：《结构性财政调控与新常态下财政工具选择》，《经济研究》2016 年第 3 期。

卞志村、张义：《央行信息披露、实际干预与通胀预期管理》，《经济研究》2012 年第 12 期。

储德银、闫伟：《税收政策与居民消费需求——基于结构效应视角的新思考》,《经济理论与经济管理》2012 年第 3 期。

崔丽媛、洪永淼:《投资者对经济基本面的认知偏差会影响证券价格吗?——中美证券市场对比分析》,《经济研究》2017 年第 8 期。

代志新、陈怡心、李法强:《税收遵从研究的自然随机实地实验法》,《中国人民大学学报》2020 年第 4 期。

[美] 道格拉斯·戴维斯、查理斯·霍尔特:《实验经济学 (行为和实验经济学经典译丛)》,连洪泉、左聪颖译,中国人民大学出版社 2013 年版。

杜宁华:《经济学实验的内部有效性和外部有效性——与朱富强先生商榷》,《学术月刊》2017 年第 8 期。

[美] 迪恩·卡尔兰、雅各布·阿佩尔:《失败的价值:从实地实验的错误中获益》,贺京同、付婷婷译,中国人民大学出版社 2018 年版。

樊明:《消费的生命周期理论及实证经济学方法的反思》,《经济学动态》2002 年第 1 期。

范良聪、张新超:《经济学实验的方法论之争》,《浙江社会科学》2015 年第 6 期。

高鸿桢、林嘉永:《信息不对称资本市场的实验研究》,《经济研究》2005 年第 2 期。

高梦滔、毕岚岚、师慧丽:《流动性约束、持久收入与农户消费——基于中国农村微观面板数据的经验研究》,《统计研究》2008 年第 6 期。

高培勇:《论完善税收制度的新阶段》,《经济研究》2015 年第 2 期。

顾六宝、肖红叶:《基于消费者跨期选择的中国最优消费路径分析》,《统计研究》2005 年第 11 期。

郭新强、汪伟、杨坤:《刚性储蓄、货币政策与中国居民消费动态》,《金融研究》2013 年第 2 期。

郭豫媚、陈伟泽、陈彦斌:《中国货币政策有效性下降与预期管理研究》,《经济研究》2016 年第 1 期。

何浩然、夏静文、关雯琦、林斌斌:《淘汰式惩罚与合作:基于经济学实验的研究》,《世界经济》2020 年第 3 期。

何浩然：《个人和家庭跨期决策与被试异质性——基于随机效用理论的实验经济学分析》，《管理世界》2011 年第 12 期。

贺京同、刘倩、贺坤：《市场化程度、供给侧管理与货币政策效果》，《南开学报：哲学社会科学版》2016 年第 2 期。

洪永淼、方颖、陈海强等：《计量经济学与实验经济学的若干新近发展及展望》，《中国经济问题》2016 年第 3 期。

蒋瑛琨、刘艳武、赵振全：《货币渠道与信贷渠道传导机制有效性的实证分析——兼论货币政策中介目标的选择》，《金融研究》2005 年第 5 期。

李俊霖：《宏观税负，财政支出与经济增长》，《经济科学》2007 年第 4 期。

李拉亚：《预期管理理论模式述评》，《经济学动态》2011 年第 7 期。

李升、杨武：《个人所得税改革：以促进公平为视角》，《税务研究》2016 年第 2 期。

李晓嘉、蒋承：《生命周期视角下的城镇居民消费行为——基于全国微观数据的实证分析》，《浙江社会科学》2015 年第 2 期。

李颖：《全口径计算下中国间接税规模特征、国际比较及对策》，《经济与管理研究》2016 年第 7 期。

李永友、丛树海：《居民消费与中国财政政策的有效性：基于居民最优消费决策行为的经验分析》，《世界经济》2006 年第 5 期。

李云峰：《中央银行沟通、实际干预与通货膨胀稳定》，《国际金融研究》2012 年第 4 期。

栗亮、刘元春：《经济波动的变异与中国宏观经济政策框架的重构》，《管理世界》2014 年第 12 期。

林毅夫：《中国经济学理论发展与创新的思考》，《经济研究》2017 年第 5 期。

刘海明、曹廷求：《基于微观主体内生互动视角的货币政策效应研究——来自上市公司担保圈的证据》，《经济研究》2016 年第 5 期。

刘华、陈力朋、徐建斌：《税收凸显性对居民消费行为的影响——以个人所得税、消费税为例的经验分析》，《税务研究》2015 年第 3 期。

刘胜、冯海波：《税制结构与消费外溢：跨国证据》，《中国工业经济》2016

年第 6 期。

卢蕾蕾、李良松：《中央银行前瞻指引的理论与经验：文献综述》，《国际金融研究》2014 年第 1 期。

陆方文：《随机实地实验：方法、趋势和展望》，《经济评论》2017 年第 4 期。

罗俊、汪丁丁、叶航、陈叶烽：《走向真实世界的实验经济学——田野实验研究综述》，《经济学（季刊）》2015 年第 3 期。

罗卫东、范良聪：《经济学实验的方法论支撑：超越"无关痛痒"的证伪主义》，《浙江社会科学》2010 年第 5 期。

那艺、贺京同：《从"宏观经济学的麻烦"看行为宏观经济学的兴起与发展》，《经济学动态》2017 年第 7 期。

潘彬、罗新星、徐选华：《政府购买与居民消费的实证研究》，《中国社会科学》2006 年第 5 期。

孙俊：《货币政策转向与非对称效应研究》，《金融研究》2013 年第 6 期。

万志宏：《货币政策前瞻指引：理论、政策与前景》，《世界经济》2015 年第 9 期。

汪丁丁：《实验经济学与中国经济学建设》，《经济学动态》1994 年第 7 期。

王琳、孙子惠、赵登攀：《中国货币政策预期管理有效性及政策透明度研究——基于社会融资规模数据》，《宏观经济研究》2020 年第 2 期。

王擎、周伟：《股票市场伦理环境与投资者模糊决策——理论与实验研究》，《中国社会科学》2013 年第 3 期。

王曦、王茜、陈中飞：《货币政策预期与通货膨胀管理——基于消息冲击的 DSGE 分析》，《经济研究》2016 年第 2 期。

王也：《实验者与被试之间的博弈——经济学实验中的激励机制研究》，《金融经济》2019 年第 12 期。

王智烜、邓力平：《税制结构优化与我国消费增长》，《税务研究》2015 年第 9 期。

翁茜、李栋：《在线实地实验研究进展》，《经济学动态》2020 年第 5 期。

徐亚平：《公众学习、预期引导与货币政策的有效性》，《金融研究》2009 年第 1 期。

徐亚平：《货币政策有效性与货币政策透明制度的兴起》，《经济研究》2006 年第 8 期。

许志伟、樊海潮、薛鹤翔：《公众预期、货币供给与通货膨胀动态——新凯恩斯框架下的异质性预期及其影响》，《经济学（季刊）》2015 年第 3 期。

杨晓兰、周业安：《政府效率、社会决策机制和再分配偏好——基于中国被试的实验经济学研究》，《管理世界》2017 年第 6 期。

杨源源、张晓林、于津平：《异质性预期、宏观经济波动与货币政策有效性——来自数量型和价格型工具的双重检验》，《国际金融研究》2017 年第 9 期。

杨筝、刘放、李茫茫：《利率市场化、非效率投资与资本配置——基于中国人民银行取消贷款利率上下限的自然实验》，《金融研究》2017 年第 5 期。

姚余栋、谭海鸣：《通胀预期管理和货币政策》，《经济研究》2013 年第 6 期。

姚宇：《世界著名实验经济学实验室介绍》，《经济学动态》2014 年第 11 期。

叶德珠、连玉君、黄有光等：《消费文化、认知偏差与消费行为偏差》，《经济研究》2012 年第 2 期。

臧旭恒、刘大可：《利率杠杆与居民消费——储蓄替代关系分析》，《南开经济研究》2003 年第 6 期。

张成思、计兴辰：《善言为贤：货币政策前瞻性指引的中国实践》，《国际金融研究》2017 年第 12 期。

张鹤、张代强、姚远等：《货币政策透明度与反通货膨胀》，《经济研究》2009 年第 7 期。

张强、胡荣尚：《中央银行前瞻性指引研究最新进展》，《经济学动态》2014 年第 8 期。

中国人民银行货币政策司：《金融机构人民币贷款基准利率》，http：//www. pbc.gov.cn/zhengcehuobisi/125207/125213/125440/125838/125888/2943018/ index.html，2018 年 8 月 5 日。

中国人民银行货币政策司：《央行有关负责人就降息降准以及放开存款利率

上限答记者问》，http：//www.pbc.gov.cn/zhengcehuobisi/125207/125213/
　　125440/125832/2968751/index.html，2018 年 8 月 5 日。

中国人民银行营业管理部课题组：《中央银行利率引导——理论、经验分析
　　与中国的政策选择》，《金融研究》2013 年第 9 期。

周业安、左聪颖、陈叶烽、连洪泉、叶航：《具有社会偏好个体的风险厌恶
　　的实验研究》，《管理世界》2012 年第 6 期。

周业安：《改革开放以来实验经济学的本土化历程》，《南方经济》2019 年第
　　1 期。

周业安：《人的社会性与偏好的微观结构》，《学术月刊》2017 年第 6 期。

朱富强：《博弈论专家的行为实验何以印证主流经济学——实验条件的控制
　　与实验结果的差异性》，《上海财经大学学报（哲学社会科学版）》2016
　　年第 3 期。

朱富强：《社会协调的行为机理及其实验证据——兼对杜宁华先生批判的回
　　应之二》，《上海财经大学学报》2018 年第 3 期。

朱信凯、骆晨：《消费函数的理论逻辑与中国化：一个文献综述》，《经济研
　　究》2011 年第 1 期。

宗计川、付嘉、包特：《交易者认知能力与金融资产价格泡沫：一个实验研
　　究》，《世界经济》2017 年第 6 期。

索　引

后　记

实验经济学自 20 世纪中后期兴起，而后发展迅速。2002 年弗农·史密斯和丹尼尔·卡尼曼由于在行为和实验经济学方面的突出贡献获得了诺贝尔经济学奖，这也充分肯定了实验经济学的重要意义。近年来实验经济学的应用范围越来越广泛，本书的主题实验宏观经济学是它的一个方向，希望本书能让更多人了解实验宏观经济学与实验经济学这种方法。实验方法仍在不断发展与完善之中，笔者也在持续学习，虽已尽最大努力，但由于水平所限，本书难免有疏漏之处，敬请各位专家和广大读者不吝赐教。

在本书付梓之际，谨向所有关心我和帮助过我的老师、同学和朋友表示衷心感谢！在研究和写作过程中他们给我提出了非常有价值的建议，并给予我很多帮助。同时，还要向对本书进行评阅和修订的各位老师表示感谢！最后，感谢家人对我的支持和理解！

付婷婷

2020 年夏末于北京

专家推荐表

第九批《中国社会科学博士后文库》专家推荐表 1

　　《中国社会科学博士后文库》由中国社会科学院与全国博士后管理委员会共同设立，旨在集中推出选题立意高、成果质量高、真正反映当前我国哲学社会科学领域博士后研究最高学术水准的创新成果，充分发挥哲学社会科学优秀博士后科研成果和优秀博士后人才的引领示范作用，让《文库》著作真正成为时代的符号、学术的示范。

推荐专家姓名	李红昌	电　话	
专业技术职务	教　授	研究专长	产业组织理论与政策
工作单位	北京交通大学	行政职务	
推荐成果名称	实验宏观经济学的理论框架与政策应用研究		
成果作者姓名	付婷婷		

（对书稿的学术创新、理论价值、现实意义、政治理论倾向及是否具有出版价值等方面做出全面评价，并指出其不足之处）

　　该成果创新点突出，有系统性强和前瞻性强两个特点。系统性强表现在，与以往相对支离破碎的个别研究相比，该成果在对国内外文献充分把握的基础上，围绕宏观实验经济学各个阶段、各个方面、各个环节、各个角度，进行了比较全面的探讨，是一项系统的综合性学术工作。前瞻性强表现在，该成果将国际上比较前沿的宏观实验方法进行了"本土化"应用，论证了宏观实验经济学在我国的发展前景和应用场景，并对两项具体的财政政策和货币政策进行了案例分析并开展了详细具体的实验，具有一定的开创性和比较重要的现实意义。

　　该成果如作为《中国社会科学博士后文库》作品出版，有利于宏观实验经济学在国内的推广和应用，对相关学术研究具有推动作用，对宏观经济政策制定也具有参考价值。

　　推荐申请《中国社会科学博士后文库》项目。

签字：

2019 年 12 月 31 日

说明：该推荐表须由具有正高级专业技术职务的同行专家填写，并由推荐人亲自签字，一旦推荐，须承担个人信誉责任。如推荐书稿入选《文库》，推荐专家姓名及推荐意见将印入著作。

第九批《中国社会科学博士后文库》专家推荐表 2

《中国社会科学博士后文库》由中国社会科学院与全国博士后管理委员会共同设立，旨在集中推出选题立意高、成果质量高、真正反映当前我国哲学社会科学领域博士后研究最高学术水准的创新成果，充分发挥哲学社会科学优秀博士后科研成果和优秀博士后人才的引领示范作用，让《文库》著作真正成为时代的符号、学术的示范。

推荐专家姓名	曹志刚	电　话	
专业技术职务	教　授	研究专长	博弈论及其应用
工作单位	北京交通大学	行政职务	
推荐成果名称	实验宏观经济学的理论框架与政策应用研究		
成果作者姓名	付婷婷		

（对书稿的学术创新、理论价值、现实意义、政治理论倾向及是否具有出版价值等方面做出全面评价，并指出其不足之处）

　　宏观经济学是一门古老而又复杂的学科，但实验方法的引入为宏观经济学研究带来了崭新的视角和有力的工具。付婷婷博士敏锐地认识到宏观实验经济学的发展前景，在该书中对这一学科的理论和应用情况展开了比较全面的分析。

　　该成果不仅对实验宏观经济学的理论框架和研究范式进行深入研究，在理论上具有较大贡献，而且将前沿实验方法应用于我国财政和货币政策的现实宏观问题分析，对当前宏观政策研究也具有重要的参考价值。该成果贯彻落实党的十九大精神，立足创新和完善宏观调控的出发点，为优化我国宏观经济政策提供了一定的科学依据和理论支撑，政治站位正确，无不当倾向。

　　综上，本书论证思路清晰，方法科学，逻辑严谨，研究内容充实。案例分析丰富，结论具有重大的理论和实践意义，是一部优秀的经济学前沿理论著作。推荐为《中国社会科学博士后文库》作品。

签字：

2019 年 12 月 31 日

说明：该推荐表须由具有正高级专业技术职务的同行专家填写，并由推荐人亲自签字，一旦推荐，须承担个人信誉责任。如推荐书稿入选《文库》，推荐专家姓名及推荐意见将印入著作。

经济管理出版社
《中国社会科学博士后文库》
成果目录

第二批《中国社会科学博士后文库》（2013 年出版）

序号	书　名	作　者
1	《国有大型企业制度改造的理论与实践》	董仕军
2	《后福特制生产方式下的流通组织理论研究》	宋宪萍
3	《基于场景理论的我国城市择居行为及房价空间差异问题研究》	吴　迪
4	《基于能力方法的福利经济学》	汪毅霖
5	《金融发展与企业家创业》	张龙耀
6	《金融危机、影子银行与中国银行业发展研究》	郭春松
7	《经济周期、经济转型与商业银行系统性风险管理》	李关政
8	《境内企业境外上市监管问题研究》	刘　轶
9	《生态维度下土地规划管理及其法制考量》	胡耘通
10	《市场预期、利率期限结构与间接货币政策转型》	李宏瑾
11	《直线幕僚体系、异常管理决策与企业动态能力》	杜长征
12	《中国产业转移的区域福利效应研究》	孙浩进
13	《中国低碳经济发展与低碳金融机制研究》	乔海曙
14	《中国地方政府绩效管理研究》	朱衍强
15	《中国工业经济运行效益分析与评价》	张航燕
16	《中国经济增长：一个"破坏性创造"的内生增长模型》	韩忠亮
17	《中国老年收入保障体系研究》	梅　哲
18	《中国农民工的住房问题研究》	董　昕
19	《中美高管薪酬制度比较研究》	胡　玲
20	《转型与整合：跨国物流集团业务升级战略研究》	杜培枫

第三批《中国社会科学博士后文库》（2014 年出版）

序号	书　名	作　者
1	《程序正义与人的存在》	朱　丹
2	《高技术服务业外商直接投资对东道国制造业效率影响的研究》	华广敏
3	《国际货币体系多元化与人民币汇率动态研究》	林　楠
4	《基于经常项目失衡的金融危机研究》	匡可可
5	《金融创新与监管及其宏观效应研究》	薛昊旸
6	《金融服务县域经济发展研究》	郭兴平
7	《军事供应链集成》	曾　勇
8	《科技型中小企业金融服务研究》	刘　飞
9	《农村基层医疗卫生机构运行机制研究》	张奎力
10	《农村信贷风险研究》	高雄伟
11	《评级与监管》	武　钰
12	《企业吸收能力与技术创新关系实证研究》	孙　婧
13	《统筹城乡发展背景下的农民工返乡创业研究》	唐　杰
14	《我国购买美国国债策略研究》	王　立
15	《我国行业反垄断和公共行政改革研究》	谢国旺
16	《我国农村剩余劳动力向城镇转移的制度约束研究》	王海全
17	《我国吸引和有效发挥高端人才作用的对策研究》	张　瑾
18	《系统重要性金融机构的识别与监管研究》	钟　震
19	《中国地区经济发展差距与地区生产率差距研究》	李晓萍
20	《中国国有企业对外直接投资的微观效应研究》	常玉春
21	《中国可再生能源决策支持系统中的数据、方法与模型研究》	代春艳
22	《中国劳动力素质提升对产业升级的促进作用分析》	梁泳梅
23	《中国少数民族犯罪及其对策研究》	吴大华
24	《中国西部地区优势产业发展与促进政策》	赵果庆
25	《主权财富基金监管研究》	李　虹
26	《专家对第三人责任论》	周友军

第四批《中国社会科学博士后文库》（2015 年出版）

序号	书　名	作　者
1	《地方政府行为与中国经济波动研究》	李　猛
2	《东亚区域生产网络与全球经济失衡》	刘德伟
3	《互联网金融竞争力研究》	李继尊
4	《开放经济视角下中国环境污染的影响因素分析研究》	谢　锐
5	《矿业权政策性整合法律问题研究》	郗伟明
6	《老年长期照护：制度选择与国际比较》	张盈华
7	《农地征用冲突：形成机理与调适化解机制研究》	孟宏斌
8	《品牌原产地虚假对消费者购买意愿的影响研究》	南剑飞
9	《清朝旗民法律关系研究》	高中华
10	《人口结构与经济增长》	巩勋洲
11	《食用农产品战略供应关系治理研究》	陈　梅
12	《我国低碳发展的激励问题研究》	宋　蕾
13	《我国战略性海洋新兴产业发展政策研究》	仲雯雯
14	《银行集团并表管理与监管问题研究》	毛竹青
15	《中国村镇银行可持续发展研究》	常　戈
16	《中国地方政府规模与结构优化：理论、模型与实证研究》	罗　植
17	《中国服务外包发展战略及政策选择》	霍景东
18	《转变中的美联储》	黄胤英

第五批《中国社会科学博士后文库》（2016年出版）

序号	书　名	作　者
1	《财务灵活性对上市公司财务政策的影响机制研究》	张玮婷
2	《财政分权、地方政府行为与经济发展》	杨志宏
3	《城市化进程中的劳动力流动与犯罪：实证研究与公共政策》	陈春良
4	《公司债券融资需求、工具选择和机制设计》	李　湛
5	《互补营销研究》	周　沛
6	《基于拍卖与金融契约的地方政府自行发债机制设计研究》	王治国
7	《经济学能够成为硬科学吗？》	汪毅霖
8	《科学知识网络理论与实践》	吕鹏辉
9	《欧盟社会养老保险开放性协调机制研究》	王美桃
10	《司法体制改革进程中的控权机制研究》	武晓慧
11	《我国商业银行资产管理业务的发展趋势与生态环境研究》	姚　良
12	《异质性企业国际化路径选择研究》	李春顶
13	《中国大学技术转移与知识产权制度关系演进的案例研究》	张　寒
14	《中国垄断性行业的政府管制体系研究》	陈　林

第六批《中国社会科学博士后文库》（2017 年出版）

序号	书　名	作　者
1	《城市化进程中土地资源配置的效率与平等》	戴媛媛
2	《高技术服务业进口对制造业效率影响研究》	华广敏
3	《环境监管中的"数字减排"困局及其成因机理研究》	董　阳
4	《基于竞争情报的战略联盟关系风险管理研究》	张　超
5	《基于劳动力迁移的城市规模增长研究》	王　宁
6	《金融支持战略性新兴产业发展研究》	余　剑
7	《粮食流通与市场整合——以乾隆时期长江中游为中心的考察》	赵伟洪
8	《文物保护绩效管理研究》	满　莉
9	《我国开放式基金绩效研究》	苏　辛
10	《医疗市场、医疗组织与激励动机研究》	方　燕
11	《中国的影子银行与股票市场：内在关联与作用机理》	李锦成
12	《中国应急预算管理与改革》	陈建华
13	《资本账户开放的金融风险及管理研究》	陈创练
14	《组织超越——企业如何克服组织惰性与实现持续成长》	白景坤

第七批《中国社会科学博士后文库》（2018 年出版）

序号	书　名	作　者
1	《行为金融视角下的人民币汇率形成机理及最优波动区间研究》	陈　华
2	《设计、制造与互联网"三业"融合创新与制造业转型升级研究》	赖红波
3	《复杂投资行为与资本市场异象——计算实验金融研究》	隆云滔
4	《长期经济增长的趋势与动力研究：国际比较与中国实证》	楠　玉
5	《流动性过剩与宏观资产负债表研究：基于流量存量一致性框架》	邵　宇
6	《绩效视角下我国政府执行力提升研究》	王福波
7	《互联网消费信贷：模式、风险与证券化》	王晋之
8	《农业低碳生产综合评价与技术采用研究——以施肥和保护性耕作为例》	王珊珊
9	《数字金融产业创新发展、传导效应与风险监管研究》	姚　博
10	《"互联网+"时代互联网产业相关市场界定研究》	占　佳
11	《我国面向西南开放的图书馆联盟战略研究》	赵益民
12	《全球价值链背景下中国服务外包产业竞争力测算及溢出效应研究》	朱福林
13	《债务、风险与监管——实体经济债务变化与金融系统性风险监管研究》	朱太辉

第八批《中国社会科学博士后文库》（2019 年出版）

序号	书　名	作　者
1	《分配正义的实证之维——实证社会选择的中国应用》	汪毅霖
2	《金融网络视角下的系统风险与宏观审慎政策》	贾彦东
3	《基于大数据的人口流动流量、流向新变化研究》	周晓津
4	《我国电力产业成本监管的机制设计——防范规制合谋视角》	杨菲菲
5	《货币政策、债务期限结构与企业投资行为研究》	钟　凯
6	《基层政区改革视野下的社区治理优化路径研究：以上海为例》	熊　竞
7	《大国版图：中国工业化 70 年空间格局演变》	胡　伟
8	《国家审计与预算绩效研究——基于服务国家治理的视角》	谢柳芳
9	《包容型领导对下属创造力的影响机制研究》	古银华
10	《国际传播范式的中国探索与策略重构——基于会展国际传播的研究》	郭　立
11	《唐代东都职官制度研究》	王　苗

第九批《中国社会科学博士后文库》（2020 年出版）

序号	书　名	作　者
1	《中度偏离单位根过程前沿理论研究》	郭刚正
2	《金融监管权"三维配置'体系研究》	钟　震
3	《大股东违规减持及其治理机制研究》	吴先聪
4	《阶段性技术进步细分与技术创新效率随机变动研究》	王必好
5	《养老金融发展及政策支持研究》	娄飞鹏
6	《中等收入转型特征与路径：基于新结构经济学的理论与实证分析》	朱　兰
7	《空间视角下产业平衡充分发展：理论探索与经验分析》	董亚宁
8	《中国城市住房金融化论》	李　嘉
9	《实验宏观经济学的理论框架与政策应用研究》	付婷婷

《中国社会科学博士后文库》
征稿通知

　　为繁荣发展我国哲学社会科学领域博士后事业，打造集中展示哲学社会科学领域博士后优秀研究成果的学术平台，全国博士后管理委员会和中国社会科学院共同设立了《中国社会科学博士后文库》（以下简称《文库》），计划每年在全国范围内择优出版博士后成果。凡入选成果，将由《文库》设立单位予以资助出版，入选者同时将获得全国博士后管理委员会（省部级）颁发的"优秀博士后学术成果"证书。

　　《文库》现面向全国哲学社会科学领域的博士后科研流动站、工作站及广大博士后，征集代表博士后人员最高学术研究水平的相关学术著作。征稿长期有效，随时投稿，每年集中评选。征稿范围及具体要求参见《文库》征稿函。

　　联系人：宋　娜

　　电子邮箱：epostdoctoral@126.com

　　通讯地址：北京市海淀区北蜂窝 8 号中雅大厦 A 座 11 层经济管理出版社掌尚文化分社

　　邮编：100038

经济管理出版社